HERMENÊUTICA BÍBLICA

Dados Internacionais de Catalogação na Publicação (CIP)
(Câmara Brasileira do Livro, SP, Brasil)

Holgate, David A.
  Hermenêutica bíblica / David A. Holgate, Rachel Starr ; tradução de Gentil Avelino Titton. – Petrópolis, RJ : Vozes, 2023.

  Título original : SCM Studyguide to Biblical Hermeneutics.
  Bibliografia.
  ISBN 978-65-5713-786-4

  1. Bíblia – Estudos 2. Bíblia – Interpretação (Exegese) 3. Hermenêutica – Aspectos religiosos – Cristianismo I. Starr, Rachel. II. Titton, Gentil Avelino. III. Título.

22-124647   CDD-220.601

Índices para catálogo sistemático:

1. Hermenêutica bíblica   220.601
Eliete Marques da Silva – Bibliotecária – CRB-8/9380

David A. Holgate
Rachel Starr

HERMENÊUTICA BÍBLICA

Tradução de Gentil Avelino Titton

EDITORA
VOZES

Petrópolis

© 2019, David A. Holgate e Rachel Starr.

Tradução realizada a partir do original em inglês intitulado *SCM Studyguide to Biblical Hermeneutics*

Direitos de publicação em língua portuguesa – Brasil:
2023, Editora Vozes Ltda.
Rua Frei Luís, 100
25689-900 Petrópolis, RJ
www.vozes.com.br
Brasil

Todos os direitos reservados. Nenhuma parte desta obra poderá ser reproduzida ou transmitida por qualquer forma e/ou quaisquer meios (eletrônico ou mecânico, incluindo fotocópia e gravação) ou arquivada em qualquer sistema ou banco de dados sem permissão escrita da editora.

CONSELHO EDITORIAL

Diretor
Gilberto Gonçalves Garcia

Editores
Aline dos Santos Carneiro
Edrian Josué Pasini
Marilac Loraine Oleniki
Welder Lancieri Marchini

Conselheiros
Elói Dionísio Piva
Francisco Morás
Ludovico Garmus
Teobaldo Heidemann
Volney J. Berkenbrock

Secretário executivo
Leonardo A.R.T. dos Santos

Diagramação: Sheilandre Desenv. Gráfico
Revisão gráfica: Alessandra Karl
Capa: Ygor Moretti

ISBN 978-65-5713-786-4 (Brasil)
ISBN 978-0-334-05731-4 (Reino Unido)

Este livro foi composto e impresso pela Editora Vozes Ltda.

A nossos pais

SUMÁRIO

Agradecimentos, 9
Introdução, 11
1 Para aonde queremos ir?, 13
2 Experiência passada e expectativas presentes, 23
3 Instrumentos para a exegese, 79
4 Nossa realidade, 133
5 Leituras comprometidas, 197
6 Possibilitando o diálogo com o texto, 241
7 Nossa meta: interpretações defensoras da vida, 287
Sumário do processo interpretativo, 301
Referências e leituras ulteriores, 307
Índice de referências bíblicas, 333
Índice de nomes, 343
Índice de temas, 353

AGRADECIMENTOS

Preparamos a primeira edição deste livro enquanto trabalhávamos com professores e alunos do Southern Theological and Training Scheme [Esquema de Educação e Treinamento Teológico do Sul]. Embora a abordagem seja nossa, agradecemos a todos os que nos ajudaram a desenvolvê-la. Desde então o livro foi amplamente utilizado na educação teológica e somos gratos pelo convite do SCM [Student Christian Movement] a revisá-lo para uma segunda edição. Este processo mostrou o quanto a disciplina dos Estudos Bíblicos, nós e o mundo mudamos desde 2006.

Para esta segunda edição gostaríamos de agradecer a todos os que continuaram a incentivar-nos a sermos intérpretes melhores da Bíblia. David gostaria de agradecer aos amigos e colegas da Catedral de Manchester, ao Departamento de Religiões e Teologia da Universidade de Manchester, aos participantes dos grupos Raciocínio Bíblico e Encontro Bíblico e a John Vincent da Urban Theology Union. Rachel agradece aos amigos e colegas da Queen's Foundation for Ecumenical Theological Education, de Birmingham, especialmente a David Allen, Dulcie Dixon McKenzie, Paul Nzacahayo e Carlton Turner por apresentarem comentários e recursos para diferentes seções do livro. Nossos agradecimentos também a Bob Bartindale por seus úteis comentários e a outros colegas da Igreja Metodista da Inglaterra por seu apoio e uso do livro no curso Líderes do Culto e Pregadores Locais.

O fato de trabalhar juntos neste projeto nos lembrou que a interpretação bíblica é uma atividade de colaboração. Esperamos que vocês encontrem oportunidades para interagir com outros todas as vezes que procurarem elaborar o que a Bíblia está dizendo a vocês hoje.

INTRODUÇÃO

Objetivo

Este livro apresenta um esquema para interpretar a Bíblia. Ele vai além de mostrar a você como fazer exegese e o capacita relacionar a Bíblia com sua experiência da vida cotidiana. Embora tenhamos tentado providenciar uma abordagem clara à interpretação bíblica, não pretendemos ser normativos. Oferecemos a você este manual de estudos como um instrumento prático para ajudá-lo a desenvolver por própria conta boas estratégias interpretativas. Pode chegar um momento em que você se sentirá suficientemente capaz de deixar este livro de lado. Esperamos que até lá você tenha aprendido por experiência que, embora não haja um único método consensual para interpretar a Bíblia, existe muita concordância sobre os recursos que precisam ser utilizados por intérpretes responsáveis.

Aspectos práticos

Você pode utilizar este manual de estudos de diversas maneiras. Inicialmente, você pode considerar útil apenas repassar o Sumário inicial e o Sumário do processo interpretativo no final do livro. Como você precisa aprender mais sobre cada passo deste processo, esperamos que você leia cada capítulo do início até o fim. Entre, por favor, em diálogo com o livro.

Onde você discordar de alguma coisa, justifique para si mesmo o porquê e apresente uma alternativa melhor. Isto o ajudará a desenvolver uma estratégia interpretativa própria.

À medida que você utilizar este manual de estudos para desenvolver suas habilidades, esperamos que os quadros "Teste" ofereçam a você ajuda prática na passagem em que está trabalhando.

1
PARA AONDE QUEREMOS IR?

Introdução: uso deste livro

Este livro destina-se a ajudar você a tornar-se um melhor leitor e intérprete da Bíblia. Oferece uma abordagem integrada, apresentando uma série de métodos críticos para capacitá-lo a interpretar por própria conta as passagens bíblicas. Não sugerimos que é possível chegar a uma interpretação correta definitiva de qualquer passagem bíblica. De preferência, o processo aqui esboçado pretende ajudar você a interpretar o texto de maneira meticulosa, crítica e criativa. E a estar aberto a novas compreensões cada vez que você ler o texto, à luz da nova informação a respeito de você mesmo, do mundo e da Bíblia.

Ao lado deste livro, você pode considerar útil ter acesso a um dicionário de interpretação bíblica, para procurar palavras-chave e conceitos aqui examinados. Um livro a qual nos referimos regularmente é *Handbook of Biblical Interpretation* (4ª edição 2011) da equipe pai-filho Richard e R. Kendall Soulen. O website www.bibleodyssey.org, um projeto da Sociedade de Literatura Bíblica, fornece artigos curtos, mapas e vídeos que apresentam passagens bíblicas, contexto e métodos interpretativos.

Identificando nossa razão para ler a Bíblia

Cada vez que recorremos à Bíblia, fazemo-lo com um determinado propósito: por exemplo, para referir-nos a uma passagem como leitura de pano de fundo para um curso de literatura inglesa ou para aprender mais sobre as crenças judaicas ou cristãs. Mas podemos ter uma motivação mais profunda para ler a Bíblia: porque a consideramos um livro sagrado, uma grande obra literária, uma fonte histórica útil, ou talvez um texto problemático que precisa ser questionado ou compreendido.

> **Teste**
> Anote alguns poucos pensamentos sobre a maneira como você vê a Bíblia e então procure expor sua razão subjacente para ler a Bíblia.

Há muitas razões para ler a Bíblia, todas com diferentes objetivos e resultados. Enquanto autores, consideramos a Bíblia um texto de grande importância para os ambientes acadêmicos, para as comunidades de fé e para o mundo mais em geral. Para todos estes contextos procuramos oferecer um método de leitura da Bíblia que estimule uma busca permanente de interpretações defensoras da vida presentes no texto. Todos os leitores da Bíblia precisam reconhecer que a Bíblia testemunha a fé das comunidades das quais ela surgiu, mesmo que nem todos os leitores compartilhem essa fé. Embora escrevamos a partir de uma perspectiva cristã e ao mesmo tempo acreditemos que a Bíblia informa, enriquece e orienta nossa interação com Deus, o método aqui esboçado reconhece que muitas pessoas leem a Bíblia com outros olhos e compromissos e que essas leituras também são válidas.

Identificando nossas razões para interpretar uma passagem

Por mais que consideremos a Bíblia como um texto, vale a pena responder a duas questões bem práticas antes de abri-la: O que queremos da Bíblia, para nós mesmos e para os outros? E, por isso, qual passagem (ou quais passagens) vamos ler?

A Bíblia é uma coleção de livros, dos quais a maioria tem uma longa história de desenvolvimento, e todos eles têm uma longa história de interpretação e de influência. Isto significa que a Bíblia é um texto complexo e que pode ser difícil de manejar. Enquanto leitores, nosso contexto individual e nossa identidade mudam ao longo do tempo e isto afeta também nossa leitura da Bíblia. Para evitar que nos percamos num mar de questões, cada vez que lemos a Bíblia deveríamos esclarecer com que propósito o fazemos, para ajudar assim a focalizar nosso estudo.

Teste

Leia a história de Davi e Golias em 1Samuel 17. Que perguntas você tem para fazer a este texto hoje e quais perguntas ele tem para fazer a você?

A história de Davi e Golias é incluída muitas vezes em coleções ilustradas de histórias bíblicas para crianças e, quando o título é mencionado, podemos perceber que nossas primeiras memórias provêm dessa versão. Existem muitas coisas boas sobre a leitura da Bíblia enquanto criança que deveríamos manter enquanto adultos: as crianças leem de maneira divertida e utilizando a imaginação. Mas é importante reconhecer que, quando éramos crianças, não nos contaram a história inteira. Ler sobre Davi e Golias numa fase posterior da vida pode despertar muitas perguntas novas para nós, mesmo que, enquanto adultos, estejamos ainda frequentemente pouco inclinados a fazer perguntas a respeito da Bíblia.

Estas novas perguntas podem ser encaixadas numa série de categorias:

• Categorias históricas: Por que os israelitas e os filisteus tinham desavenças?

• Categorias geográficas: Onde estão situadas Soco e Azeca?

• Categorias culturais: Estava Davi seguindo uma prática militar normal ao decapitar seu inimigo morto?

• Categorias narrativas: Se Davi é apresentado como um músico e guerreiro habilidoso em 1Samuel 16, por que é descrito no v. 42 como "apenas um jovem"?

• Categorias psicológicas: Estava o jovem Davi traumatizado por ter que carregar consigo a cabeça de seu inimigo, por exemplo, segurando-a "na mão" ao ser conduzido à presença do rei Saul (v. 57)?

• Categorias relacionais: Como a violência afeta as relações de Davi com seus inimigos, com os supostos amigos e com os membros da família? Se reconhecemos a violência de Davi nesta ocasião, isto ajuda-nos a nomear e questionar, por exemplo, sua violência para com Urias e Betsabeia? Um recurso útil em relação a esta última pergunta é a série de Podcasts #SheToo da Sociedade Bíblica (2019).

Ao ler esta passagem com a atenção voltada para estas e outras perguntas, notamos a estranheza até mesmo desta história familiar. Recordando o nosso conhecimento anterior sobre a história de Davi e Golias, podemos notar como a recordamos de maneira incompleta, talvez porque nos foi contada de maneira seletiva quando éramos crianças. Da mesma forma, talvez tenhamos ouvido sobre esta passagem algum sermão que apresentava Davi como um exemplo de fé. No entanto, se a lermos agora, por exemplo, contra o pano de fundo dos relatos de morte e mutilação nos conflitos que ocorrem no mundo inteiro, esta interpretação pode impressionar-nos como inadequada, porque deixa de reconhecer a violência presente no texto ou de relacioná-la com a violência que devemos enfrentar em nossa vida.

Se procurarmos insistir que este relato não trata realmente de guerra, mas antes de questões espirituais ou teológicas, basta então recordar o final de 1Samuel 16, que sugere que Deus enviou um espírito mau para atormentar (algumas traduções dizem: aterrorizar) o rei Saul. Se deixarmos escapar esta declaração chocante, o versículo seguinte descreve os servos de Saul dizendo-lhe: "Eis que um mau espírito vindo de Deus está te atormentando" (1Sm 16,15). Deparamos então com um problema teológico e precisamos perguntar que tipo de Deus 1Samuel 16–17 apresenta.

O exemplo acima mostra como nossa leitura da Bíblia pode rapidamente despertar em nós numerosas perguntas e problemas interpretativos. Para ajudar-nos a selecionar com quais destas questões devemos ocupar-nos e quais deixar de lado por enquanto, precisamos orientar-nos por nosso objetivo geral ao ler a Bíblia e por nossa meta presente ao ler esta passagem. Não podemos e não precisamos procurar resolver todo tipo de questões de uma vez.

> **Teste**
>
> Pense em seu objetivo geral e em sua motivação imediata para ler qualquer texto bíblico que você está examinando atualmente. Estes serão normalmente determinados por alguma necessidade cotidiana que proporciona a você um foco para o estudo.

Existem muitas razões para empenhar-nos na interpretação bíblica. Precisamos envolver-nos no ensino formal e precisamos providenciar uma resposta ponderada a uma questão de interpretação: por exemplo, quais textos diferentes podem instruir-nos sobre a sexualidade humana. Talvez estejamos enfrentando uma crise pessoal e esperamos que a Bíblia possa fornecer alguma orientação. Pode ser que recentemente vimos um filme, prestamos atenção a um canto, ouvimos um comentário ou visitamos um prédio e ficamos impressionados pela maneira como um tema bíblico está ali refletido. Talvez estejamos envolvidos na liderança da Igreja e nos tenham pedido para pregar sobre uma passagem pouco familiar da Bíblia.

Procuramos interpretar a Bíblia por todo tipo de razões, mas as perguntas com as quais recorremos à Bíblia nem sempre são aquelas às quais ela responde. Muitas vezes o texto nos leva a uma direção diferente, provocando outras perguntas diferentes daquelas com as quais começamos. Como a Bíblia está propensa a enviar-nos a algum outro lugar, é necessário planejarmos onde estamos agora e aonde esperamos chegar no final, mais ou menos como um marinheiro que inicia uma viagem com muitos riscos e desvios de rota potenciais. Se sabemos de onde partimos e aonde queremos chegar, podemos checar nosso progresso ao longo do caminho. Na interpretação bíblica isto não garante, ou não deveria garantir, que chegaremos ao nosso destino planejado; certamente não no sentido de chegar às conclusões que esperávamos no início. Mas nos ajuda a pôr limites à nossa investigação e a fazer as perguntas corretas do texto. Se nos vemos lançados fora da rota pela força da passagem, pelo menos o saberemos e seremos capazes de dar-lhe uma explicação razoável. Talvez as perguntas originais com as quais começamos não foram respondidas pelo texto, mas podemos ter sido levados a investigar outras perguntas que agora parecem mais importantes.

Interpretação provisória e responsável

Enquanto autores, não acreditamos que seja possível chegar a uma interpretação final e definitiva de qualquer passagem bíblica; mas, ao invés, estimulamos a trabalhar para obter uma interpretação razoável de uma passagem com um objetivo e um tempo determinados. Isto é uma posição vantajosa numa jornada contínua rumo a uma compreensão mais profunda da Bíblia, de nós mesmos e do mundo que habitamos.

Qualquer interpretação deveria ser oferecida com autoconsciência, tornando evidente a nós mesmos e aos outros que entendemos as limitações de nossa interpretação. Deveríamos procurar ler o texto (e nós mesmos) com retidão e honestidade, resistindo às tentações de enganar-nos a nós mesmos ou a outros com repostas simplistas ou triviais. Deveríamos procurar trazer nossas perguntas mais profundas e mais verdadeiras para a nossa conversação com a Bíblia e buscar as melhores respostas que pudermos encontrar.

> **Teste**
>
> A Oração do Senhor é uma das passagens mais conhecidas da Bíblia, de modo que provavelmente você já sabe alguma coisa a respeito dela. Talvez você a saiba de cor. Neste caso, recite-a para você mesmo. Em sua opinião, o que está no cerne desse texto?
>
> Agora leia Mateus 6,9-13 com muito cuidado e atenção. De que maneira esta leitura confirma ou questiona sua compreensão anterior desta passagem? Como a situação atual de sua vida molda sua leitura? Como você pode testar se sua leitura é uma leitura responsável?

Durante os anos em que elaboramos este livro pela primeira vez, nós dois experimentamos mudanças significativas em nossa vida e também testemunhamos uma maior mudança social, política e ambiental. Rachel viveu por três anos em Buenos Aires, pesquisando a resistência das mulheres à violência doméstica e perguntando como a doutrina cristã e o casamento podem ser transformados ouvindo tais experiências. Nos últimos nove anos ela lecionou estudos bíblicos, teologia feminista e teologia contextual na faculdade teológica ecumênica de Birmingham. A revisão deste livro tornou Rachel mais consciente da necessidade de ler com minuciosa atenção as múltiplas conexões e frequentes silêncios da Bíblia.

Durante o memo período, David foi o diretor de uma faculdade teológica ecumênica e cônego residente para teologia e missão numa catedral urbana. Neste último papel ele aprendeu a ler a Bíblia com pessoas de outras crenças e ouviu seu chamado para trabalhar mais profundamente em prol da transformação social. Muitas vezes ele reza com outros: "Ajuda-nos a trabalhar juntos para aquele dia em que [...] a justiça e a misericórdia serão vistas em toda a terra".

O texto gira em torno de nós enquanto leitores, como ameaça e promessa, proporcionando ao mesmo tempo vida e morte, mas raramente um lugar seguro para permanecer. Muitas vezes a Bíblia nos diz: "Ouça novamente. Ouça com os outros. Ouça para os outros".

2
EXPERIÊNCIA PASSADA E EXPECTATIVAS PRESENTES

No capítulo 1 começamos a analisar nossa razão geral para estudar a Bíblia, como também a tarefa particular a executar. O próximo passo nesse processo consiste em esclarecer nossa relação com a Bíblia, de modo que este capítulo examina como nossa experiência coletiva e individual da Bíblia afeta a tarefa interpretativa.

O capítulo começa perguntando onde e como podemos encontrar a Bíblia em nossa rotina diária. Observa como a Bíblia moldou comunidades e culturas. Com efeito, ao longo da história as pessoas utilizaram a Bíblia para controlar e oprimir os outros como também para estimulá-los e apoiá-los, e é importante levar em consideração este legado misto em nossas interpretações. A primeira seção do capítulo termina com a sugestão de que, apesar da familiaridade cultural do Ocidente com a Bíblia, esta permanece um texto estranho e misterioso. A segunda seção do capítulo examina diferentes expectativas acerca da autoridade e *status* da Bíblia. Na terceira seção consideramos o *status* da Bíblia como escritura nas comunidades judaicas e cristãs.

Um texto extraordinário cotidiano

Se vivemos num contexto ocidental, nominalmente cristão, provavelmente encontramos a Bíblia numa variedade de lugares: quando crescemos em casa ou na escola como história; na sinagoga ou na Igreja como escrituras sagradas; num tribunal de justiça como testemunho solene para juramentos de dizer a verdade; na cultura popular, na arte e na mídia como fragmentos móveis de uma linguagem (outrora) comum. Examinemos brevemente alguns destes contextos de encontro.

Mesmo na Grã-Bretanha do século XXI, onde pessoas de muitas crenças e outras sem nenhum compromisso vivem lado a lado, podemos encontrar a Bíblia numa idade relativamente jovem. Talvez tenhamos ouvido histórias tiradas da Bíblia (relatadas em parte como mito, em parte como instrução moral) em casa, na igreja ou na escola. Com efeito, como examinamos no capítulo 1, é difícil imaginar como muitos de nós, que fomos educados num contexto nominalmente cristão, podemos alguma vez ter lido a Bíblia sem algum conhecimento anterior de suas histórias, personagens e ensinamentos.

> **Teste**
>
> Quais são algumas das nossas primeiras crenças a respeito da Bíblia? Quando você encontrou a Bíblia pela primeira vez, na infância ou na vida posterior? Faça uma lista das imagens ou expressões que ressaltam como você foi iniciado na Bíblia. Como sua compreensão da Bíblia mudou durante sua vida?

Assim como foi compreendida como uma coleção de histórias poderosas, a Bíblia foi entendida também como um documento formador, capaz de moldar comunidades mediante seu estudo. Apresentamos aqui dois exemplos de comunidades que veem a Bíblia como parte integrante de sua vida comum.

Nos inícios do século XVIII, a comunidade morávia de Herrnhut na Alemanha redigiu um documento chamado *Acordo Fraterno*. Inspirando-se estritamente na Bíblia, este texto, conhecido como *Aliança Morávia para a Vida Cristã*, constituiu a base para a vida comunitária dos morávios. O extrato seguinte ilustra este método de moldar as relações sociais de acordo com certos ensinamentos bíblicos:

> 15. Nós nos empenharemos em resolver nossas diferenças com os outros de maneira cristã (Gálatas 6,1), amigavelmente e com reflexão e, se possível, evitar o recurso a um tribunal de justiça (Mt 18,15-17).

Os morávios estabeleceram diversas comunidades na Grã-Bretanha. O Assentamento Morávio de Fairfield, nos arredores de Manchester, foi fundado em 1785. Era autossuficiente e tinha sua própria igreja, escolas, padaria e propriedade agrícola. A intenção da comunidade de moldar-se de acordo com a doutrina bíblica impactou todos os aspectos da vida. Mulheres e homens eram tratados como iguais (apesar da diversidade de doutrina na Bíblia sobre as relações de gênero). Escolha dos parceiros de casamento e outras decisões--chave eram decididas mediante sorteio (embora o sorteio na Bíblia fosse utilizado principalmente em relação à herança e no caso de assumir novas responsabilidades: por exemplo, em Atos 1,26 a seleção do substituto de Judas é feita por sorteio). Hoje, através do compromisso com outros aspectos da tradição bíblica, a comunidade continua a apoiar projetos de missão e de bem-estar social, inclusive abrigos.

Um exemplo do século XXI de uma comunidade que procura organizar-se de acordo com a Bíblia é a Comunidade de Santo Anselmo, uma nova comunidade monástica fundada pelo arcebispo de Cantuária Justin Welby. Cada ano um grupo de jovens formam a comunidade, cujo foco é a oração, a reflexão teológica e o culto. Cada seção da Regra de Vida da comunidade começa com um versículo bíblico. A seção sobre o estudo começa com Provérbios 9,9-10 sobre a importância de buscar a sabedoria e convida os membros a assumir o seguinte compromisso: "Reservamos um tempo para Deus nos falar através da Sagrada Escritura. Estudamos as Escrituras com todo o nosso coração e com nossa mente e espírito" (Regra de Vida 2016, p. 16).

Mesmo para além das comunidades religiosas propriamente ditas o *status* da Bíblia provém de seu valor como objeto sagrado. As testemunhas num tribunal de justiça inglês geralmente juram sobre a Bíblia ou outro livro significativo ou sagrado que irão dizer a verdade. Em 2013 uma proposta de abolir esta prática foi rejeitada, com o argumento de que jurar sobre um livro religioso como a Bíblia ainda causa um profundo impacto sobre as testemunhas. O poder investido na Bíblia é demonstrado de outras maneiras em todo o mundo; por exemplo, os cristãos brasileiros podem enterrar uma Bíblia nos fundamentos de sua nova casa para obter bênção e proteção (Schroer 2003, p. 8).

Na era digital muitos de nós encontramos a Bíblia online, voluntária ou involuntariamente (cf. o artigo de Michael J. Chan "The Bible and the Internet" online nos Estudos Bíblicos de Oxford). O número de referências à Bíblia na mídia secular pode causar-nos surpresa. Por exemplo, em 2018 o livro do Levítico foi mencionado num total de nove artigos no jornal *Guardian*, sendo a maioria referências às suas instruções sobre cuidar dos vizinhos e buscar justiça para os pobres e estrangeiros; mas também com referência ao debate sobre a sexualidade e, numa entrevista com o autor britânico Kid de Waal, como uma obra de literatura. Em 2013, o estudioso R.S. Sugirtharajah, nascido no Sri-Lanka e radicado em Birmingham, rastreou as referências bíblicas na mídia britânica. Ele observou a irreverência humorística de muitas referências irônicas, como também a permanente força cultural das citações e alusões bíblicas. Descreveu grande parte do uso da Bíblia pela mídia como simplesmente "procurar algo que se encaixe" (Sugirtharajah 2003, p. 78). No entanto, notou também o tremendo poder que a apelo à Bíblia pode ter – tanto como fonte de conforto quanto como instrumento de opressão. Sugirtharajah descreveu grande parte do uso popular da Bíblia como "pescar/caçar" ou tomar, de toda a narrativa, aquilo que é preciso conforme e quando for necessário. Embora atento aos perigos desta apropriação livre e aberta da Bíblia, Sugirtharajah sugeriu que ela proporciona às pessoas a oportunidade de encontrar a Bíblia em seus próprios termos, sem ter seu sentido restrito pelos acadêmicos (Sugirtharajah 2003, p. 82-84).

Teste

Faça sua própria pesquisa informal – anotando quaisquer referências ou alusões que você encontrar na mídia, na música, na arte e na conversa durante um dia. Estas interpretações populares reforçam ou

> alteram sua compreensão atual do texto? Você questionaria algum aspecto da interpretação popular, e baseado em quais fundamentos?

Em contraste com o conhecimento um tanto superficial da Bíblia que se encontra em contextos nominalmente cristãos, muitas comunidades judaicas e muçulmanas possuem um conhecimento coletivo mais profundo de seus livros sagrados. Aqui há muitas vezes um conhecimento vivo das escrituras, que provém de um encontro regular com o texto durante os tempos de oração, bem como um conhecimento da língua original (hebraico, aramaico ou árabe). Numa sinagoga, por exemplo, a Torá é lida primeiramente em hebraico, seguida por uma tradução para a língua local ou vernáculo. O Alcorão ecoa muitas histórias bíblicas tiradas tanto da Bíblia hebraica quanto do Novo Testamento, refletindo muitas vezes tradições extrabíblicas e pós-bíblicas. No capítulo 5, consideraremos as vantagens e os desafios de ler a Bíblia ao lado de outros textos sagrados e na companhia de pessoas de crenças diferentes.

> **Teste**
>
> Pergunte a uma pessoa de outra crença diferente da sua, ou à pessoa com quem você tem mais familiaridade, a respeito do conhecimento e da compreensão que elas têm de seus textos sagrados.

Um texto político

A Bíblia serviu como instrumento para construir, moldar e até destruir estruturas sociais. Esta diversidade não é apenas o resultado de diferenças interpretativas, visto que a própria Bíblia expressa uma série de visões sociais, com algumas tradições defendendo um conservadorismo social e outras defendendo um radicalismo social. Este debate é evidente nas atitudes variantes da Bíblia hebraica em relação à monarquia: por exemplo, 1Samuel 7–15 inclui duas perspectivas: que a monarquia é a vontade de Deus e que ela é um ato de infidelidade. Não se dá nenhuma resposta clara ao debate sobre o instituto da realeza (Brueggemann 1997b, p. 72).

Ao longo dos séculos, numerosos governantes políticos e religiosos interpretaram a Bíblia para encaixá-la em sua agenda. Alguns a utilizaram para preservar a assim chamada cultura cristã ou para justificar "uma única nação sob a autoridade de Deus". Outros leram a Bíblia como um mandato para a perseguição, o colonialismo e a escravidão. Em resposta, a estudiosa womanista Renita Weems observa:

> A Bíblia não pode passar inquestionada quanto ao papel que desempenhou para legitimar a desumanização das pessoas de ancestralidade africana em geral e a exploração sexual das mulheres de ancestralidade africana em particular. Ela não pode ser entendida como alguma força universal, transcendente e intemporal, à qual os leitores em âmbito mundial – em nome de serem seguidores piedosos fiéis – precisam submeter-se docilmente. Deve ser entendida como um texto político e socialmente encharcado, aplicado para ordenar as relações entre as pessoas, legitimando alguns pontos de vista e deslegitimando outros (Weems 2003, p. 24).

A história da interpretação deveria acautelar-nos contra a tendência de utilizar a Bíblia de maneira destrutiva. É importante sermos capazes de avaliar o papel desempenhado pela Bíblia no passado e, quando necessário, dispor-nos a questionar nossa relação com ela, para que possamos desenvolver um método interpretativo mais responsável e defensor da vida, para nós mesmos e para os outros. A resistência ativa à prejudicial imposição da Bíblia a uma comunidade pode ser vista no exemplo seguinte.

A Bíblia constituiu uma parte central da justificação, por parte dos espanhóis, da invasão do território que se tornou conhecido como América Latina; os conquistadores chegaram até a utilizar a invasão de Canaã como modelo bíblico para validar suas ações. Quase 500 anos depois, o povo local continuou a protestar contra este abuso da Bíblia. Quando o Papa João Paulo II visitou o Peru, líderes locais enviaram-lhe a seguinte nota:

> João Paulo II, nós, índios andinos e americanos, decidimos aproveitar sua visita para devolver-lhe sua Bíblia, já que em cinco séculos ela não nos deu amor, paz ou justiça. Por favor, aceite a devolução de sua Bíblia e devolva-a aos nossos opressores, porque eles precisam de doutrina moral mais do que nós. Desde a chegada de Cristóvão Colombo foi imposta pela força à América Latina uma cultura, uma língua, uma religião e valores pertencentes à Europa. A Bíblia chegou até nós como parte da transformação colonial imposta. Foi a arma ideológica deste assalto colonialista. A espada espanhola que atacava e assassinava os corpos dos índios de dia e de noite tornou-se a cruz que atacou a alma indígena (citado por Richard 1990, p. 64s.).

Embora cautelosos quanto ao seu impacto negativo, os movimentos liberacionistas entenderam também que a Bíblia é um texto para a liberdade. Na África do Sul do *apartheid*, os dois lados utilizaram a Bíblia para justificar suas ações. Embora a Igreja Reformada Holandesa acreditasse que eles tinham apoio bíblico para a discriminação racial, Desmond Tutu advertiu o regime do *apartheid*:

> A Bíblia é o livro mais revolucionário e mais radical que existe. Se um livro precisa ser banido pelos que governam injustamente e como tiranos, deve ser a Bíblia. Os brancos nos trouxeram a Bíblia e nós a estamos levando a sério (Tutu 1994, p. 72).

Escrevendo com uma perspectiva marxista no mesmo período da história da África do Sul, Itumeleng Mosala, em seu livro *Biblical Hermeneutics and Black Theology in South Africa* (1989), demonstrou a natureza política ambígua tanto da própria Bíblia, como produto que emergiu de uma luta de classes entre diferentes grupos sociais, quanto da interpretação bíblica. Ao fazê-lo, ele questionou as afirmações opressivas tanto do texto quanto da interpretação e procurou possibilitar leituras revolucionárias da Bíblia que resultaram em libertação social, política e econômica.

Teste

Como você avaliaria o impacto social e político da Bíblia em suas comunidades e contextos? Em sua opinião, que tipo de impacto a Bíblia deveria ter?

Um texto cultural

Por mais de mil anos a Bíblia influenciou a cultura e a arte em muitas regiões do mundo. De fato, o material religioso foi o tema dominante da maioria das formas de arte por muitos séculos. Belas pinturas e esculturas nas igrejas, em edifícios públicos e em casas privadas representaram a devoção dos benfeitores, artistas e devotos. Estas representações de histórias bíblicas têm sido um inestimável meio de possibilitar que pessoas de sociedades orais se ocupassem com a Bíblia. A amplitude dos estilos e formas continua hoje: desde a iconografia cristã etíope utilizada por Laura James para ilustrar o *Book of the Gospels* (2001) até a releitura gráfica, feita por Si Smith, do livro de Jó em *Rage, Despair, Hope* (2011); desde o desenho animado *Jonah: A Veggie Tales Movie* (2002) até a estátua *Walking Madonna*, de Elisabeth Frink (1981), situada fora da catedral de Salisbury. Nossa leitura da Bíblia é influenciada, por sua vez, por estas representações: a *Última Ceia* de Leonardo da Vinci moldou por séculos a interpretação cristã deste evento.

Em seu livro *A volta do filho pródigo: História de um retorno para casa*, Henri Nouwen reconta o impacto profundo da pintura de Rembrandt sobre sua jornada espiritual. Ele passou muitas horas refletindo sobre os diferentes personagens da pintura e descobriu como cada um iluminava alguns aspectos da sua própria história:

> Quando [...] fui a São Petersburgo para ver *A volta do filho pródigo* de Rembrandt, eu tinha pouca ideia do quanto eu teria que viver o que então vi. Permaneci com temor reverencial no lugar para onde Rembrandt me levou. Ele me levou do jovem filho desgrenhado e ajoelhado ao velho pai de pé e inclinado, do lugar de ser abençoado ao lugar da bênção (Nouwen 1994, p. 139).

O testemunho de Nouwen ilumina como as interpretações artísticas da Bíblia podem ajudar-nos a explorar o texto escrito com maior profundidade e complexidade. Pinturas, peças de teatro e poemas podem revelar conexões entre nós e a passagem da Bíblia que podem não surgir da simples leitura do texto.

> **Teste**
>
> Leia Provérbios 31,10-31. Como você imagina a mulher capaz? Você a reconhece como alguém que você conhece? Agora visite o website Comentário Visual da Escritura e veja os três quadros escolhidos para a exibição "A mulher de nobre caráter". Leia os comentários sobre cada quadro e o comentário geral. Como se desenvolveu sua interpretação do poema de Provérbios?

A literatura ocidental clássica travou muitas vezes um diálogo intencional com a Bíblia. Existem centenas de alusões à Bíblia nas obras de Shakespeare. *Shakespeare and the Bible* (2000), de Stephen Marx, investiga como o dramaturgo usou a Bíblia para desenvolver sua narrativa e seus personagens. Ele compara, por exemplo, o livro de Jó com *Rei Lear* e considera o impacto do evangelho de Mateus sobre *Medida por Medida*, no qual os personagens fazem referência às doutrinas do evangelho (e ocasionalmente as interpretam mal). Outro exemplo seria *East of Eden*, de John Steinbeck, que explora a narrativa do Gênesis, particularmente a relação entre Caim e Abel (Gn 4).

Por sua vez, os recontos literários de histórias bíblicas influenciaram a interpretação erudita dos textos. O romance épico de Thomas Mann, *José e seus irmãos* (publicado em

1933-1946), interpretou a história do Gênesis para seu contexto. O livro, iniciado na Alemanha nazista, foi completado nos Estados Unidos após o exílio de Mann. Enquanto romancista, Mann defendeu a coerência literária do Gênesis. Sua compreensão da história de Tamar e Judá (Gênesis 38) como parte integrante de toda a narrativa, e não como um fragmento frouxamente relacionado, influenciou interpretações ulteriores do Gênesis.

A própria Bíblia tem sido estudada como literatura e também como texto devocional. Em 1998 Canongate publicou livros individuais da Bíblia vendendo-os como obras literárias, com introduções de escritores, artistas e políticos. O cantor Nick Cave, por exemplo, comentou em sua introdução:

> O Cristo que emerge de *Marcos*, vagueando pelos acontecimentos casuais de sua vida, tinha uma vibrante intensidade acerca dele, à qual não pude resistir. Cristo falou-me através de seu isolamento, através do fardo de sua morte, através de sua fúria contra as coisas mundanas, através do seu sofrimento (Cave 1998).

Como história, em vez de texto sacro, o evangelho de Marcos foi capaz de falar a Cave com um frescor e uma franqueza que ele não tinha notado anteriormente. No capítulo 6, voltaremos ao método de ler a Bíblia como história e ao nosso papel como contadores de histórias neste processo.

Cada geração reconta as antigas histórias bíblicas de maneiras novas e diferentes. O estilo, a estrutura, a linguagem e o sentido de um texto podem todos ser reavaliados mediante novos métodos de recontar. A cultura contemporânea está abarrotada de referências bíblicas: a inscrição de 1Coríntios 15,26 numa lápide em *Harry Potter and the Deathly Hallows*, de J.K. Rowling (2007); a exploração de temas evangélicos no álbum *Ghetto Gospel: The New Testament*, do artista grime Ghetts (2018); ou a escultura *Ecce Homo*, de Mark Wallinger (1999), que por algum tempo ocupou o quarto pedestal da Trafalgar Square. Mesmo num gênero como o romance policial podemos encontrar textos e temas bíblicos: por exemplo, uma peça de Sherlock Holmes de 1940 está estruturada em torno do livro de Tobias (Collins 2019).

Estes são exemplos da história dos efeitos da Bíblia. No capítulo 3 analisaremos com mais detalhes como certos textos bíblicos foram interpretados ao longo dos séculos. Por ora, consideremos apenas um exemplo de uma tentativa consciente de trazer a Bíblia para o diálogo com a sociedade, com a música e com a cultura contemporâneas. Utilizando o texto do *Di Jamaikan Nyuu Testament* (2012), o projeto de Robert Beckford *Jamaican Bible Remix* (2017) entrelaça o texto bíblico com música, dança e arte britânicas negras contemporâneas, a fim de oferecer um comentário político sobre violência, resistência e libertação nas comunidades britânicas negras de hoje. A trilha *Incarnation* é apresentada como um apelo à justiça social em que o testemunho bíblico é confrontado com as múltiplas mortes de homens e mulheres negros sob custódia policial e nas prisões. Em *Magnificat*, o canto de Maria é colocado ao lado de uma peça de dança contemporânea e múltiplas imagens de mulheres negras com cabelo natural, reunindo assim o texto bíblico e a história de luta política das mulheres negras.

Os websites úteis para pesquisar a Bíblia nos filmes, na música e na literatura são: Textweek, que encadeia imagens visuais de diferentes passagens bíblicas como também sumários de filmes que fazem referência à Bíblia ou a temas bíblicos; Hollywood Jesus, que inclui resenhas de filmes e outros meios de comunicação; e o blog Art and Theology, que explora temas bíblicos e religiosos num amplo âmbito de música, arte visual e arte performática.

Observar como a Bíblia é interpretada na conversação cotidiana e na cultura nos oferece novas maneiras de considerar o texto. Estas interpretações podem revelar o impacto que uma passagem causou numa determinada comunidade e os intérpretes locais funcionam às vezes como guardiães das compreensões de um texto de uma comunidade. As interpretações populares podem às vezes ser consideradas interpretações errôneas, mas ainda assim podem provocar uma nova compreensão, revelando aos leitores acadêmicos nuanças e ângulos ainda ocultos.

Um texto pouco familiar

Existe o perigo de tonar-se familiarizado demais com um texto com o qual nos encontramos diariamente: politicamente, culturalmente ou através do culto coletivo ou das devoções. Textos como o Salmo 23, por exemplo, podem ter perdido seu impacto mediante o uso frequente e acrítico. Ronald Allen, que ensina a pregação em Indianápolis, nos Estados Unidos, observa: "Na exegese, como na vida, a expectativa desempenha um importante papel no desempenho. O que esperamos é geralmente o que encontramos" (Allen 1984, p. 22). Se acreditamos que a Bíblia é uma voz amiga e acrítica, então é assim que provavelmente a ouvimos.

No entanto, não importando quão familiares possam parecer algumas passagens, os mundos da Bíblia são muito diferentes do mundo de hoje. Allen adverte contra a cômoda relação que a sociedade civil americana desenvolveu com a Bíblia:

> A cultura norte-americana cooptou a Bíblia como uma fonte de bênção para nossos valores, nosso sistema econômico e político e nosso estilo de vida. [...] Tendemos a considerar a Bíblia como uma palavra de confirmação de nosso etilo de vida. Nos Estados Unidos é fácil imaginar Deus como pertencente à classe média e a Bíblia como uma espécie de manual para relações familiares melhores (Allen 1987, p. 23).

Em contrapartida, os estudiosos bíblicos da Ásia e da África pedem com mais insistência que reconheçamos que a Bíblia não se originou num contexto ocidental. O tradutor Gosnell Yorke, sediado na África do Sul, argumenta que o contexto africano de vários acontecimentos e comunidades da Bíblia foi ocultado nas traduções da Bíblia. Ele observa como os tradutores foram reticentes em identificar Cuch (Gn 2,10-14) com a Etiópia moderna e o Sudão, "desafricanizando" assim o texto e negando a possibilidade de que o Éden fosse localizado parcialmente na África (Yorke 2004, p. 159-161). R.S. Sugirtharajah questiona ulteriormente a tendência de ocidentalizar a Bíblia, ressaltando, por exemplo, o trabalho comparativo feito entre ideias budistas e textos bíblicos como o evangelho de João, que pode indicar padrões comuns de pensamento e de expressão (Sugirtharajah 2003, p. 96-113). Uma das questões com que devemos ocupar-nos enquanto leitores, portanto, é como uma interpretação de uma passagem bíblica nos capacita a ouvir os contextos e influências africanos e asiáticos presentes no texto.

Assim como precisam lidar com as diferenças culturais entre o mundo moderno ocidental e os mundos da Bíblia, os leitores precisam lidar também com as pretensões revelatórias do texto. Se a Bíblia é considerada uma obra divina ou sagrada, isto criará uma distância entre o texto e o leitor. Alguns intérpretes sugerem que a Bíblia deveria ser lida com um sentimento de temor reverencial para permitir que seja ouvida sua voz característica. Na década de 1930 o teólogo suíço Karl Barth procurou questionar o comodismo de seus companheiros cristãos. Contra o pano de fundo de uma Igreja cooptada pelo nazismo, ele proclamou a palavra radicalmente diferente de Deus, que desafia a presunção de que podemos encontrar ou conhecer Deus através da cultura humana. A obra de Barth realçou a natureza estranha e transcendental da Bíblia, que transcende todas as tentativas humanas de conhecimento ou justificação. Para Barth a Bíblia revela a palavra terrível que Deus nos dirige, palavra que tem o poder de transformar tudo acerca de nós: "Barth ousou afirmar de maneira desafiadora a pretensão normativa do evangelho contra a conjuntura. O que é normativo é estranho e peculiar, característico e escandaloso e nunca pode ser acomodado à conjuntura da ideologia cultural" (Brueggemann 1997b, p. 20).

A obra de Barth nos lembra da importância de permitir que a Bíblia fale em seus próprios termos. Enquanto leitores, precisamos distanciar-nos do texto, a fim de podermos achegar-nos a ele de maneira nova, desejando ser surpreendidos. Para os leitores crentes há uma tensão criativa que resulta do fato de explorar o sentido da Bíblia através da expressão cultural e do discurso humano, embora retendo um sentimento da natureza basicamente incognoscível da palavra de Deus que pode ser encontrada através da Bíblia.

Um texto inspirado e inspirador

Voltamo-nos agora para questões de autoridade e *status* concernentes à Bíblia. Que tipo de livro ela é: divino, humano ou uma combinação dos dois? Consideraremos primeiramente que tipo de verdade se deduziu que ela oferece. Depois examinaremos as diferentes compreensões da natureza e da autoridade da Bíblia, antes de perguntar como as comunidades cristãs discutiram se a Bíblia sozinha é um guia suficiente e uma fonte da verdade, ou se ela precisa ser lida ao lado de outras fontes de conhecimento e compreensão, como a tradição da Igreja, a razão e a experiência.

Um texto verdadeiro

Se nos pedissem para dar nosso testemunho, poderíamos presumir que isto implicaria estar à frente de uma Igreja local, contando a história de nossa jornada de fé. Ou poderíamos pensar que nos pedem para fazer um relato de um acontecimento que testemunhamos na sala de um tribunal ou num lugar público. Em muitos contextos da América Latina, um *testimonio* é um relato tanto da violência quanto da resistência: por exemplo, o relato de uma ativista da Guatemala registrado em *Me llamo Rigoberta Menchú y así me nació la consciencia* (1983).

Estas diferentes experiências de contar a verdade, seja a verdade da experiência cotidiana ou das crenças de alguém, e se contadas através de palavras e ações, podem ajudar-nos a considerar o que entendemos quando dizemos que a Bíblia é verdadeira. Como analisaremos nesta seção, muitos cristãos tiveram uma compreensão muito tacanha da verdade, o que os impediu de comprometer-se profundamente com a Bíblia. Mas os debates sobre a verdade bíblica muitas vezes deixaram de reconhecer que a Bíblia não se ocupa primariamente com fatos científicos ou acontecimentos históricos, mas de preferência em testemunhar a natureza e o propósito de Deus, ou seja, em apresentar verdades teológicas.

> **Teste**
>
> Em sua opinião, como a Bíblia dá ou não dá testemunho? Que tipo de verdade, se houver, você considera que é revelado pela Bíblia? Como isto molda sua compreensão do texto?

Enquanto autores, refletimos sobre nossa resposta a estas perguntas. Para Rachel a Bíblia surge do desejo de diversas comunidades de encontrar-se com Deus e considerar o tipo de relação que podem ter com ele. A Bíblia é, portanto, reveladora da natureza humana, da luta para pertencer e conectar-se. Para Rachel a palavra de Deus pode ser ouvida no debate acalorado que ocorre no texto bíblico, no qual existe sempre outra perspectiva a ser demonstrada, ou outra história a ser contada. É um texto no qual emerge algo novo cada vez que é lido ou estudado, não importando quão familiar seja a passagem. Além disso, ele atesta a atenção que outros lhe deram e pode ser comparado a uma pedra polida ao longo dos séculos, na qual cada leitura revela gradualmente sempre mais sua cor e seus detalhes.

Para David a Bíblia é um clássico bem conhecido que o acompanhou durante toda a sua vida adulta. Para ele, enquanto cristão, é um ponto de orientação e perspectiva, encontrado mediante o estudo e no culto. No entanto, ele descreve também sua relação com a Bíblia como uma amizade duradoura. Isso reflete seu compromisso de buscar uma compreensão mais profunda e mais verdadeira da Bíblia como Escritura. David contrasta seu profundo conhecimento do cânon bíblico com um conhecimento mais limitado de outros antigos textos judaicos, cristãos e islâmicos. Isto fala da importância especial dos textos canônicos para ele enquanto cristão. Ler a Bíblia em diálogo com os outros e com o mundo mais amplo desperta nele cada dia novas perguntas. A Bíblia conserva o poder de surpreendê-lo, de levá-lo para lugares de mistério.

Um texto autoritativo

Nesta seção consideraremos o debate na Igreja no tocante à origem, à natureza e à autoridade da Bíblia. Nosso ponto de partida é o século XVIII, quando a cultura do Iluminismo estimulou estudiosos de uma série de disciplinas a tentar encontrar fontes lógicas e prováveis de conhecimento. Durante o século XIX isto resultou no desenvolvimento de uma série de abordagens críticas da Bíblia (conhecidas como crítica superior ou histórica), que procuraram descobrir a origem, a natureza e a confiabilidade histórica da narrativa bíblica (cf. o cronograma "Keys Ideas in Biblical Scholarship" em Bible Odyssey; e Soulen & Soulen 2011, p. 88-90). Utilizando conhecimentos da arqueologia, da geologia e da linguística, demonstrou-se que muito relatos bíblicos são factualmente incorretos (cf. o artigo "Does the Bible Relate to History 'as It Actually Happened'?", de Nicola Denzey Lewis, no website Bible Odyssey). Para alguns, a conclusão lógica deste trabalho foi considerar a Bíblia como uma interessante coleção de textos antigos, que pouco tinham a dizer ao mundo moderno. Para outros, estes desenvolvimentos eram altamente problemáticos e precisavam ser interrompidos, para que a verdade da Bíblia pudesse ser reafirmada.

Teste

Qual afirmação descreve melhor a compreensão que você tem da Bíblia?

- A Bíblia é a palavra inspirada de Deus e, portanto, isenta de erro.
- A Bíblia é inspirada pelo Espírito Santo, mas escrita por humanos, e é possível que algo da mensagem divina tenha sido corrompido no processo.
- A Bíblia é um registro da história compartilhada, da identidade comunitária e da experiência de fé de várias comunidades.
- A Bíblia só é a palavra de Deus quando lhe permitimos que o seja mediante a escuta da palavra que Deus nos falou através do texto.
- A Bíblia é uma coleção de escritos antigos irrelevantes para a sociedade de hoje.

Estas visões diferentes acerca da origem e confiabilidade da Bíblia se encaixam em três categorias amplas, que consideramos agora: a Bíblia é um texto divinamente inspirado isento de erro (o foco é o papel de Deus); a Bíblia é um texto divinamente inspirado, autoritativo, mas humano (o foco é a parceria entre Deus e os humanos); a Bíblia é um relato humano de fé (o foco é a atividade humana).

A crença de que a Bíblia veio diretamente de Deus e que, portanto, é isenta de erro, desenvolveu-se no século XIX. Atraiu muitos seguidores entre alguns protestantes conservadores nos Estados Unidos, que no início do século XX se tornaram conhecidos como fundamentalistas. Respondendo aos desafios apresentados pela crítica histórica, os fundamentalistas bíblicos procuraram defender a crença na inspiração divina e na inerrância da Bíblia (James 2012, p. 36). Argumentaram que, se a Bíblia era o registro direto da proclamação de Deus, não podia haver erros em seu texto ou em sua doutrina. Como resultado, gastou-se muito tempo e esforço para explicar as evidentes inconsistências na Bíblia ou para responder aos desacordos entre o relato bíblico e o conhecimento científico moderno (por exemplo, o desafio que a teoria da evolução apresenta às leituras literais das histórias da criação de Gênesis 1 e 2). Os fundamentalistas diferem quanto à maneira como Deus colaborou com os humanos para criar a Bíblia, alguns acreditando que Deus ditou palavras aos autores humanos e outros acreditando que Deus inspirou os autores humanos de maneira mais nuançada (James 2012, p. 40).

As crenças desenvolvidas no fundamentalismo do século XIX continuam a influenciar o cristianismo hoje. Algumas denominações e grupos cristãos expressam abertamente crenças fundamentalistas, como podemos ver, por exemplo, na declaração doutrinal da Sociedade Cristã de Universidades e Faculdades (James 2012, p. 36). Existem muitos outros grupos e indivíduos cristãos cujo ponto de partida é a suposição de que, se a Bíblia é inspirada, ela deve por isso estar isenta de erro. Os cristãos que acreditam que a Bíblia é inspirada e isenta de erro são motivados muitas vezes por um desejo de proteger a Bíblia, embora se possa argumentar que esse livro poderoso não precisa de proteção. Para muitos cristãos a ideia de que partes da narrativa bíblica podem ser historicamente inexatas desperta preocupações mais amplas sobre a confiabilidade de toda a Bíblia e sobre a própria fé cristã.

No entanto, o fundamentalismo bíblico tem sido amplamente criticado por autoridades tanto católicas como protestantes. Um documento oficial do Vaticano denunciou o fundamentalismo como "uma leitura da Bíblia que rejeita todos os questionamentos e todo tipo de pesquisa crítica" (Pontifícia Comissão Bíblica 1993, seção F). O Vaticano argumentou que uma abordagem fundamentalista da Bíblia deixa de reconhecer a crença cristã de que Deus colabora com os humanos e confia à Igreja histórica a missão de Deus.

Nas últimas décadas, denominações católicas e protestantes procuraram esclarecer sua compreensão da Bíblia como um texto inspirado e autoritativo. A Bíblia é entendida como um texto inspirado por Deus, mas escrito por humanos enquanto agentes ativos (*Dei Verbum*, n. 11). Ela também é lida e precisa ser interpretada pelos humanos, mesmo entendendo que isso ocorre com ajuda do Espírito Santo (Pontifícia Comissão Bíblica 2014, § 143). A Bíblia é um testemunho da verdade de Deus (Pontifícia Comissão Bíblica 2014, § 144), mas não é idêntica nem confinada a isso (Curadores dos Objetivos da Igreja Metodista 1998, § 2.9, 3.2, 4.2, 4.9). Como comenta William Brown: "Aquilo que torna a Bíblia Palavra de Deus não depende de nenhuma teoria particular de inspiração nem mesmo para testemunhar o que a Bíblia fez e continua fazendo na vida das pessoas" (Brown 2007, p. xiiii).

Finalmente, é importante observar que alguns cristãos não consideram somente a Bíblia como texto inspirado, mas acreditam que outros textos ou experiências são igualmente fontes de conhecimento acerca de Deus e do mundo. Consideraremos essas abordagens da Bíblia mais adiante neste capítulo.

Depois de refletir sobre como a Bíblia é entendida como inspirada por Deus, passamos a considerar a autoridade da Bíblia. Embora seja verdade que nas últimas décadas muitas sociedades ocidentais experimentaram uma rejeição de figuras e instituições autoritárias, existe ao mesmo tempo uma saudade do tipo de certeza prometida por líderes autoritários, identidades e crenças fixas. Não causa surpresa que a mesma dinâmica pode ser vista em atitudes para com a Bíblia, tornando-se cada vez mais visível nos últimos anos tanto a rejeição de sua autoridade quanto a afirmação da mesma (Brown 2007, p. x). Como resultado, cristãos provenientes de uma variedade de perspectivas teológicas têm procurado oferecer relatos mais nuançados da autoridade. O relatório de 1988 da Igreja Metodista da Grã-Bretanha, intitulado "Uma lâmpada para meus pés e uma lâmpada para meu caminho. A natureza da autoridade e o lugar da Bíblia na Igreja Metodista", expõe uma série de visões da autoridade bíblica, notando o valor de uma diversidade de perspectivas.

Teste

Leia João 2,1-11. Qual das diversas compreensões da natureza e da autoridade da Bíblia é a mais útil para você compreender a passagem? Que tipo de autoridade (histórica, moral, teológica etc.), caso exista, você espera que a Bíblia tenha? Como esta passagem dá testemunho?

Talvez haja algo digno de nota na sugestão de William Brown de que a autoridade da Bíblia deveria ser entendida como "uma força geradora e provocativa que traz à tona uma resposta e, ao fazê-la, molda a conduta, na verdade a identidade, do leitor ou da comunidade que lê" (Brown 2007, p. xiii). É à relação entre a Bíblia e a comunidade crente que voltamos nossa atenção agora.

Um texto em conversação

Para alguns cristãos o sentido dos textos bíblicos é evidente por si mesmo e pode ser deduzido diretamente da página sem necessidade de interpretação ou tradução entre os contextos histórico e literário do texto e a situação do leitor (James 2012, p. 41-42). A crença de que as palavras da Bíblia são inspiradas diretamente por Deus e de que Deus se comunica claramente e sem confusão através da Bíblia é às vezes denominada literalismo bíblico. John Stackhouse, estudioso evangélico, observa como alguns evangélicos veem uma relação direta entre questões de fé e a doutrina bíblica: "nós acreditamos em X porque a Bíblia o ensina *exatamente aqui*" (Stackhouse 2004, p. 187 – grifo de Stackhouse). Evangélicos conservadores argumentam que esta aplicação direta da doutrina bíblica é um sinal do lugar central que a Bíblia ocupa em sua fé.

Intimamente associada à crença na clareza da doutrina bíblica está o método de aplicação conhecido como texto-prova (citar um ou mais versículos bíblicos para apoiar um assunto). O texto-prova tende a ser associado a setores mais conservadores do cristianismo e muitas vezes ocorre em debates éticos: por exemplo, protestadores diante de clínicas de aborto, segurando cartazes com versículos bíblicos, como:

"Pois criaste meu ser mais profundo; tu me teceste no seio de minha mãe. Graças te dou porque sou feito de maneira extraordinária e maravilhosa" (Sl 139,13-14), implicando que o Salmo 139, que explora o poder criador e a presença de Deus, pode ser aplicado diretamente ao contexto contemporâneo da saúde reprodutiva. Mas, como aponta Rowan Williams, cristãos de todo o espectro teológico são culpados de aplicar o texto-prova, ou pelo menos de procurar submeter um texto a seus próprios objetivos, muitas vezes de uma maneira que constitui uma distorção de seu sentido original no contexto literário mais amplo (Williams 2017, p. 34-37).

Em contraposição ao literalismo bíblico, muitas Igrejas predominantes e muitos estudiosos bíblicos dizem que, como ocorre com qualquer texto, a Bíblia requer interpretação (Curadores dos Objetivos da Igreja Metodista 1998, § 4.6). Para a Igreja Anglicana a Bíblia é "palavra de Deus viva e ativa" (The Windsor Report 2004, § 57) e não deveria ser considerada um manual de normas. Com efeito, o Vaticano observa:

> A abordagem fundamentalista é perigosa, pois ela é atraente para as pessoas que procuram respostas bíblicas para seus problemas da vida. Ela pode enganá-las oferecendo-lhes interpretações piedosas, mas ilusórias, ao invés de lhes dizer que a Bíblia não contém necessariamente uma resposta imediata a cada um desses problemas (Pontifícia Comissão Bíblica 1993, I. seção F).

A Igreja não é de forma alguma a única comunidade na qual a Bíblia é estudada e interpretada; mas, para os cristãos, uma discussão importante tem sido a relação entre a autoridade da Bíblia e a autoridade da Igreja. Na tradição católica o Concílio de Trento reforçou a importância tanto da Bíblia quanto da tradição no discernimento teológico (Lamb 2013, p. 154-155). Por algum tempo a Bíblia ocupou uma posição um tanto secundária em relação à autoridade da Igreja e de sua tradição; mas, após o Vaticano II, houve maior ênfase no estudo bíblico (cf. *Dei Verbum* 1965). Embora o protestantismo tenha tido a tendência de colocar a Bíblia na posição central de sua autocompreensão, as Igrejas em sua maioria consideram a tradição cristã e a comunidade recursos importantes para interpretar o texto para hoje (Curadores dos Objetivos da Igreja Metodista 1998, § 7.9.4). A Igreja Anglicana modela a Igreja como "testemunha e guarda" da Escritura (Sínodo Geral 2009) e, para muitas Igrejas, a liderança formal e os organismos de tomada de decisão da Igreja são considerados intérpretes-chave da Bíblia (The Windsor Report 2004, § 58; Curadores dos Objetivos da Igreja Metodista 1998, § 4.3). Dirigindo-se aos cristãos evangélicos, o teólogo escocês Andrew McGowan argumenta que é necessário focar novamente a revelação de Deus em vez da Bíblia, que é um dos aspectos da revelação divina. McGowan defende um reconhecimento mais claro de que a tradição, na forma de credos e confissões, seja utilizada ao lado da Bíblia na teologia evangélica, mas isto muitas vezes não é considerado (McGowan 2007, p. 207-210).

Muitas Igrejas defendem também o conhecimento humano e o estudo de um amplo leque de disciplinas como essenciais para compreender um texto tão complexo como a Bíblia (Sínodo Geral 2009; Curadores dos Objetivos da Igreja Metodista 1998, § 7.9.3). Muitas tradições cristãs reconhecem ainda as compreensões a serem obtidas da experiência. Aqui experiência significa tanto a experiência humana vivida quanto a experiência espiritual, inclusive a orientação que podemos encontrar mediante a oração e o trabalho do Espírito Santo (Curadores dos Objetivos da Igreja Metodista 1998, § 7.9.5). As Igrejas pentecostais negras enfatizam muitas vezes a inspiração do Espírito Santo tanto na formação quanto na recepção da Bíblia.

Esta seção começou com um debate sobre a autoridade da Bíblia, provocado pelos desenvolvimentos ocorridos nos estudos bíblicos durante o século XIX. No capítulo 3, testaremos uma série de métodos histórico-críticos e literários destinados a ajudar-nos a prestar atenção ao texto bíblico e seus contextos. Antes de fazê-lo, precisamos analisar a relação entre o texto e a comunidade, que está expressa na noção de cânon. Precisamos perguntar como a Bíblia molda as comunidades de fé e também é moldada por elas. Birch e Rasmussen sugerem que a autoridade da Bíblia para os cristãos não está localizada no próprio livro, mas provém do reconhecimento pela Igreja da importância destes escritos (Birch & Rasmussen 1989, p. 142). Por essa razão, os estudiosos que utilizam a abordagem canônica (um conjunto de abordagens que analisaremos mais adiante no capítulo 6) estão interessados na maneira como a Bíblia é lida e interpretada como Escritura sagrada. Eles examinam como a comunidade de fé interpreta os textos de modo que surja uma interpretação normativa. Além disso, consideram o impacto mútuo do cânon e da comunidade, perguntando-se como as comunidades de fé e as tradições em desenvolvimento moldam-se mutuamente. Assim, Rowan Williams considera a Bíblia primeiramente um texto que é lido publicamente e que a comunidade de fé é recomendada a ouvi-lo, permanecendo aberta à palavra de Deus. É também um texto que "convoca" ou reúne a comunidade de fé (Williams 2017, p. 30-31 e 42).

Um texto reunido e que reúne

A Bíblia não é um livro único, mas uma coleção de textos escritos em muitos estilos diferentes, numa série de contextos ao longo de muitos séculos. Nesta seção examinaremos a formação dos cânones bíblicos e perguntaremos se os textos reunidos por comunidades judaicas e cristãs mais antigas ainda funcionam para definir e orientar as atuais comunidades de fé dessas tradições.

Os cânones bíblicos

A palavra "cânon" se origina de uma palavra grega referente a um a régua/regra ou padrão para medir. Nos estudos bíblicos o cânon expõe uma coleção de livros que receberam um *status* autoritativo por e para uma comunidade determinada. Estes textos tendem a provir do período de formação da comunidade de fé e ajudaram a defini-la.

Embora seja comum falar do cânon bíblico, não existe de fato um único cânon bíblico consensual. A comunidade judaica tem sua própria coleção de escritos sagrados conhecida como Mikra, que significa "o que é lido", ou Tanak, um acrônimo referente às suas três partes: *Torah* (Lei), *Nevi'im* (Profetas) e *Ketuvim* (Escritos). A coleção inclui os mesmos 39 livros que a maioria dos cristãos reconhece como Bíblia Hebraica ou Antigo Testamento (embora organizada em 24 livros na Tanak). Além destes livros, os cristãos católicos e ortodoxos incluem alguns textos judaicos extra, como Tobias e Judite. Estes textos, ao lado de uma antiga tradução grega das Escrituras Hebraicas, formaram o que veio a ser conhecido como Septuaginta. Esta tradução é às vezes designada pelo numeral romano LXX, que se refere à crença de que 70 tradutores se encarregaram de completá-la. À medida que o cristianismo se difundiu pela região do Mediterrâneo foi a versão grega das Escrituras, e não a versão hebraica, que se tornou amplamente utilizada pela Igreja primitiva, explicando assim a inclusão destes textos adicionais no Cristianismo.

O cânon judaico e o cânon cristão se desenvolveram ao longo do tempo e através do debate: por exemplo, o livro de Ester foi uma adição ulterior à Tanak e houve séculos de debate sobre o *status* de textos como Hebreus e Apocalipse, que acabaram sendo incluídos no Novo Testamento. Hoje existe um amplo consenso sobre a composição do cânon do Novo Testamento, com os mesmos 27 livros aceitos pela maioria das Igrejas cristãs. A principal exceção é a Igreja ortodoxa Tewahedo da Etiópia e Eritreia, que reconhece oito textos adicionais, tirados da tradição etíope, como parte de seu cânon do Novo Testamento.

Teste

Examine um exemplar da Tanak, de uma Bíblia protestante com os Apócrifos e de uma Bíblia católica. Você pode compará-los no website Bible Odyssey ("Três cânones bíblicos"). Como difere a ordem de cada coleção? Como são agrupados os livros individuais? Por exemplo, Rute e Daniel aparecem em categorias diferentes, cada localização sugerindo uma interpretação diferente.

Considerando os versículos finais de cada coleção, podemos ver como a Tanak termina com uma

> referência ao retorno do exílio, ao passo que os editores cristãos preferiram finalizar com o profeta Malaquias, como uma maneira de conectar a tradição profética hebraica com a figura de João Batista que aparece no início do Novo Testamento. Que diferença faz esta ordenação para a interpretação que você faz da Bíblia?

No processo de formação do cânon, as primeiras comunidades judaicas e cristãs editaram antigos escritos e tradições, adaptando-os à sua situação contemporânea. Isto é particularmente evidente na Bíblia Hebraica por causa do longo período durante o qual livros individuais, por exemplo Isaías, foram produzidos. Acontecimentos e histórias centrais foram recontados e reinterpretados completamente à medida que novas gerações adaptaram a doutrina tradicional à sua própria situação. Mary Callaway observa: "A própria natureza do cânon consiste em ser simultaneamente estável e adaptável, um conjunto fixo de tradições infinitamente adaptáveis a novos contextos por sucessivas comunidades de crentes" (Callaway 1999, p. 146).

Estabelecendo limites

O processo de formação do cânon foi longo, complexo e contestado por comunidades tanto judaicas como cristãs. Ao longo do tempo, certos textos chegaram a ser considerados confiáveis e verdadeiros. Através do reconhecimento desses textos, as comunidades procuraram estabelecer sua identidade, muitas vezes diante de ameaças internas ou externas. Por isso, não deve causar surpresa que, desde o início, houve disputas acerca do *status* de alguns livros.

A comunidade judaica começou a compilar textos em resposta à experiência do exílio na Babilônia no século VI a.C. Este novo contexto para a interpretação da tradição causou impacto no feitio da Torá, com o relato de Josué entrando na terra excluída e uma mudança de foco para a lei e o futuro cumprimento das promessas feitas por Deus a Israel (Callaway 1999, p. 145-146). A Torá constituiu o cerne da Escritura para a comunidade pós-exílica. A referência "à Lei e aos profetas e aos outros livros" no livro de Sirac (Eclesiástico), do século II a.C., indica um *corpus* crescente. Por volta do século II d.C. encontramos uma lista familiar de 24 livros (*Baba Batra*, 14b), embora continuasse o debate acerca do *status* de Ester e Cântico dos Cânticos (McDonald 2012, p. 59-60). Como ocorreu em comunidades cristãs posteriores, diferentes grupos no interior judaísmo conferiram autoridade a uma diversidade de textos, embora todos reconhecessem a Torá. Um exemplo muito conhecido é o da comunidade de Qumran, cuja biblioteca indica que alguns dos livros da própria comunidade receberam um *status* semelhante ao da escritura mais amplamente reconhecida (Soulen 2009, p. 19). Com efeito, o limite entre textos canônicos e outros textos talvez tenha sido mais fluido do que fixo, sendo que Hindy Najman sugere que aquilo que define a escritura foi sempre sua capacidade de produzir novos textos imaginativos, comentário e *midrash* (Najman 2012, p. 498-499 e 517).

Os primeiros cristãos consideravam a Torá, os profetas e os salmos como escritos sagrados (Lucas 24,44), a serem lidos durante o culto e estudados para orientação e compreensão. Mas eles começaram a ver uma necessidade de suplementar estes textos com textos que atestassem sua experiência de encontro com Deus através de Jesus. As cartas de Paulo, escritas para comunidades cristãs emergentes, começaram a circular mais amplamente; como ocorreu com relatos da vida, sofrimento, morte e ressurreição de Jesus, conhecidos como evangelhos. Estes textos chegaram a ser considerados escritura ao lado da tradição recebida (2Pedro 3,15-16) e em meados do século II somos informados, pela descrição que Justino Mártir faz do culto cristão, que "são lidas as memórias dos apóstolos ou os escritos dos profetas" (Justino Mártir, *I Apologia* 67.3). O novo testemunho dos apóstolos não substituiu o testemunho dado por mestres e profetas judeus anteriores. A maioria dos cristãos continuou a utilizar uma variedade de escritos judaicos, inclusive os que viriam a fazer parte dos Apócrifos judaicos (McDonald 2012, p. 79-80). Mas Marcião (falaremos mais sobre ele adiante) contrapôs o evangelho e as cartas à Torá e aos profetas e convocou os cristãos a rejeitar as escrituras judaicas. Coube a outros teólogos do século II, como Ireneu, fazer com que a Igreja conseguisse unir o Antigo e o Novo Testamento (Soulen 2009, p. 23-24).

Os primeiros cristãos eram um grupo diverso, espalhado pelo Império Romano, deparando com uma série de filosofias e tradições. Neste período criativo, escritos de diferentes estilos e doutrina circularam entre as comunidades locais. O Evangelho de Mateus e as cartas de Paulo eram amplamente conhecidos, mas também o eram textos pouco familiares a muitos cristãos do século XXI, como o *Pastor de Hermas*, a *Didaqué*, as *Cartas de Inácio, I e II Clemente*. Com efeito:

> Nos primeiros séculos foram conservados mais exemplares do *Pastor de Hermas* do que de todos os outros livros do Novo Testamento, excetuados os evangelhos de Mateus e de João. Esse livro foi também incluído num exemplar das Escrituras completas da Igreja (*Codex Sinaiticus*) no final de século IV d.C. (McDonald 2012, p. 5).

A Igreja primitiva utilizou um conjunto de critérios para julgar se um livro devia ser incluído no Novo Testamento (cf., por exemplo, Ireneu, *Adversus Haereses* 3.3.3 e 3.4.1; McDonald 2012, p. 100-104). Foi o livro escrito por apóstolos ou seus companheiros, ou baseado na doutrina deles? Continha doutrinas consideradas ortodoxas pela Igreja? Foi amplamente reconhecido e lido pela Igreja (cf. Eusébio, *História Eclesiástica* 3.25.1)?

> **Teste**
>
> Imagine que você seja encarregado de revisar um dos cânones bíblicos hoje. Que critérios você utilizaria? Você removeria ou acrescentaria alguns textos? Por quais motivos?

O cânon cristão assumiu uma forma ulterior sob o Imperador Constantino. Ele pediu que o erudito Eusébio providenciasse 50 exemplares das escrituras para serem distribuídos às Igrejas de Constantinopla, o que exigiu ulteriores decisões acerca do conteúdo e da ordem a serem alcançados (cf. Eusébio, *Vida de Constantino* 3.34-37; McDonald, 2012, p. 99). Poucas décadas depois, Atanásio de Alexandria listou pela primeira vez todos os 27 livros do Novo Testamento (*39ª Carta festiva*, 367 d.C.). No entanto, o amplo reconhecimento destes textos não impediu o uso continuado de textos adicionais durante vários séculos (McDonald 2012, p. 92).

Diversidade canônica

A natureza diversa do cânon fornece aos leitores uma obra multicolorida e com múltiplas texturas com a qual podem se envolver. Para os cristãos a inclusão dos quatro evangelhos no Novo Testamento, por exemplo, enriquece seu conhecimento de Jesus e abre espaço para penetrarem nas tradições e acontecimentos que estão por trás dos relatos.

Quando comparamos diferentes partes da Bíblia notamos uma variedade de doutrinas, muitas vezes em reposta a diferentes circunstâncias das comunidades de fé das quais os textos surgiram. Por exemplo, os personagens de José e Daniel correspondem de maneira diferente à vida em terras estrangeiras. Daniel mantém-se fiel às doutrinas de sua fé, recusando-se a comer alimentos oferecidos aos ídolos ou a prestar culto ao rei. Suas ações o levam a ser lançado na cova dos leões, da qual sai ileso graças à sua fidelidade (Daniel 6,6-28). Em contrapartida, José adota uma abordagem da vida do tipo "em Roma como os romanos". Torna-se confidente do Faraó, se estabelece na vida da corte e se casa com uma egípcia (Gênesis 41,39-45). Enquanto as ações de José forneceram uma compreensão sobre como as comunidades judaicas em terras estrangeiras (como durante o exílio na Babilônia) podem prosperar, a fidelidade religiosa de Daniel estimulou as comunidades judaicas posteriores que desejavam manter sua característica distintiva para sobreviver a logo prazo.

O cânon nos possibilita também utilizar outros textos bíblicos para ajudar-nos a interpretar uma passagem determinada. Gina Hens-Piazza nos lembra:

> A coleção foi estabelecida com o consenso de que estes livros em conjunto expressam as crenças de fé das comunidades, levando-as a reivindicá-los como seus textos confessionais. 'Em conjunto' é aqui a palavra operante. A noção de cânon é importante para nós porque sugere um contexto ulterior para nossa história. Ela nos exorta a ler e compreender

nossa narrativa *junto* com outras histórias do cânon (Hens-Piazza 2003, p. 96 – grifo de Hens-Piazza).

Hens-Piazza ilustra as vantagens de ler um texto bíblico como parte de um cânon mais amplo em seu trabalho sobre 2Reis 6,24-33: a história de duas mães canibais, do rei Jorão e do profeta Eliseu durante o cerco de Samaria. A breve e, no entanto, perturbadora história das duas mulheres é explorada com a ajuda de outras histórias acerca de duas mulheres, crianças disputadas e homens poderosos – Sara e Agar (Gn 16; 21,1-21); Raquel e Lia (Gn 29–30); e as duas mães que comparecem perante o Rei Salomão (1Reis 3,16-28). Hens-Piazza deduz novas compreensões do fato de ler as histórias em conjunto, observando como em cada história as mulheres compreendem que os filhos lhes conferem *status*, amor e até a própria vida, e assim sua luta pelos filhos se torna mais desesperada. Para contrastar essas histórias de conflito, Hens-Piazza chama nossa atenção para o início do Êxodo, em que a cooperação entre muitas mulheres salva o recém-nascido Moisés, desafiando os desejos destrutivos do Faraó. Hens-Piazza sugere que essas histórias corajosas dão aos leitores esperança e força e nos fortalecem para buscar caminhos alternativos ao caminho da violência.

Além dos cânones

Diversos escritos judaicos e dos primeiros cristãos acabaram excluídos de alguns ou de todos os cânones, ou receberam *status* secundário. Nesta seção analisaremos por que estes textos foram rejeitados por algumas comunidades e também se não têm nada a oferecer aos leitores da Bíblia do século XXI.

Os apócrifos

O erudito cristão Jerônimo, do século IV, definiu os Apócrifos como aqueles escritos encontrados na Septuaginta (a primeira tradução grega das escrituras hebraicas que incluía escritos judaicos aparentados), mas em nenhum dos manuscritos hebraicos. Embora Jerônimo atribuísse a esses livros um *status* secundário, eles continuaram a ser amplamente utilizados até a Reforma. Em sua tradução da Bíblia para o alemão, Lutero confiou na tradição hebraica e, embora tenha incluído escritos da tradição grega como "úteis e bons para a leitura", diferenciou-os do Antigo Testamento propriamente dito (Walden 2007, p. 5). Outros protestantes seguiram seu exemplo, em grau maior ou menor, e a Igreja Anglicana permitiu a leitura destes textos "como exemplo de vida e instrução dos costumes; mas não os aplica para estabelecer qualquer doutrina" (Trinta e Nove Artigos, 1562). Em contrapartida, em resposta aos Reformadores, o Concílio de Trento (1546) reafirmou o *status* deuterocanônico de textos da tradição grega para a Igreja Católica. Quando os reformadores protestantes excluíram boa parte destes textos secundários ou deuterocanônicos, estes livros se tornaram conhecidos dos protestantes com o nome de Apócrifos. (Convém notar que os Apócrifos protestantes são um pouco mais numerosos do que os livros duterocanônicos católicos, já que incluem textos gregos adicionais aceitos por algumas tradições ortodoxas.)

Teste

Examine uma versão impressa ou online da Bíblia que inclui os Apócrifos ou os livros deuterocanônicos, listados de acordo com sua posição em cada denominação. Leia Tobias 11. Com quais outros tex-

> tos bíblicos Tobias compartilha um estilo, temas ou personagens semelhantes? Como a leitura de Tobias pode ajudar você a explorar estes textos?

Os Pseudoepígrafos

Os Pseudoepígrafos são uma coleção de escritos judaicos ou cristãos (desde 650 a.C. até 800 d.C., mas escritos sobretudo entre 200 a.C. e 200 d.C.), aos quais não foi concedido pela Igreja um *status* canônico ou deuterocanônico. Os escritos dos Pseudoepígrafos surgiram em sua maioria numa etapa posterior aos livros deuterocanônicos, durante o que seria um período formativo tanto para o judaísmo quanto para o cristianismo. Eles registram e refletem um tempo de acalorados debates, quando essas duas comunidades eram mais receptivas a influências das culturas circunjacentes. Entre os temas dominantes estão as origens do mal, o fim do mundo, o Messias, os anjos e a ressurreição (Porter 2001, p. 8).

O Novo Testamento apócrifo

O Novo Testamento apócrifo inclui livros do século II ao IX d.C., sobretudo pertencentes a gêneros familiares como cartas, atos, evangelhos: por exemplo, o *Evangelho de Tomé*, os *Atos de André* e o *Protoevangelho de Tiago*. Estes textos ajudaram a incrementar o *status* dos apóstolos e de outros antigos seguidores de Jesus. Várias doutrinas cristãs sobre Maria, a mãe de Jesus, originaram-se desses textos apócrifos, sobretudo dos evangelhos da infância. Às vezes os textos aumentam o prestígio de Maria afirmando, por exemplo, que ela operava milagres, ou embelezam o início de sua vida sugerindo que ela foi educada no Templo (*Protoevangelho de*

Tiago). Embora estes evangelhos confiram maior proeminência a Maria e a outras mulheres discípulas como Maria Madalena, não oferecem um quadro claro de uma comunidade de iguais na Igreja primitiva. Na verdade, no Evangelho de Tomé a entrada de Maria Madalena no reino depende de tornar-se homem (embora "tornar-se homem" possa referir-se a manter o celibato) (Okland 2001, p. 74).

O que estes textos nos oferecem enquanto intérpretes bíblicos? Eles nos ajudam a conhecer mais sobre as primeiras comunidades judaicas e cristãs e sobre a recepção dos textos canônicos nessas comunidades. Oferecem-nos ampliações imaginativas de histórias familiares e novas perspectivas. E podem restabelecer o equilíbrio de nossa compreensão do testemunho bíblico, recordando-nos talvez o forte aroma escatológico do judaísmo e do cristianismo nesse período.

Que estes textos permanecem relevantes para os leitores do século XXI é a convicção que está por trás de *A New New Testament: A Bible for the 21st Century Combining Traditional and Newly Discovered Texts* (2013). Ao Novo Testamento estabelecido o editor Hal Taussig e outros estudiosos acrescentaram dez textos do período formativo do cristianismo, numa tentativa de tornar visível a diversidade e a amplitude do cristianismo dos primeiros tempos e estimular novas conversações sobre a crença e a prática cristãs. Vários dos textos adicionais são textos que atestam a liderança e o ensino das mulheres na Igreja primitiva (*Evangelho de Maria*; *Atos de Paulo e Tecla*). Outros fornecem diferentes interpretações do ministério de Jesus. Outros ainda proporcionam ulteriores recursos espirituais. Junto com Natalie Renee Perkins, Taussig fundou o Centro Tanho, que visa estimular um compromisso erudito, artístico e espiritual com textos cristãos primitivos.

> **Teste**
>
> Visite o website de *A New New Testament*, ou o do Centro Tanho. Leia um extrato dos *Atos de Paulo e Tecla*, ou um dos outros textos mencionados. Quais novas compreensões e perguntas estes textos suscitam em relação à compreensão que você tem da Igreja primitiva? Quais hesitações você tem acerca de ler textos que foram excluídos do cânon?

As estudiosas bíblicas feministas manifestaram um particular interesse pelos antigos textos cristãos extracanônicos, especialmente pelos que enfocam o ministério ou a liderança das mulheres na Igreja primitiva. Exemplos desta abordagem podem ser encontrados em *Searching the Scriptures* (1993), de Elisabeth Schüssler Fiorenza, e *Feminist Biblical Interpretation: A Compendium of Critical Commentary on the Books of the Bible and Related Literature* (2012), de Marie-Theres Wacker. Mais fundamentalmente, os estudos feministas procuraram subverter os limites fixos acerca da autoridade e as noções singulares da verdade (Tolbert 1999). Assim, é surpreendente que algumas estudiosas feministas questionem toda a noção de cânon. Uma terceira abordagem é imaginativa e convidativa: Que tal se o cânon fosse uma coleção em constante crescimento? Ampliando o cânon, outras histórias, experiências e encontros podem ser entendidos como portadores de testemunho ao lado da Bíblia. É para esta ideia que nos voltamos agora.

Ampliado o cânon hoje

A inclusão nos cânones bíblicos conferiu a certos textos autoridade na vida da comunidade judaica e da Igreja. Ao mesmo tempo, teve o efeito de limitar as compreensões cristãs e judaicas da revelação. É como se Deus tivesse cessado de comunicar-se com o mundo uma vez completado o último livro canônico. A Igreja Unida de Cristo questiona esta visão com seu testemunho de que "Deus ainda está falando", através dos atos de fé, justiça e acolhimento hoje.

Alguns teólogos defendem um cânon escrito ampliado, argumentando que precisamos reconhecer as limitações do cânon. Eles mostram que muitas pessoas não se reconhecem retratadas na Bíblia, ou que o são apenas de forma negativa (como pessoas estrangeiras, silenciadas ou escravizadas). Por isso, outras histórias precisam ser lidas ao lado da Bíblia para restabelecer o equilíbrio. Atabaque, um grupo de agentes pastorais negros no Brasil, argumenta que:

> A Bíblia é uma fonte entre muitas. Às vezes nem mesmo é a principal. Para os pobres e negros, por exemplo, as histórias de santos e de milagres estão lado a lado com as histórias cantadas e dançadas no terreiro do Candomblé. A Bíblia do terreiro é uma história dançada e cantada. Não está escrita, não pode ser lida, [...] mas é também uma história de salvação e libertação (citado em Pereira 2003, p. 52).

Através deste processo dialógico, permite-se às experiências das comunidades contemporâneas, culturalmente diversas, interagir com a narrativa bíblica que descreve as experiências da primeira comunidade judeu-cristã. Entre os estudiosos da Ásia, da África e da América Latina houve um aumento de interesse acadêmico pelas tradições e textos autóctones locais. Como um dos muitos exemplos, Musa Dube, de Botswana, utiliza uma história tradicional de sua comunidade, a de Utentelezandlane, uma bela e amada princesa, para criticar a história bíblica de Judite (Dube 2003, p. 60).

Partindo de um contexto diferente, o da cidade de Wolverhampton, Rachel vê na poesia de Liz Berry uma celebração da cultura e do dialeto Black Country, que a ajuda a dar testemunho de alguns lugares e pessoas que a formaram e nos quais ela pode fundamentar algo de sua experiência do mundo de Deus. As altas torres dos textos bíblicos nunca são as de fábricas abandonadas e, embora haja muitas pombas, fora das ofertas sacrificiais existe pouca referência aos pombos. O que significa ver pombos acrobatas como um símbolo do Espírito Santo, por exemplo? O poema "Bird", de Berry, no qual a poetisa imagina sua pessoa mais jovem como um pássaro alçando voo, termina com uma recuperação de sua voz; e em "Homing" ela escreve sobre sua resistência à supressão de seu dialeto nativo (Berry 2014). Ampliar o cânon pode ser visto como abrir espaço para que as vozes silenciadas falem e reivindiquem sua capacidade de dar testemunho da verdade de Deus em sua experiência (Oakley 2016, p. 65-72).

As estudiosas womanistas afro-americanas têm defendido um cânon ampliado que inclua romances e literatura escritos por e sobre mulheres. Um exemplo clássico disso é a importância do romance *The Color Purple* (1983), de Alice Walker, na teologia womanista. A falecida Katie Cannon observou como o uso opressivo da Bíblia e as compreensões limitadas que ela oferece criou esta necessidade de ler, ao lado da Bíblia, textos escritos por e sobre mulheres negras. Ela comentou: "A formação do cânon é uma forma de estabelecer novos e mais amplos contextos de experiência com os quais as mulheres afro-americanas possam ocupar-se com a disparidade entre fontes de opressão e fontes de libertação" (Cannon 1995, p. 76).

> **Teste**
>
> Talvez você já tenha livros, cantos ou filmes que possam fazer parte de seu cânon ampliado. Estes poderiam ser histórias que entram em sintonia com sua própria experiência ou que o capacitam a ver o mundo de uma maneira nova. Redija seu próprio cânon ampliado e anote as maneiras como ele lhe permite utilizar outras fontes em sua intepretação bíblica, em sua teologia ou em suas reflexões sobre a vida.

Estudiosos como Dube e Cannon não rejeitam o cânon tradicional, mas acham que ele precisa ser ampliado para incluir um amplo leque de experiências. Evidentemente, essas tendências são vigorosamente contestadas por alguns outros cristãos que não acreditam que esse cânon possa ou deva ser ampliado para além da Bíblia. É particularmente o caso dos cristãos que acreditam que a Bíblia representa uma revelação única não repetida. William Abraham, um estudioso metodista americano, explica por que movimentos que visam ampliar ou alterar o cânon causam tanta divisao:

> Num sentido real o material canônico é constituído efetivamente pela comunidade. As duas ideias, cânon e comunidade, estão lógica e reciprocamente relacionadas. Uma comunidade constitui sua herança canônica e, ao fazê-lo, essa mesma comunidade se constituiu de acordo com certas linhas. Esta é uma razão por que o desenvolvimento do material canônico e sua subsequente rejeição são tão significativos para uma comunidade. Depois que uma comunidade formou suas tradições canônicas, o fato de mudar, transformar ou rejeitar

essas tradições a partir de dentro está sujeito a ser um caso convulsivo (Abraham 1998, p. 30).

No entanto, o próprio Abraham argumenta que a herança canônica da Igreja não deveria limitar-se à Bíblia, já que sempre foi mais ampla do que ela, incluindo direito canônico, concílios eclesiais e sabedoria encarnada dos membros da equipe da catedral conhecidos como cônegos. Esta amplitude possibilita-lhe ver que o cânon é um lugar de encontro com Deus e não uma régua a ser usada para julgar outros pronunciamentos acerca de Deus (Abraham 1998, p. 474).

Outros estudiosos que defendem um cânon totalmente aberto "declaram que o processo de canonização do século IV foi um erro ou fracasso" (Gnuse 1985, p. 95). Eles argumentam que a formação do cânon foi um ato teológico ou político de controle, assumido em resposta a heresias visíveis ou outras ameaças. Em sua opinião, todos os cânones são por natureza exclusivos e, portanto, suspeitos. Por outro lado, um cânon aberto remove qualquer controle que a Igreja poderia ter sobre quais compreensões de Deus são aceitáveis em seu interior.

Favorecendo partes do cânon

Stephen Dawes assinala:

> A Bíblia não se interpreta a si mesma; ela não é autoexplicativa. Em certo sentido a Bíblia é até silenciosa, não pode falar por si mesma e seus usuários lhe dão a única voz que ela tem. A Bíblia é, afinal de contas, um livro. Por mais venerável que possa ser, ela precisa ser aberta e seus capítulos e versículos precisam ser selecionados antes de poderem ser citados e utilizados (Dawes 2004, p. 114).

Nesta seção examinaremos como os leitores selecionam passagens da Bíblia para estudo, culto e outros propósitos. Podemos preferir passagens às quais recorremos por intuição ou interesse. A comunidade judaica e a Igreja cristã também têm seus livros favoritos, aqueles que são considerados centrais para a revelação de Deus. A Torá e os evangelhos são colocados no início da Tanak e do Novo Testamento, respectivamente, indicando imediatamente sua importância primária. São os livros mediante os quais devem ser entendidos os outros livros da coleção. *The Jewish Study Bible* observa: "No judaísmo é outorgado à Torá o mais alto nível de santidade, acima do nível de todos os outros livros da Bíblia" (Berlin & Brettler 2004, p. 1). Além disso, o culto judaico e o culto cristão incluem quase sempre uma leitura da Torá ou dos Evangelhos, respectivamente. A predominância destes textos é clara. Incluem as histórias fundantes de cada comunidade de fé – os atos da criação, o êxodo e a bênção; e a encarnação. Como um acontecimento fundante, o êxodo é relatado repetidas vezes na narrativa bíblica. Ele representa o momento decisivo na relação de Israel com Deus e, não importando as dificuldades experimentadas por Israel, esta história conserva o poder de fortalecer e moldar a comunidade.

Teste

Classifique os seguintes livros em ordem de importância: Mateus, Gênesis, Números, Rute, Habacuc, Tito, Romanos. Quais critérios você usou para classificar os livros? Você pode ter utilizado um dos critérios seguintes: influência sobre a Igreja ou a sociedade, extensão, data, referência à Torá ou a Jesus.

Inevitavelmente favoreceremos algumas histórias, personagens ou livros da Bíblia mais do que outros. Na história cristã esse favorecimento de certos textos moldou a compreensão teológica de diferentes grupos. Em sua missão de sustentar a "justificação pela fé" em vez da "justificação pelas obras", Lutero dispensou notoriamente a carta de Tiago como uma "carta de palha"! Em sua tradução do Novo Testamento, Lutero incluiu Tiago, mas separou a carta – junto com Hebreus, Judas e Apocalipse – do Novo Testamento (Walden 2007, p. 6). Pode-se argumentar que a aversão de Lutero a Tiago removeu a ação social ou "boas obras" para uma posição marginal na teologia da tradição protestante emergente.

> **Teste**
>
> Você recorre a alguns livros bíblicos mais frequentemente do que a outros? Você desconsideraria alguns livros, talvez algumas das profecias ou cartas mais obscuras? E no seu curso acadêmico ou em sua Igreja – quais textos recebem ali prioridade?

Na década de 1930, alguns teólogos alemães, baseando-se na obra de Adolf von Harnack, promoveram uma versão truncada da Bíblia que não continha nenhuma referência ao Antigo Testamento, considerado por eles um texto judaico contrário ao Novo Testamento. Esta negação das raízes judaicas do cristianismo fazia parte do movimento antissemita mais amplo que levou em última análise à Shoah (destruição). Os *Deutsche Christen* ou "Cristãos alemães" foram acusados de marcionismo, uma heresia derivada no nome Marcião, que no século II rejeitou o Antigo Testamento (como também grande parte do Novo Testamento, mantendo apenas

Lucas e dez cartas) como parte válida das Escrituras cristãs. Com efeito, foi em sua obra sobre Marcião que von Harnack sugeriu que era hora de revisar o *status* canônico do Antigo Testamento.

Este é um exemplo extremo da maneira como todos os leitores favorecem inevitavelmente alguns livros da Bíblia. Preferimos naturalmente histórias que nos inspiram, ou personagens com os quais nos relacionamos. No entanto, o que precisamos assegurar é que a Bíblia é entendida como um rico e diverso testemunho da experiência humana e da fé. Essas histórias pouco familiares podem ser histórias mediante as quais podemos encontrar novas e convincentes compreensões da vida e da fé.

Foi este certamente o caso do estudioso alemão Claus Westermann, que escreveu muitos livros sobre o Antigo Testamento, especialmente sobre os Salmos e Gênesis. Ele não pretendia tornar-se um estudioso bíblico; mas, como jovem pastor da Igreja Confessante na Alemanha dos anos 1930s., Westermann se confrontou com a importância política e espiritual do estudo do Antigo Testamento:

> A exigência do Estado de que renunciemos ao Antigo Testamento como Bíblia dos judeus tornou-se uma ocasião para nós, jovens teólogos, realizarmos um trabalho intensivo sobre esse livro. Fomos enviados para um seminário prático (Predigerseminar) que tinha alunos de ambos os campos. O Antigo Testamento foi calorosamente contestado em nossas discussões. Valia a pena defender este livro como parte integrante da Bíblia e assim provocar sofrimento para nós mesmos? [...]

> Mas, no meio de tudo isso, descobrimos que, se quiséssemos ater-nos firmemente à Bíblia em sua totalidade, só poderíamos fazê-lo acreditado num Deus que tem tudo nas mãos – onde "tudo" inclui a criação inteira e abrange tanto o início quanto o fim. Porque falar de Deus significa falar do todo (Westermann 1990, p. 8-9).

Westermann continuou lendo e estudando o Antigo Testamento como soldado recrutado, como prisioneiro de guerra e, mais tarde, como estudioso bíblico. Ele refletiu sobre a importância que os Salmos tinham para ele, lembrando como no campo de prisioneiros:

> Pensei sobre os Salmos e procurei relacionar meus pensamentos do tempo da guerra com o Saltério. Ao fazê-lo, eu me sentava num bloco de madeira e escrevia sobre uma placa colocada em cima dos joelhos. Às vezes eu trocava comida por papel (Westermann 1993, p. 340).

Westermann nos fornece um exemplo da importância de empenhar-se com a amplitude dos cânones e, no restante deste capítulo, examinaremos como as Igrejas procuraram assegurar esta amplitude de compromisso, especialmente nos serviços de culto.

Percorrendo o cânon: os lecionários

Seguindo uma prática judaica muito antiga, a Igreja primitiva elaborou um esquema para o uso de passagens bíblicas durante o culto. Muitas denominações cristãs de hoje continuam esta prática, organizando sua leitura da Bíblia para assegurar que textos-chave sejam ouvidos pela congregação pelo menos uma vez ao ano ou ao longo de diversos anos num ciclo contínuo. Utilizando um lecionário numa Igreja local, as passagens são encontradas de maneira sistemática. Existem vantagens neste método: ele treina os líderes do culto para utilizarem um leque de textos bíblicos mais amplo do que aqueles que lhes são familiares ou com os quais se sentem confortáveis; possibilita às Igrejas planejar de antemão e colaborar com outras Igrejas locais nas denominações que utilizam o mesmo lecionário (por exemplo, através de *Roots*, um recurso de culto e aprendizado ecumênico); incrementa a estrutura e a ordem do ano eclesiástico; ajuda os líderes do culto a fazer conexões entre textos bíblicos.

No entanto, nem todas as Igrejas utilizam um lecionário. Lee Martin McDonald observa o fracasso em empenhar-se na amplitude do cânon em algumas Igrejas conservadoras, mencionando como um exemplo extremo: a Décima Igreja Presbiteriana da Filadélfia, onde um pastor que dirigiu a congregação por longo tempo pregou sobre Romanos cada domingo durante sete anos e um dos seus sucessores pregou principalmente sobre o evangelho de João por um número até maior de anos (McDonald 2012, p. 164-165).

O Lecionário Comum Revisado (LCR) é um ciclo de leituras da Bíblia de três anos, desenvolvido em 1992 pela Consulta sobre Textos Comuns. Na Grã-Bretanha, o LCR é usado em muitas Igrejas locais metodistas e Igrejas Reformadas Unidas. A Igreja Anglicana adaptou o LCR para produzir o lecionário *Culto Comum*. A Igreja Católica possui seu próprio lecionário, mas existem muitos pontos de contato entre este e o LCR.

O LCR procurou responder aos apelos vindos das Igrejas para que houvesse uma maior divulgação dos livros históricos e da literatura sapiencial das Escrituras Hebraicas. Por isso, focaliza a narrativa patriarcal/mosaica para o Ano A (e o evangelho de Mateus no Tempo Comum), a narrativa davídica para o Ano B (e o evangelho de Marcos) e a série Elias/Eliseu/Profetas menores para o ano C (e o evangelho de Lucas). O evangelho de João é contemplado cada ano, particularmente nos domingos em torno das festas do Natal e da Páscoa. Os textos sapienciais no LCR incluem passagens de Jó e Provérbios e um número menor de textos do Eclesiastes ou Coélet, sendo a passagem central Eclesiastes 3,1-13: "Para tudo há um momento...", que é fixada para o Dia do Ano Novo em cada um dos três anos. Estabelece também textos sapienciais tomados dos Apócrifos judaicos: Sabedoria de Salomão, Sirácida e Baruc. Embora isso represente uma melhora na amplitude de cobertura, permanecem lacunas significativas.

O uso de um lecionário pode limitar os líderes do culto e impedi-los de responder à dinâmica na Igreja local ou a acontecimentos novos e atuais. Uma preocupação ulterior acerca do uso acrítico de um lecionário é que os líderes do culto e as congregações podem encaminhar-se para determinadas interpretações de um texto mediante a justaposição de certos textos. Por exemplo, para o quarto domingo do Advento do Ano A, o texto de Isaías 7,10-16 – a profecia de Isaías sobre uma jovem mulher grávida – é colocado junto com o nascimento de Jesus em Mateus 1,18-25. Estes agrupamentos sugerem aos pregadores e líderes do culto que uma leitura das Escrituras Hebraicas deveria interpretada através da lente da leitura evangélica com a qual está ligada para esse domingo.

Teste

Consulte as leituras programadas para o próximo domingo no LCR (cf. o site Vandebilt Divinity

> Library) ou em outro lecionário. Leia as leituras programadas e, especialmente se for um tempo festivo em vez do Tempo Comum, examine quais conexões estão implicadas pelo agrupamento dos textos neste domingo particular. Qual compreensão de cada texto é estimulada por este processo? Como você explicaria ou questionaria essas intepretações?

Outra dificuldade óbvia é que os lecionários cristãos não incluem toda a Bíblia, mesmo num ciclo de três anos, levando a projetos suplementares de leitura, como *Year D* (Slemmons 2012). Se os cristãos só escutam a Bíblia lida num domingo, o lecionário age como um filtro para sua compreensão da Bíblia, moldando sua compreensão das prioridades do cristianismo. Portanto, quais passagens são lidas repetidas vezes na igreja? Portanto, quais histórias causam embaraço à Igreja contemporânea e será que isso dá à Igreja o direito de ignorá-las?

Para dar um exemplo: o LCR inclui apenas duas leituras de Juízes: Juízes 4,1-7 (parte da história de Débora) e Juízes 6,11-24 (parte da história de Gedeão). Textos mais desafiadores, textos que descrevem vivamente atos violentos ou personagens questionáveis – como a trapaça de Aod e o assassinato do rei Eglon (Juízes 3,15-25) ou o papel de Jael na vitória de Débora e Barac, mediante o assassinato de Sísara com um pino de tenda (Juízes 4,17-22) – não aparecem no lecionário. De modo semelhante, a doutrina sobre a relação entre esposas e maridos e entre escravos e senhores, de Efésios e textos afins, não está no lecionário. Alguns acham que textos violentos e opressivos não têm lugar no culto (especialmente se não forem abordados criticamente mediante pregação ou oração). No entanto, o silêncio sobre esses textos problemáticos pode ser pouco eficaz, já que reduz as oportunidades de debate sobre interpretações tradicionais.

Diversos projetos feministas procuraram abordar a falta de mulheres nas leituras no LCR e em outros lecionários (cf. Raymer 2018, p. 189-193). Perguntando-se se a Bíblia era capaz de dar testemunho da realidade da vida das mulheres, foi solicitada uma coleção de leituras litúrgicas a cargo de um grupo de mulheres estudiosas católicas (Bowe et al. 1992, p. 5). Os editores não só procuraram ampliar o alcance das leituras tiradas da Bíblia a fim de incluir personagens de mulheres que haviam sido removidas do lecionário católico – mulheres como Febe, Lóide e Ester –, mas incluíram também textos não canônicos, escritos e epitáfios da Igreja primitiva; e obras espirituais posteriores como os *Atos de Perpétua e Felicidade*, a *Peregrinação de Egérea* e as *Revelações* de Juliana de Norwich. Esta coleção é apresentada com o seguinte estímulo: "que essas histórias enriqueçam o repertório que você tem das maneiras como Deus circulou entre nós e das maneiras como as mulheres lutaram para responder com integridade – pois aqui está o cerne de nós mesmos" (Bowe et al. 1992, p. 10). Outro recurso é o projeto de Therese Winter *Woman Wisdom* (1991), *Woman Witness* (1997) e *Woman Word* (1990), que põe em primeiro plano mulheres presentes na Bíblia, seja exaltando personagens marginalizadas ou imaginando as mulheres em espaços e papéis de fala.

Embora seja quase impossível qualquer lecionário satisfazer a todos, essas conversações críticas sobre a forma e o conteúdo dos lecionários da Igreja são úteis, porque nos lembram a tendência da Igreja e nossa própria tendência a desconsiderar textos que perturbam ou sugerem que as práticas atuais da Igreja precisam ser revistas. Uma pergunta a ser apresentada: Quando é o momento de renovar ou revigorar um lecionário estabelecido?

Ouvir textos marginalizados e vozes silenciadas

Nas Igrejas, nas sinagogas ou nas universidades gastamos mais tempo com alguns poucos textos do que com muitos outros. É através destes textos centrais que aprendemos muito acerca das crenças-chave das comunidades de fé. No entanto, não captaremos a história inteira concentrando-nos apenas nestes textos favoritos. Precisamos às vezes pesquisar em volta, nas margens da Bíblia, para descobrir novas imagens de Deus e da fé. Para restabelecer o equilíbrio, alguns estudiosos bíblicos priorizam passagens e personagens menos conhecidos e até gastam tempo com os silêncios do texto. Nestes lugares e espaços existem insinuações de comunidades e compreensões alternativas de Deus que foram supressas e negadas.

A Bíblia é uma tentativa, feita por diversas comunidades de fé, de oferecer reflexões acerca de sua relação com Deus. Às vezes as pessoas escrevem como quem têm algum poder e outras vezes como uma comunidade com pouco poder. Na maioria das vezes são recordadas as visões dos poderosos da comunidade, mas existem também críticas da história dominante, tais como o testemunho dos profetas. Muitas vezes, a fim de construir um quadro mais completo da experiência que a comunidade tem de Deus, precisamos considerar quem ou o que está ausente do texto. Um exemplo importante deste trabalho reconstrutivo é *In Memory of Her: A Feminist Theological Reconstruction of Christian Origins* (1983), de Elizabeth Schüssler Fiorenza, que apresenta um quadro alternativo da comunidade cristã primitiva, uma comunidade onde as mulheres tinham plena participação. A presença de líderes do sexo feminino nas primeiras Igrejas domésticas fornece um vigoroso modelo de inclusão para a Igreja de hoje.

> **Teste**
>
> Leia até o fim o livro de Abdias ou a Carta de Judas. Em seguida, responda às seguintes perguntas sobre este texto:
>
> • Quem está presente ou ausente? (Pense nas comunidades ou grupos, mas também nos indivíduos).
>
> • Como é contada a história ou o acontecimento? Qual é o viés da narrativa? Que juízos de valor faz o narrador, orador ou escritor?
>
> • Em sua opinião, por que este texto foi negligenciado?
>
> • Quais conexões você pode fazer com outros textos bíblicos?
>
> • Como este texto equilibra outros textos ou movimentos presentes na Bíblia, ou seja, por que será que foi incluído no cânon?

Unidade na diversidade?

Ao chegar ao fim desta seção sobre os cânones bíblicos, retornemos às perguntas com as quais começamos esta seção: O que une estes diversos textos? E como compreendemos a diferença, e até mesmo a tensão, no interior da Bíblia?

A abordagem canônica de Brevard Childs descreve o cânon em sua totalidade como o palco para a compreensão. Ele, e outros que seguem esta abordagem, acreditam que o cânon em sua totalidade deve ser mantido unido. Pode haver uma acalorada discussão entre as diferentes vozes, mas todas devem ser ouvidas. Outros intérpretes se questionaram se esta tentativa de unidade é coroada de êxito e argumentaram que as abordagens canônicas promovem efetivamente o estabelecimento de interpretações padronizadas ou aprovadas, limitando as possiblidades de outras leituras críticas ou novas.

Nestes tempos pós-modernos, alguns intérpretes argumentam que a pluralidade e as tensões das narrativas bíblicas são ao mesmo tempo realistas e libertadoras. Walter Brueggemann sugere que o tempo para "leituras diluídas" chegou ao fim e que devemos alegrar-nos com a densidade do texto (Brueggemann 1997b, p. 61). Através da tensão, do diálogo e dos espaços no interior do material, existe espaço para muita criatividade e para o surgimento de muitas histórias e de muito mais leituras das mesmas. Brueggemann argumenta que a própria Bíblia aponta para além de qualquer leitura excludente: cristã, judaica ou outras; e observa que até mesmo as interpretações judaicas originais e ainda válidas da Bíblia Hebraica permitem espaço para outras leituras ao lado delas:

> No texto existe uma inquietação recorrente acerca da leitura judaica e um impulso ulterior para uma leitura tão ampla como as nações e tão abrangente quanto a criação. [...] O texto simplesmente não estará contido em nenhuma dessas leituras estabelecidas, o que torna o texto ao mesmo tempo convincente e subversivo (Brueggemann 1997b, p. 95).

Teste

Quais tensões você experimenta na Bíblia? Você procura resolvê-las e, em caso afirmativo, como?

Neste capítulo consideramos nossa experiência individual e coletiva da Bíblia e os pressupostos que temos acerca de seu poder e *status*. Investigamos como a Igreja formou seu cânon e foi formada por ele. Voltamo-nos agora para o trabalho da crítica bíblica e examinaremos uma série de métodos destinados a ajudar-nos a compreender melhor o texto, ou seja, a tornar-nos leitores melhores da Bíblia.

3
INSTRUMENTOS PARA A EXEGESE

Introdução: aprendendo a fazer exegese

Em algum momento ao longo do processo, os intérpretes bíblicos precisam enfrentar o fato de que o texto escrito que está diante deles é um texto antigo: escrito ou compilado com base em tradições orais ou escritas anteriores, numa língua antiga e numa cultura muito diferente do mundo globalizado do século XXI.

É uma coleção de textos clássicos, mais ou menos como as obras de Shakespeare, embora Shakespeare esteja muitíssimo mais próximo de nós no tempo e na cultura, tenha elaborado ele próprio a maioria de suas obras e, evidentemente, em inglês. Enquanto coleção de textos clássicos, a Bíblia já teve uma longa história de interpretação em nossa cultura e influenciou nossa maneira de pensar, de falar e até de nos comportarmos. A maioria dos capítulos deste livro faz alguma referência à importância desta história dos efeitos e analisamos o conceito de história dos efeitos no final deste capítulo.

Este capítulo trata da exegese, mostrando alguns dos instrumentos e abordagens que nos ajudam a envolver-nos mais sistematicamente com qualquer passagem da Bíblia que temos diante de nós. Não há nada de misterioso a respeito.

É apenas uma questão de aprender a utilizar habilidades e instrumentos, alguns dos quais nós já temos: mais ou menos como aprender o "faça você mesmo" ou a desenhar. Palavras como "exegese" ou "hermenêutica" podem ser intimidadoras, mas não precisam sê-lo. Cada disciplina tem sua própria linguagem técnica especial e a interpretação bíblica não é nenhuma exceção. "Exegese" significa simplesmente um cuidadoso estudo sistemático de uma passagem, utilizando uma série de métodos, e "hermenêutica" é outra palavra para interpretação. A exegese é uma parte importante de todo o processo de interpretação bíblica, mas não é a totalidade do processo, nem seu ponto de partida, como é óbvio a partir da colocação deste capítulo de alguma forma no livro em sua totalidade.

Quando fazemos a exegese de uma passagem bíblica nós a examinamos a partir de dois pontos de vista. Primeiramente, olhamos atentamente para ela como ela é, aqui e agora. E depois investigamos como ela chegou a estar aqui, desta forma, neste lugar da Bíblia. A diferença entre olhar para um texto como ele é e como ele se desenvolveu foi adotada pelos estudiosos bíblicos a partir da linguística estrutural. As palavras técnicas para esses pontos de vista são: sincrônico (com o tempo) e diacrônico (através do tempo). A distinção nos possibilita ter clareza em nossa mente: se estamos pensando sobre a forma final da passagem que temos diante de nós, ou se estamos pensando sobre a história de seu desenvolvimento.

Esse é um exemplo que mostra a maneira como a exegese utiliza instrumentos tomados de outras disciplinas, como a história ou a literatura, para estudar textos antigos. Cada instrumento tem um propósito e uma orientação diferente. Alguns se destinam a ajudar-nos a investigar a história da formação da passagem, localizando, por exemplo, onde foi intercalada uma citação de outro autor. Outros instrumentos nos ajudam a apreciar a habilidade artística do autor ou editor. Este capítulo irá apresentar a você alguns desses instrumentos e ajudar você a começar a utilizá-los por sua própria conta.

Abordagens sincrônicas

Quando adotamos uma abordagem sincrônica de uma passagem, consideramos a forma final de um texto bíblico. Fazemo-lo sabendo que o texto tem uma longa história de desenvolvimento, tanto quando estava sendo formado quanto durante o longo período de sua transmissão. A abordagem sincrônica considera a "forma final" do texto que está diante de nós, como linguagem e literatura.

Considerando o texto como linguagem, utilizamos os instrumentos da gramática e da linguística estrutural para ver como o texto está estruturado, ou seja, como foram combinadas palavras para formar frases e unidades mais amplas de sentido. Ou seja, examinamos a maneira como a passagem que temos diante de nós segue as convenções da literatura e gramática grega, hebraica ou aramaica do mesmo período ou diverge delas. A maneira como o texto transmite sentido através de sua estrutura também é importante. Aqui analisamos como o texto transmite sentido não só mediante suas palavras e sua gramática, mas também mediante os padrões e relações dentro de partes menores ou maiores do texto e entre elas. O exame metódico da maneira como o texto está organizado produz muitas vezes compreensões empolgantes de seu sentido.

Ler uma passagem bíblica como literatura significa lê-la tão cuidadosamente como fazemos com qualquer outra literatura. Muito disso envolve as mesmas decisões de bom senso que tomamos sempre que lemos alguma coisa. Primeiramente decidimos que tipo de texto a passagem é (seu gênero ou forma) para podermos lê-lo de maneira apropriada. Depois prestamos atenção à sua forma, estrutura e fluxo (como foi composto), seu tema, sua trama e o desenvolvimento dos personagens e a maneira como ele causa impacto em nós. Ele pode tentar surpreender-nos, como fazem muitas das parábolas de Jesus. Ou pode tentar persuadir-nos, como fazem frequentemente as cartas de Paulo, utilizando todas as suas habilidades de argumentação. Ou pode tentar desorientar-nos e inspirar-nos, utilizando padrões confusos e imagens bizarras, como encontramos no livro do Apocalipse.

Comecemos a fazer alguma exegese. Neste capítulo trabalharemos com alguns exemplos extensos para ver como os instrumentos críticos trabalham em conjunto.

Tornando nosso o texto

O primeiro requisito da exegese é tornar nosso o texto, pelo menos de maneira preliminar. Hans-Ruedi Weber, um experiente orientador de estudos da Bíblia em grupos para o Conselho Mundial de Igrejas, apresenta diversas sugestões num excelente manual para estudo da Bíblia em grupos intitulado *The Book that Reads Me* (1995). O primeiro capítulo desse livro nos lembra que, antes de a Bíblia ser posta por escrito, grande parte dela era comunicada de pessoa para pessoa oralmente. Por causa desta dimensão oral da Bíblia, um método simples de obter uma compreensão nova de um texto bíblico consiste simplesmente em lê-lo em voz alta. Isso nos ajuda a ouvir os ritmos do texto e a notar os lugares onde padrões ou repetições ajudam os ouvintes a seguir e lembrar o que estão ouvindo. Outras maneiras de podermos experimentar uma passagem bíblica de maneira nova e fazer justiça à sua característica oral consistem em memorizá-la, recontá-la ou mesmo cantá-la (Weber 1995, p. 1-6). Lembre-se de que no culto judaico e em algumas tradições cristãs as Escrituras são muitas vezes cantadas pela congregação ou por um coro.

Teste

Leia o Salmo 23 em voz alta e depois – se puder – cante um dos hinos baseados neste salmo que se encontra em hinário. Compare o efeito de ler o salmo em voz alta com o de cantá-lo como um hino. Por que, em sua opinião, algumas pessoas escreveram hinos baseados neste salmo?

Agora veja se você consegue memorizar uma pequena passagem bíblica, a da história de Zaqueu em Lucas 19,1-10, seja por própria conta, seja utilizando ações ou sugestões que o ajudem, ou trabalhando com um parceiro. Weber (1995, p. 6) apresenta um método simples para memorizar uma história bíblica trabalhando com um parceiro: ler a história em voz alta um para o outro e depois dividir a história em cenas, dando a cada cena uma palavra-chave. Memorizando as palavras-chave, é possível então recontar a história um para o outro, ajudando-se mutuamente com os pedaços que faltam, até você conseguir recontar a história de memória. Você não a recontará necessariamente palavra por palavra, mas terá tornado sua a história.

É importante lembrar que a Bíblia foi uma tradição oral antes de ser posta por escrito e posteriormente impressa e que grande parte da Bíblia está estruturada para memorização, recitação e imaginação. As pessoas que não sabem ler confiam na escuta e na memória e muitas vezes são capazes de guardar na mente mais coisas da Bíblia e assim ter conhecimento da "história em sua totalidade".

A crítica oral argumenta que muitos textos bíblicos foram compostos ou editados de tal maneira que os ouvintes pudessem seguir facilmente o fluxo do argumento e lembrá-los. O estudo de Wayne Davis sobre Filipenses (1999) nos ajuda a ver que, embora sejam textos escritos, as cartas de Paulo foram escritas por alguém que pregava e ensinava oralmente. Ele só escreveu cartas quando a comunicação oral era impossível.

Apesar da importância de ouvir a Bíblia sendo lida ou cantada em voz alta, hoje estamos muito mais familiarizados com a Bíblia enquanto texto escrito. Por um longo período as tradições orais da Bíblia foram registradas, revisadas e ampliadas em forma escrita. Mesmo após o cânon estar substancialmente completo, cópias da Bíblia foram feitas à mão durante a maior parte da vida da Bíblia. Mesmo hoje copiar uma passagem da Bíblia à mão é uma boa maneira de envolver-se com ela novamente.

Teste

A história da torre de Babel é muito conhecida e tem uma longa história dos efeitos. Mas o que você lembra da história em sua totalidade? Faça algumas anotações (ou até um breve sumário) sobre o que você lembra desta história.

Agora volte-se para Gênesis 11,1-9 e ponha a história no papel com sua própria caligrafia. Enquanto escreve, você pode anotar coisas sobre as quais quer saber mais. Por exemplo: Que compreensão de "toda a superfície da terra" o autor pressupõe? Supõe o autor que as pessoas já ouviram ou leram o capítulo 10? Quem são "eles" no v. 2. E estão eles se deslocando do Oriente ou para o Oriente? (Cf. a anotação à margem da Nova Versão Padrão Revisada - NVPR). Onde está situada Senaar em relação a "toda a superfície da terra"?

Você pode também perguntar sobre a personalidade de Deus nesta história. Para começar, por que esta história menciona "o SENHOR", em vez de "Deus", e existe uma diferença? E o que você pensa sobre a menção de que o SENHOR "desceu" para ver a cidade e a torre? Descer de onde? Pode o SENHOR não ver em todo lugar? Por que o SENHOR está aparentemente contra um empreendimento humano?

Depois de copiar esta passagem, relembre suas anotações ou faça um esboço daquilo que, em sua opinião, foi o tema da história. Quão acurada foi sua recordação da mesma?

Análise do discurso

A análise do discurso nos ajuda a considerar bem de perto a estrutura externa da passagem e a prestar muita atenção à maneira como ela é "registrada" gramatical e estilisticamente. Surgiu nos inícios da década de 1970 e foi desenvolvida por estudiosos bíblicos sul-africanos e americanos, influenciados pelos desenvolvimentos ocorridos na linguística e na tradução da Bíblia. Inicialmente alguns pensaram que ela podia proporcionar-lhes uma maneira "científica" de determinar *a* estrutura de uma passagem. Depois, quando ficou claro que os estudiosos que utilizavam a análise do discurso propunham diferentes relatos da estrutura do mesmo texto, percebeu-se que ela era apenas um instrumento útil para uma observação atenta. Ajudou os estudiosos a explicar como eles pensavam que o texto estava estruturado e como isto afetava sua interpretação do texto.

Nesta seção vamos completar uma análise do discurso de Gênesis 11,1-9 e depois passar em revista como esta abordagem nos ajuda a compreender a passagem.

Em primeiro lugar, copie a tradução da NVPR de Gênesis 11,1-9 de alguma fonte online como o Oremus Bible Browser. Em seguida, divida o texto em pequenas unidades de sentido. O objetivo aqui é libertar o texto dos muitos acréscimos posteriores introduzidos no capítulo e nos números de versículos (embora nesse exercício mantenhamos a numeração dos versículos para fácil referência cruzada).

Em seguida identifique os principais verbos. Onde o texto é exposto mais adiante, os verbos são realçados em negrito. Também infinitivos (como "ver" ou "fazer") às vezes não são verbos, mas substantivos verbais. Realçar os verbos nos ajuda a dividir o texto em segmentos, que são linhas que marcam cada qual uma determinada ação. Assim em 11,1-2, os verbos são "tinham", "migraram", "encontraram" e "se estabeleceram".

Teste

Marque os verbos em negrito e depois coloque numa nova linha cada seção de uma frase que contém um verbo. Cada linha é chamada um segmento.

Com esta preparação estamos prontos para identificar a estrutura linguística da passagem. Acrescente uma linha pontilhada cada vez que a passagem parece iniciar uma nova seção. No exemplo abaixo, você verá que, em nossa opinião, isso acontece depois dos vv. 1, 4, 7 e 8.

Em cada uma destas seções, haverá segmentos que estão interligados como partes de uma frase, como no v. 3. É possível dar um recuo a estes segmentos para mostrar como estas partes estão relacionadas umas com as outras. No v. 3, dê um recuo às três coisas que as pessoas disseram umas às outras: "Vinde", "façamos tijolos" e depois mais detalhes sobre como os fariam.

Em seguida, identificamos o sujeito de cada frase (sublinhado como consta abaixo). Isto ajuda a mostrar-nos quando há uma mudança de sujeito. Por exemplo, o sujeito muda passando de "a terra toda" no v. 1 para "eles" nos v. 2-4. Nos v. 5-7 o sujeito muda novamente para "o SENHOR". O v. 8 continua esta unidade ou a segue, como é indicado por "assim" – é necessária mais investigação! O v. 9 com o sujeito "ela" – cidade/torre – é um verso de resumo.

Isto corresponde aproximadamente às decisões intuitivas que você tomar para identificar cada nova seção com uma linha pontilhada. Olhe para trás e veja se as linhas pontilhadas que você inseriu acima marcam estas mudanças de sujeito. O motivo para as seções que começam com "o SENHOR desceu" e "o SENHOR dispersou" serem marcadas como seções separadas é que isso ajuda a mostrar como a seção na qual o SENHOR dispersa as pessoas (v. 8) tem uma relação com a motivação das pessoas para construir a torre – seu medo de serem dispersadas – no v. 4.

1 Ora, *a terra toda* tinha uma só língua e as mesmas palavras.
....

2 E quando *eles* migraram do oriente,
   eles encontraram uma planície na terra de Senaar
   e se estabeleceram ali.
3 E *eles* disseram uns aos outros:
"Vinde,
   façamos tijolos
      e queimemo-los completamente".
E *eles* usaram o tijolo como pedra e o betume como argamassa.
4 Então *eles* disseram:
"Vinde,
   construamos para nós uma cidade e uma torre
   com seu topo tocando o céu
   e conquistemos um nome para nós;
      do contrário seremos dispersados
      sobre a face de toda a terra".
5 O SENHOR desceu para ver a cidade e a torre
   que os mortais haviam construído.
6 E *o SENHOR* disse:
Vede,
   eles são um só povo
   e eles têm uma só língua;
   e isto é só o começo
   do que eles farão;
   nada do que eles se propuseram fazer
   lhes será agora impossível.
7 Vinde,
   desçamos
      e confundamos sua língua,
         de modo que um não entenda
         a língua do outro".
....

8 Assim *o SENHOR* os <u>dispersou</u> por toda a terra
 e eles <u>cessaram</u> de construir a cidade.

....

9 Por isso *ela* <u>foi</u> chamada Babel,
 porque ali o SENHOR <u>confundiu</u> língua de toda a terra;
 e dali o SENHOR os <u>dispersou</u> por toda a terra.

Finalmente, utilize diferentes canetas coloridas para marcar palavras e locuções semelhantes. Neste exemplo, já destacamos os verbos importantes ("migrar" e "estabelecer-se", "fazer tijolos" e "construir", "dispersar" e "confundir") e os sujeitos ("a terra toda", "eles", "o SENHOR" e "a cidade"). Agora, utilizando canetas coloridas, identificamos outras palavras e locuções recorrentes. Ei-las: "a terra toda" ou "toda a terra" (v. 1, 4, 8 e 9, em cada uma das seções), "língua" (v. 1, 6, 7 e 9), "cidade" e "torre" (v. 4 e 5) e "construção" (v. 4 e 8).

A passagem está dividida ao meio pela repetição exata de "dispersados sobre a face de toda a terra" no final do versículo 4 e "os dispersou por toda a terra" no final do versículo 9.

Aqui, sem qualquer ajuda de outros instrumentos de estudo, já somos capazes de identificar a configuração da passagem e temos uma compreensão de como ela está organizada (situação inicial v. 1; ação humana nos v. 2-4 obstada pelo SENHOR nos v. 5-7; resposta do SENHOR ao desejo humano de conquistar um nome para si; resultado e comentário nos v. 8-9). Identificamos também os principais termos da passagem, observando o foco nas ações de estabelecer-se, construir e dispersar, e sabemos que esta é uma passagem que trata dos humanos e de Deus.

A análise do discurso sozinha não é capaz de dizer-nos o que esta informação significava para os leitores antigos, nem o que ela poderia significar para nós, mas nos ajuda a começar a captar o texto por conta própria. Isso é essencial se queremos evitar preconceitos ou confiar nos outros para que nos digam o que ela significa. Por exemplo, há poucos indícios ou nenhum de que o desejo humano de construir tenha surgido de uma tentativa deliberada de opor-se a Deus ou competir com ele. O texto afirma que esse desejo surgiu do desejo dos construtores de conquistar um nome para si mesmos e de seu medo de serem dispersados.

Mas o texto mostra também que o SENHOR se opôs a isso. Na qualidade de intérpretes, resta-nos agora buscar a resposta por quê. Para fazê-lo, precisamos ir além de considerar a superfície do texto para ouvir a história que ele conta. Isto implica uma mudança de perspectiva: deixar de considerar a passagem a partir de fora e considerá-la a partir de dentro. Notemos que ainda a estamos considerando em sua configuração final.

Passando da linguística para as abordagens literárias

A outra grande abordagem sincrônica da passagem consiste em lê-la como literatura. A crítica literária nos ajuda a responder a todo tipo de perguntas sobre o texto. Qual é o lugar desta passagem no livro bíblico como um todo?

Que tipo de escrito é esta passagem? É uma história ou uma lenda, por exemplo, e como isto afeta a maneira como devemos lê-la? Quais técnicas são utilizadas para retratar os personagens? Como o autor procura persuadir seus leitores ou leitoras a pensar ou agir de determinadas maneiras?

Embora seja útil fazer estas perguntas sobre passagens menores, como Gênesis 11,1-9 transcrita acima, as abordagens literárias são particularmente úteis para compreender passagens mais longas, que são muitas na Bíblia: por exemplo, nos livros dos Juízes, Samuel e Reis na Bíblia Hebraica, ou em Lucas, 1 e 2Coríntios, Hebreus ou Apocalipse no Novo Testamento. A crítica literária, no sentido em que a utilizamos doravante, foi muito útil para permitir aos intérpretes da Bíblia enxergarem padrões e relações mais amplos nos e entre os livros da Bíblia.

Crítica narrativa

Crítica literária é um termo geral para designar uma ampla gama de abordagens críticas que leem a forma final do texto a partir da perspectiva de determinados grupos ou leitores. Inclui métodos orientados para o leitor, como desconstrução e crítica da resposta do leitor (Gunn 1999, p. 210), que analisaremos nos capítulos 4 e 5.

Aqui utilizamos a crítica narrativa para focalizar "a história que está sendo contada" (Soulen & Soulen 2011, p. 134). A crítica narrativa, neste sentido mais restrito, nos pede para identificar a trama, os personagens, o lugar e o tempo dos acontecimentos apresentados e assim por diante. Ocupa-se com a maneira como a história é contada, com a perspectiva do autor tal qual se revela no texto e com indícios daquilo que o autor esperava dos leitores. Visto que a maior parte da Bíblia está em forma narrativa, a crítica narrativa é um instrumento importante para a interpretação bíblica.

A crítica narrativa visa ajudar-nos a ser leitores melhores. Ela deixa de lado a maior parte das questões históricas sobre as origens e o desenvolvimento do texto – autoria, leitores a que se destina, data da composição, razões que levaram a escrever etc. – e enfoca o mergulho na própria história. Requer que comecemos com o óbvio: ler os textos como narrativas. Isto não é "a história toda"; mas, se não lermos as histórias como histórias, nunca ouviremos a história inteira!

O melhor a fazer é manter a crítica narrativa simples. Os espectadores atentos de romances policiais em filmes ou na TV já possuem todas as habilidades necessárias. Por uma questão de abrangência, eis uma lista mais ou menos completa do tipo de cosias que a crítica narrativa procura ao ler (cf. Powell 1999, p. 244-248).

Trama

O arranjo dos acontecimentos é importante porque normalmente as narrativas esperam que os leitores tenham em mente o que aconteceu antes e prevejam o que pode acontecer depois. Às vezes os acontecimentos são apresentados fora de ordem para efeito dramático (muitos filmes de suspense o fazem). Além disso, as narrativas enfatizam alguns acontecimentos dando mais detalhes, ou descrevendo-os repetidas vezes. Pensemos no volume de detalhes nas narrativas da paixão dos evangelhos. É importante observar os elos entre acontecimentos, tanto para frente como para trás; e onde e quando os acontecimentos ocorrem. Um personagem tira a roupa. É importante observar se é antes de tomar banho ou antes de uma apresentação profissional.

Em sua maioria as boas narrativas envolvem conflito e há muitos exemplos disso na Bíblia. O que Deus fará depois de Adão e Eva desobedecerem? Conseguirá Moisés retirar seu povo do Egito em segurança? Pilatos absolverá ou condenará

Jesus? Às vezes a narrativa resolve o conflito, outras vezes deixa para nós a tarefa de preencher as lacunas. O final incompleto do evangelho de Marcos deixa no ar a pergunta: Marcos o fez propositalmente ou algo do manuscrito se perdeu?

Personagens

É essencial identificar quem são os personagens numa narrativa. Novamente, se pensamos no drama de televisão ou no teatro ao vivo, o guia ou programa de TV listará os personagens como uma ajuda para o público visado. Estes guias nos dizem quem os personagens são, listando-os em ordem de aparição ou importância. Esperamos que estes personagens evoluam ao longo do que acontece na narrativa. Personagens secundários muitas vezes não evoluem e podem ser retratados de forma estereotipada: policial durão, mãe ansiosa etc.

Assim, por exemplo, se você está estudando a caracterização no evangelho de Marcos, você considerará: Jesus, as autoridades romanas e judaicas, os discípulos (os Doze e outros amigos e seguidores) e o povo (os grupos, as "pessoas comuns" e as multidões). Você notará que Marcos lhes permite evoluir como personagens à medida que o evangelho se desenrola. Outras coisas que afetam nossa maneira de compreender os personagens são: seu ponto de vista ou motivação; se são nomeados ou anônimos; seu lugar na sociedade; o que dizem e fazem; e o que os outros dizem deles e fazem a eles; e como eles correspondem aos personagens centrais da história.

Teste

Veja um drama de TV ou uma comédia de costumes e analise os personagens e a caracterização.

O narrador

As narrativas têm narradores. O que interessa à crítica narrativa não é quem realmente construiu a narrativa historicamente, mas qual é a voz que é ouvida na narrativa. Mesmo uma narrativa construída a partir das contribuições de muitos autores e fontes escritas durante um longo período de tempo terá uma ou mais perspectivas. Os que utilizam a crítica narrativa se ocupam com os valores, as crenças e as visões desses "autores implícitos".

Lembremos que a perspectiva do autor implícito pode ou não ser confiável. Mesmo na Bíblia precisamos recordar que nem sempre se pode confiar na perspectiva do narrador de textos bíblicos. Como já vimos no exemplo de Gênesis 11,1-9, Deus muitas vezes aparece como personagem nas narrativas bíblicas. Os críticos literários não estão de acordo se o ponto de vista de Deus é normativo para a verdade, como afirma Mark Allen Powell (1999, p. 246). Levantando a questão da confiabilidade das perspectivas presentes nas narrativas, a crítica narrativa convida os leitores a fazer seus próprios juízos ponderados acerca destas questões com base em sua leitura.

Na crítica literária o narrador é a "voz" presente na narrativa que conta a história. A identidade real da pessoa ou das pessoas que escreveram ou compilaram a narrativa é uma questão histórica diferente que não a afeta. Com efeito, muitas vezes certos livros da Bíblia deixam de nomear o autor explicitamente. Além disso, os autores antigos escreveram muitas vezes com pseudônimos, ou seja, utilizando os nomes de personagens bíblicos mais famosos. Esta prática se encontra na Bíblia Hebraica (por exemplo, Daniel), nos Apócrifos e Pseudoepígrafos (por exemplo, Sabedoria de Salomão), no Novo Testamento (por exemplo, 2Pedro) e nos Apócrifos do Novo Testamento. Isto não era feito para enganar os leitores, mas para honrar e ampliar o ensino da pessoa cujo nome era utilizado. Por exemplo, escrevendo em nome do apóstolo Pedro, o autor de 2Pedro pretende ser um fiel mediador da mensagem apostólica (Bauckham 1983, p. 161-162).

Estratégias literárias

Como ocorre com toda literatura, as narrativas bíblicas utilizam vários estratagemas literários ao contar suas histórias. Elas podem descrever linguagens, ações ou localidades simbólicas. Em Gênesis 11, o que as pessoas de Babel pretendem dizer quando dizem: "conquistemos um nome para nós" (v. 4), o que simboliza sua cidade e sua torre com seu topo tocando o céu e será que Senaar é um lugar importante?

Os narradores podem também utilizar a ironia. Na história de Babel, as ações dos construtores da cidade e da torre conseguem exatamente o oposto do que pretendiam. Eles são dispersados. Conquistam um nome para si mesmos, mas não é o tipo de reputação que queriam.

Os narradores bíblicos utilizam muitas vezes a "intertextualidade". Esse termo técnico reconhece simplesmente que as narrativas pressupõem muitas vezes que seus leitores estão familiarizados com outros textos e histórias que se encontram tanto na Bíblia como fora da Bíblia. Por exemplo, os evangelhos supõem que seus leitores conhecem muitas partes da Bíblia Hebraica, e as histórias de Elias em Reis ecoam as de Moisés. Os críticos narrativos chamam a atenção para esta intertextualidade e sugerem que isto aponta para a unidade narrativa de blocos mais amplos de textos, como de Gênesis até 2Reis.

Leitores implícitos e o mundo narrativo

Os críticos narrativos identificam a confiança persuasiva de uma história utilizando o conceito de "leitores implícitos". Como no caso do autor implícito, isto se refere a um aspecto da própria narrativa. A ideia de leitores implícitos de uma narrativa nos ajuda a considerar a maneira como uma narrativa parece esperar que os leitores respondam à sua história e também a maneira como ela procura moldar as crenças e percepções de seus leitores (Soulen & Soulen 2011, p. 134), mesmo que não seja isso o que acontece na realidade. Se tivermos consciência da maneira como um texto procura persuadir-nos ou orientar-nos, estaremos muitas vezes em situação melhor para decidir se queremos levar adiante este processo ou opor-nos a ele.

Enquanto leitores, precisamos distinguir o "mundo real" do "mundo narrativo" que é apresentado no texto. O mundo narrativo é construído pela pessoa que conta a história e é moldado por seus valores e crenças. Pensemos, por exemplo, no mundo narrativo de um romance romântico ou de um filme: o verdadeiro amor triunfa no romance ou no filme de maneiras que muitas vezes não acontecem no mundo real. Ao construir o mundo narrativo particular da história que estão contando, os narradores individuais podem seguir essas convenções ou afastar-se delas.

Um exemplo concreto: o naufrágio de Paulo em Atos 27

No exemplo abaixo utilizamos o relato do naufrágio de Paulo, que se encontra quase no final dos Atos dos Apóstolos, para testar nossa compreensão da crítica narrativa.

Leia, por favor, Atos 27. (O princípio mais fundamental da crítica bíblica é: primeiramente leia a passagem por sua própria conta!) Você pode observar que o texto faz parte de uma unidade narrativa mais ampla que vai até Atos 28,14 e que termina: "E assim chegamos a Roma". Aparentemente este é apenas um relato vivaz de um naufrágio que podia ter sido resumido em poucas linhas, como o faz Aharoni: "No final da temporada, o capitão decidiu enfrentar as condições meteorológicas. Depois de costear Creta, o navio foi surpreendido por uma tempestade perto do Mar Adriático e naufragou em Malta" (Aharoni 1968, p. 248). Em vez de um sumário como este, Atos 27 apresenta uma dramática descrição em primeira pessoa de um acontecimento marcante que mudou a vida.

Examinando os acontecimentos, vemos que a história passa rapidamente para o drama do naufrágio. A viagem de Sidônia até Bons Portos é descrita rapidamente, depois interpõe-se uma observação de urgência e perigo – "havia decorrido bastante tempo". Paulo advertiu o centurião, mas seu conselho não foi seguido e o navio ruma para o alto-mar e logo é surpreendido por uma tempestade violenta, descrita vivamente nos v. 14-20, 27-30 e 38-43. Entre essas passagens existem duas passagens em que Paulo assegura às pessoas que estarão em segurança. O v. 43 termina com todos sendo lançados na praia sãos e salvos.

Os personagens principais dessa narrativa são Paulo e Júlio, o centurião responsável por ele. Ninguém mais é nomeado, embora a narrativa fale do começo ao fim em "nós" e "eles". Deus nunca fala e é apenas mencionado por Paulo. Júlio protege Paulo e cuida dele no início e no fim do capítulo, mas deixa de ouvir Paulo num momento crucial no v.11. Esta falha levanta a questão teológica da providência, que é relevante para esta narrativa, porque esta história pretende descrever acontecimentos reais. Poder-se-ia argumentar que Deus teria salvo e protegido Paulo independentemente do que o capitão decidisse. Mas a caracterização não realça isso. A vivacidade da narrativa sugere que o fato de o centurião não ouvir Paulo custou caro a todos. O próprio Paulo é apresentado apenas mediante fala direta, falando com fé serena. Quando os marinheiros se sentem seguros não prestam atenção às suas palavras; mas, em meio à tempestade, eles aceitam e obedecem à sua orientação.

Aqui os narradores são identificados apenas por referências a "nós". Suas observações são importantes. Descrevem a jornada com detalhes vivos, mas neutros, utilizando uma linguagem que mostra algum conhecimento das viagens marítimas. O único lampejo de um ponto de vista pessoal é dado no v. 20, quando os narradores admitem que no meio da tempestade "toda a nossa esperança de sermos salvos foi abandonada". Assim a perspectiva do narrador é revelada obliquamente, sugerindo que as pessoas de fé compartilham as mesmas dificuldades das outras pessoas e que a fé de alguns fornece recursos que podem beneficiar a todos. O caráter indireto desta perspectiva parece tanto mais persuasivo – uma brilhante estratégia apologética da parte do autor.

Além do uso da fala indireta e das cuidadosas descrições da jornada, da viagem marítima e das condições atmosféricas, a narrativa utiliza outros estratagemas literários, particularmente nas frequentes referências ao tempo e ao movimento. Durante a tempestade, Paulo e seus companheiros de viagem estão fora das condições normais da vida. Nos v. 27-43, o foco se concentra nos acontecimentos de uma única noite. Esta desaceleração do tempo é uma característica dos romances gregos do mesmo período, quando os narradores passam dos sumários para cenas e para o primeiro plano, utilizando a fala direta (Holgate 1999, p. 56-60).

Finalmente, quem são os leitores implícitos? No tempo em que os Atos foram escritos havia um grande apetite por histórias de aventuras que incluíam relatos de naufrágios. Este capítulo parece ter sido escrito tendo em mente esses leitores, na esperança de que pudessem ficar emocionados com a bravura, a generosidade e a fé de Paulo.

Abordagens diacrônicas

A palavra "diacrônico" significa "através do tempo". Todas as abordagens "diacrônicas" da interpretação consideram as mudanças ocorridas num texto durante um período de tempo, examinando como ele foi formado e não como ele é agora. Esses instrumentos deveriam ser utilizados após algum trabalho sincrônico sobre o texto. Todo texto merece ser lido cuidadosa e atentamente antes de perguntar donde ele veio e como chegou a ser como ele é. Na prática, é fácil demais deixar-nos distrair por perguntas históricas e deixar de ler o texto por própria conta, ou perder a confiança em nossa capacidade de lê-lo.

Apesar da força lógica do argumento segundo o qual deveríamos sempre começar nossa interpretação estudando o texto sincronicamente, durante grande parte do século XX os intérpretes começavam considerando os textos bíblicos historicamente. Os livros da Bíblia são muito antigos e quase todos têm uma complexa história de desenvolvimento; por isso, os intérpretes precisam pensar sobre a formação dos textos bíblicos, considerando inclusive os "ingredientes" introduzidos no texto, se e quando ele foi editado e quando alcançou sua forma final.

As abordagens históricas do texto se encaixam logicamente em três áreas. A primeira área examina como o texto se desenvolveu até chegar à sua configuração final. Este grupo de métodos é conhecido como exegese histórico-crítica. A segunda área trabalha para estabelecer o exemplo mais acurado da sua forma final, estudando a história de sua transmissão através de manuscritos conservados hoje. Este trabalho de reconstrução da forma final é conhecido como crítica textual. Em termos da história do texto este estágio vem depois de considerar sua formação; mas, como é necessário aproximar-se o mais possível da configuração final do texto, a crítica histórica começa normalmente com questões de crítica textual. A terceira área do estudo histórico considera a história dos efeitos do texto. Ela examina como o texto foi recebido e interpretado no decurso dos séculos e todas as maneiras como estas interpretações afetaram o mundo.

Utilizar as línguas originais

Obviamente, a melhor maneira de ler uma passagem bíblica é lê-la na língua original. Esta língua será o hebraico ou aramaico clássico para a Bíblia Hebraica e a o grego *koiné* (comum) para o Novo Testamento. O hebraico faz parte da família cananeia de línguas, um grupo de línguas semíticas do noroeste. A maior parte da Bíblia Hebraica está escrita no hebraico clássico, daí seu nome preferido. A partir do período pós-exílico (século VI a.C.), a língua aramaica, que é estreitamente afim, substituiu o hebraico no uso público, porque era a língua administrativa do Império persa. O hebraico continuou a ser utilizado para os debates religiosos, mas vários dialetos do aramaico substituíram o hebraico na vida cotidiana. O Novo Testamento contém diversas palavras aramaicas e é provável que algum dialeto do aramaico tenha sido a língua materna de Jesus. Assim as duas línguas da Bíblia Hebraica são produtos do mundo social e do mundo político em que os textos surgiram.

O mesmo vale para o grego do Novo Testamento. Ele é um dialeto grego simplificado e coloquial chamado *koiné*, que se desenvolveu através da difusão do império greco-falante de Alexandre Magno e seus sucessores. A história linguística do mundo em que a Bíblia surgiu afeta assim a interpretação que fazemos dela. Por exemplo, os estudiosos ainda não estão de acordo se Jesus falava apenas o aramaico, ou também o grego *koiné*.

Como ocorre com toda literatura, os textos em suas línguas originais contêm camadas de complexidade e sentido que não são evidentes na tradução. Já que "os sentidos têm palavras", em vez do contrário, raramente existe uma tradução direta para uma palavra em outra língua. Assim, por exemplo, uma palavra inglesa terá diversas traduções diferentes para o grego, todas com ênfases ligeiramente diferentes, e uma palavra grega pode ser traduzida por diversas palavras em inglês, mas nenhuma capta sozinha o sentido completo da palavra. Às vezes os autores bíblicos utilizam um sutil jogo de palavras para expressar o que querem e as notas de rodapé presentes nas traduções chamam nossa atenção para exemplos importantes disso. Por exemplo, Amós 8,1-2 faz um trocadilho sobre a semelhança das palavras hebraicas para "frutas de verão" (*qayits*) e o "fim" (*qets*). Os tradutores podem tentar reproduzir isto em inglês, por exemplo, jogando com as palavras inglesas "summer" e "summary execution", mas em sua maioria os jogos de palavras não podem ser reproduzidos na tradução.

Escolher uma tradução

Se não tivemos a oportunidade de estudar o hebraico, o aramaico ou o grego, não temos nenhuma alternativa imediata senão estudar a Bíblia numa tradução. As pessoas de língua inglesa têm a sorte de possuir muitas traduções disponíveis e por isso a pergunta é: qual deve ser escolhida para o estudo? A *Nova Versão Padrão Revisada* – NVPR (1989) é geralmente considerada a melhor tradução da Bíblia em uso em inglês para este fim.

É a última revisão (daí as palavras *Nova [...] Revisada* que aparecem no título) numa tradição de traduções que remonta à *Versão Autorizada* (1611). Por isso, existe uma semelhança familiar entre esta tradução e as versões anteriores. Revisões posteriores como a *Nova Versão Padrão Revisada* utilizam avanços ocorridos na crítica textual e não são apenas traduções mais modernas para o inglês. Ou seja, elas refletem o uso inglês moderno e ao mesmo tempo se baseiam em reconstruções mais fiéis dos textos originais hebraicos, aramaicos ou gregos. Observe-se também que a Versão Autorizada da Bíblia foi traduzida de manuscritos tardios menos confiáveis e por isso não deve ser considerada uma tradução confiável para os fins da exegese (cf. a seção seguinte sobre crítica textual).

A NVPR é uma tradução erudita, que procura ser fiel às melhores edições críticas modernas da Bíblia Hebraica e do Novo Testamento, sem tomar conscientemente decisões de tradução a favor de determinadas posições doutrinais, como às vezes fazem algumas outras traduções. Faz também um uso moderado da linguagem inclusiva, traduzindo por "irmãos e irmãs" a palavra grega que designa "irmãos". Esta não é uma solução perfeita. Às vezes pode ser enganosa, como quando oculta a natureza baseada especificamente no gênero de alguns argumentos bíblicos.

Ao estudar a Bíblia, nunca deveríamos confiar numa única tradução. Embora utilizando a NVPR como texto-base, devemos compará-la com outras traduções inglesas modernas. Podemos também considerar versões da Bíblia que oferecem uma paráfrase equivalente dinâmica para a linguagem contemporânea, como *Good News Bible* e *The Message*.

> **Teste**
>
> Compare a tradução da NVPR e a paráfrase de *The Message* do Salmo 1. Qual a ênfase e compreensão que cada versão oferece?

É muito útil também consultar traduções da Bíblia para quaisquer outras línguas modernas que conhecermos. Isto nos capacita a descobrir aspectos do texto que não são evidentes em inglês, como a distinção entre "you" (singular) e "you" (plural) em línguas nas quais são utilizadas palavras ou formas diferentes para distinguir entre singular e plural. Certas palavras em outras línguas têm muitas vezes ressonâncias diferentes. Por exemplo, em traduções para o espanhol e para o português, João 14,6 soa assim: "Eu sou o caminho, a verdade e a vida" e estas palavras (caminho, verdade e vida) podem provocar associações com movimentos latino-americanos de solidariedade que buscam a justiça e a verdade, proporcionando assim uma interpretação alternativa ao foco ocidental dominante que se ocupa em saber se este versículo sugere que só os cristãos podem ser salvos.

Ter consciência das questões de crítica textual

A crítica textual tem dois objetivos: reconstruir a versão original do texto bíblico e rastrear a história da transmissão do texto. Nenhum desses objetivos pode ser alcançado completamente; no entanto, o trabalho dos críticos textuais constitui o fundamento para toda tradução e interpretação da Bíblia. A crítica textual oferece uma abordagem ponderada para examinar rigorosamente como os livros da Bíblia foram copiados e recopiados, e proporciona informações sobre variantes (geralmente pequenas) entre esses exemplares em diferentes tempos e lugares. Desta maneira nos proporciona uma janela única para contemplar como os textos foram lidos (e "corrigidos") em períodos anteriores.

É a mais antiga das abordagens históricas do texto e de certa forma a mais difícil. Requer não só um sólido conhecimento das línguas bíblicas, de outras línguas antigas para as quais a Bíblia foi traduzida, como o siríaco, o copta, o etíope ou o latim antigo, mas também uma compreensão de questões afins, como as peculiaridades físicas dos antigos manuscritos, a maneira como os escribas e copistas trabalhavam e como códices e livros foram feitos, utilizados e difundidos. Por essas razões, a maioria dos intérpretes bíblicos precisa confiar no trabalho de estudiosos especialistas. Mesmo intérpretes capazes de ler a Bíblia no original hebraico ou grego utilizam textos críticos que são fruto de séculos de cuidadosa crítica textual. Estas edições críticas proporcionam cuidadosas reproduções das formas originais mais prováveis dos livros bíblicos, com extensas notas de rodapé que indicam onde os manuscritos diferem do texto que elas adotaram.

Para a Bíblia Hebraica o texto crítico utilizado por estudiosos e tradutores é a *Biblia Hebraica Stuttgartensia* (2ª edição 1977), mas os críticos textuais trabalham na *Biblia Hebraica Quinta* (a ser concluída em 2020). Para o Novo Testamento o texto crítico é o *Novum Testamentum Graece*, editado por E. Nestle, B. e K. Aland, J. Karavidopoulos, C.M. Martini e B.M. Metzger (27ª edição 1993).

Embora seja um passo exegético importante checar as variantes textuais, para a interpretação cotidiana tudo o que precisamos fazer é lembrar-nos de que ninguém hoje tem acesso aos exemplares originais dos livros bíblicos e todos nós dependemos da esmerada pesquisa dos críticos textuais. Eles nos forneceram textos que são extremamente fiéis aos mais antigos manuscritos existentes e podemos confiar que estes textos proporcionam uma sólida base para estudo crítico ulterior. As traduções modernas da Bíblia utilizam estas reconstruções ecléticas modernas dos originais.

Para fins práticos, quando nos ocupamos com uma exegese a partir de uma tradução moderna como a NVPR, tudo o que precisamos fazer é observar todas as notas de rodapé da passagem. Se existem notas de rodapé, elas refletem diferentes traduções possíveis do hebraico, aramaico ou grego original, ou variações entre diferentes manuscritos. Lembremos que a própria crítica textual não trata de variantes nas traduções modernas. Ela se preocupa apenas com a questão de decidir qual das variantes entre manuscritos tem mais probabilidade de refletir o que foi escrito originalmente. Se a nota de rodapé identifica uma variante, geralmente com as palavras "Outras autoridades antigas acrescentam/omitem...", a seção de crítica textual de um comentário crítico expõe os prós e os contras dessa(s) variante(s).

A crítica textual (como todo trabalho crítico) é uma arte que se desenvolveu através da prática e da experiência. Por esta razão, os intérpretes deveriam geralmente estar dispostos a orientar-se pelas conclusões dos peritos. Os peritos dispõem-se geralmente a indicar seu grau de certeza acerca de suas conclusões, como no comentário textual editado por B. Metzger, que classifica cada juízo listado no comentário com as letras A, B, C ou D, onde A indica certeza, B indica um alto grau de certeza, C indica dúvida sobre qual variante escolher e D indica que provavelmente nenhuma das variantes é original (Metzger 1994, Introdução, p. 14).

O *Comentário textual sobre o Novo Testamento grego*, de Metzger, proporciona bastante informação para a maior parte da exegese cotidiana de Novo Testamento e é um instrumento essencial para estudar os livros do Novo Testamento que têm uma complicada história textual, como os Atos dos Apóstolos. Não existe uma obra de referência semelhante para a totalidade da Bíblia Hebraica, mas os comentários críticos proporcionam discussões minuciosas de questões de crítica textual e existem guias para a crítica textual da Bíblia Hebraica (Brotzman 1994) e guias para utilizar a *Bíblia Hebraica* (Wonneberger 1990).

Teste

Considere o texto da Oração do Senhor registrada em Lucas 11,2-4 e examine as notas de rodapé da NVPR. Identifique quais se referem a variantes presentes no texto e quais sugerem traduções diferentes. Onde as diferenças são entre manuscritos, a versão mais longa da Oração do Senhor encontrada no evangelho de Mateus (Mt 6,9-13) foi e ainda é a mais amplamente conhecida. A orientação da crítica textual de preferir a leitura mais curta significa que este texto não inclui as leituras de variantes mais longas de alguns manuscritos, como "Nosso Pai que estás no céu" e "Teu espírito santo desça sobre nós e nos purifique".

A propósito, este exemplo nos ajuda a ver a particularidade de toda crítica histórica, que começa com a crítica textual. Precisamos dos instrumentos da crítica histórica para responder a perguntas importantes como: Se os evangelhos registram duas versões da Oração do Senhor, qual delas se aproxima mais da oração que Jesus ensinou? Por quais processos, e por quais razões, o evangelho de Mateus e o evangelho de Lucas desenvolveram essas duas versões diferentes dessa oração original?

O uso da história da língua

Em nossa discussão acima sobre a análise do discurso, descobrimos que, prestando cuidadosa atenção ao texto, conseguíamos identificar as palavras-chave. Recorde seu estudo de Gênesis 11,1-9 e tome nota dos principais verbos (em negrito) e sujeitos (sublinhados) ali. Estas palavras importantes orientaram nossa leitura sincrônica desse texto.

Uma abordem histórica pergunta agora: O que precisamos descobrir a respeito da história destas palavras e padrões de palavras, a fim de aprofundar nossa compreensão da passagem? Para pensar historicamente sobre as palavras e padrões, precisamos pensar nas palavras presentes no original hebraico. Se não podemos ler o hebraico, precisamos consultar comentários escritos pelos que os leem.

Se sabemos ler o hebraico ou o grego, ou pelo menos sabemos o suficiente para utilizar dicionários e léxicos teológicos, podemos procurar as palavras-chave na passagem. Isto nos possibilita assegurar que somos sensíveis aos sentidos particulares que provavelmente estão ou não representados por elas. Por exemplo, qual é o significado do trocadilho com a palavra hebraica "confundir" (*balal*) em Gênesis 11,9 e o nome da torre (Babel)? Para tomar um exemplo do Novo Testamento que também começa com "b": o sentido da palavra grega traduzida por "bárbaros" em Romanos 1,14 não tem a mesma conotação fortemente negativa que tem em línguas ocidentais modernas. Paulo simplesmente a utiliza como uma expressão grega desdenhosa para designar os não gregos, que imita como soaria para eles uma língua estrangeira: "bar-bar".

Os intérpretes precisam ser meticulosos ao situar o sentido das palavras em seu contexto histórico. Não é uma coisa responsável alguém examinar todos os sentidos possíveis de uma palavra e depois traduzi-la com o único sentido que combina mais de perto com seu objetivo! Já que as palavras mudam de sentido no decorrer do tempo, precisamos descobrir o que uma palavra provavelmente significava e implicava no tempo em que era utilizada originalmente. Se o texto tem uma longa história de desenvolvimento, precisamos também considerar possíveis mudanças no sentido da palavra nas várias etapas da formação do texto: por exemplo, onde um texto mais antigo foi intercalado num texto posterior, ou editado com um novo objetivo.

Teste

Anote para você mesmo como os comentaristas são, ou não são, suscetíveis a pensar historicamente sobre os sentidos de palavras e ideias em Gênesis 11,1-9. Por exemplo, consideram eles que *conquistar um nome para si mesmo* é uma coisa boa ou uma coisa má? Significa esta expressão que as pessoas presentes na narrativa queriam ser lembradas (ou seja, não completamente esquecidas) ou ficar famosas (lembradas melhor do que outras)? Não existe uma resposta simples a esta pergunta, mas mesmo assim é necessário tomar uma decisão acerca disto a fim de oferecer uma interpretação dessa passagem.

Crítica da forma

Já vimos que, para ler uma passagem sensatamente, precisamos fazer um juízo preliminar sobre que tipo de literatura ela é. Ou seja, precisamos identificar seu gênero. Falando de modo geral, isto significa registrar o óbvio: por exemplo, se nossa passagem é uma narrativa histórica, uma parábola, um apocalipse, um evangelho, uma carta ou o que quer que seja. Essa identificação geral é essencial para qualquer abordagem literária de uma passagem.

Para pensar historicamente sobre a passagem é também essencial o seguinte: as pessoas não escrevem evangelhos hoje, de modo que precisamos pensar historicamente sobre os traços comuns deste gênero para aqueles que escreveram evangelhos. Quais convenções determinaram sua construção e interpretação no tempo em que foram originalmente escritos e lidos, ou falados e ouvidos? No entanto, mesmo um gênero tão familiar como uma carta precisa ser pensado historicamente, porque as convenções que determinavam a estrutura e os conteúdos das cartas eram diferentes no mundo helenístico do século I d.C.

Determinar o gênero de uma passagem faz parte da crítica da forma. Mas a crítica da forma faz também perguntas históricas a textos bíblicos: existe alguma evidência histórica de que toda a passagem ou uma parte dela existiu primeiramente em forma oral, antes de ser incluída neste documento escrito, e podemos identificar a situação real (*Sitz im Leben* é o termo técnico alemão) onde e quando esta forma oral pode ter sido utilizada?

Ao tentar responder a estas duas perguntas, a crítica da forma baseia-se nas respostas já apresentadas pelas leituras sincrônicas do texto sobre sua estrutura, configuração e gênero. Muitas vezes uma análise da estrutura revela elementos que sugerem seu uso anterior em algum outro lugar, seja em forma oral ou em forma escrita, como provérbios ou hinos. Entre outros exemplos de formas ou padrões pré-literários estão: lamentações, parábolas, provérbios, leis, contos, mitos, lendas, histórias de "vocação", bem-aventuranças, histórias de curas, milagres da natureza, relatos de ressurreição, credos, frases feitas, bênçãos e maldições.

Neste breve esboço da crítica da forma, deparamos com uma pergunta que percorre todo este livro: deveriam métodos de interpretação desenvolvidos em determinados tempos para determinados objetivos continuarem a ser utilizados em novas circunstâncias? Fazemos esta pergunta porque os métodos de interpretação são naturalmente afetados pelo espírito da época em que surgiram. Com razão, a crítica da forma nos recorda o dever de considerar as relações entre o gênero, a forma e a função das unidades de tradição, particularmente as unidades de tradição que parecem ter sido moldadas pelo uso oral. No entanto, exemplos mais antigos de crítica da forma do Novo Testamento faziam restrições indevidas ao presumir que unidades de tradição oral surgiram principalmente em situações de culto ("cultic occasions"), como batismos, eucaristia e sermões (Berger, em Hayes 1999, p. 414). Exemplos mais antigos de crítica da forma foram também acusados de "ceticismo histórico e determinismo sociológico" por presumirem que as comunidades adaptaram e até criaram uma tradição para satisfazer suas necessidades imediatas (Muddiman, em Coggins & Houlden 1990, p. 242).

Evidentemente não devemos presumir uma relação simples e direta entre as formas das unidades de tradição oral e suas origens e objetivos. No entanto, essas objeções não deveriam nos impedir de utilizar questões de crítica da forma para obter compreensões a respeito da base oral de boa parte da Bíblia. Ela contém tradições orais que foram tão arraigadas e ao mesmo exerceram tanta influência sobre a fé dos primeiros leitores e escritores como os hinos populares exercem influência sobre as pessoas de hoje.

A crítica da forma enfoca hoje mais a estrutura literária e o gênero de uma passagem do que as hipóteses sobre quando e onde a unidade oral pode ter surgido ou ter sido utilizada historicamente. A estrutura da unidade nos ajuda a identificar onde ela começa e onde acaba e o gênero pode ser óbvio a partir do conteúdo e da estrutura. Por exemplo, o hino de Filipenses 2,6-11 aparece claramente como uma unidade distinta, com estrutura e sentimento separados do material circundante. É mais difícil dizer de onde o hino veio e como foi utilizado no início, embora a crítica da forma possa apresentar algumas propostas. Mais importante para nosso propósito é observar onde, como e por que estas unidades orais estão incluídas no texto final que temos.

> **Teste**
>
> Leia Deuteronômio 26 e identifique a confissão de fé anterior nele incorporada. Como a identificação que você faz desta tradição oral anterior afeta sua leitura deste capítulo? Examine por que os profetas e sacerdotes que montaram o Deuteronômio podem ter desejado incluir aqui este credo.

Crítica das fontes

Tudo o que dissemos acerca da importância de pensar sobre o gênero, a forma e a função é relevante também para a crítica das fontes. Sendo o mais antigo dos instrumentos histórico-críticos (excluindo a crítica textual), ela tem uma longa e característica história de desenvolvimento. Como ocorre com a crítica da forma, também a crítica das fontes desperta uma pergunta simples e crucial acerca da composição de uma passagem: incorpora ela alguma fonte preexistente? Enquanto a crítica da forma procura evidência de fontes orais, a crítica das fontes procura evidência de fontes escritas. Se encontra evidência destas fontes escritas, ela procura classificá-las segundo o gênero e pergunta donde elas provêm, qual é sua perspectiva e por que o autor as incorporou na passagem em consideração.

Quando identificamos uma fonte escrita (ou oral), é importante observar que ela pode muito bem ter uma característica diferente da passagem na qual ela está agora encaixada. Ela pode ter, por exemplo, uma visão diferente de Deus ou encarnar um princípio ético diferente. A próxima pergunta que surge é: por que um autor incorpora uma passagem que expressa visões que diferem da sua? Há várias razões para isso. Os autores podem querer mostrar seu conhecimento de outras visões ou mostrar seu respeito por tradições mais antigas, a fim de conquistar a simpatia de seus leitores. Seja qual for a razão para isto, quando os autores criam textos a partir de outras fontes, eles suscitam na mente dos leitores perguntas acerca da perspectiva do próprio autor.

Exemplos bem conhecidos do uso de múltiplas fontes na Bíblia são o Pentateuco, no qual foram detectadas várias fontes, e os evangelhos de Mateus e de Lucas, que parecem utilizar ambos o evangelho de Marcos, junto com outra hipotética fonte escrita conhecida como Q, e possíveis fontes escritas por eles próprios, rotuladas abreviadamente M e L. Estes dados bastam para mostrar que a crítica das fontes é um instrumento importante para a interpretação bíblica. Isto cria também problemas para os que desejam interpretar a Bíblia literalmente, resultando em perguntas como estas: Qual das duas narrativas da criação em Gênesis 1–2 descreve a maneira como Deus criou realmente o mundo? Noé levou consigo para a arca um casal (Gn 6,20) ou sete casais (Gn 7,3) de cada espécie de pássaros?

Teste

Utilizando um livro de paralelos dos evangelhos ou um recurso online, compare o ensino de Jesus sobre o divórcio em Mateus 5,31-32 e em Lucas 16,18. Estas passagens têm alguns traços compartilhados que sugerem uma fonte comum.

Primeiramente observe os traços comuns (e que uma passagem afim em Mateus 19,19 se relaciona melhor com Marcos 10,11-12) e avalie por própria conta se esses traços implicam que ambos utilizaram uma fonte comum.

Em seguida, considere o uso muito diferente deste material em Mateus e Lucas. O que isto lhe diz sobre suas diferentes preocupações e ênfases? Por exemplo: Por que Lucas esconde esta unidade da tradição numa ampla seção sobre o uso das riquezas, ao passo que Mateus a encaixa no ensino sobre cólera, luxúria e juramentos? Na mente de Mateus, olhar para uma mulher libidinosamente é o mesmo tipo de adultério como casar com uma mulher divorciada? Na mente de Lucas, o abuso das riquezas é muito mais importante do que a questão do divórcio e do adultério? Esta questão dos interesses teológicos dos diferentes autores dos evangelhos será tratada mais extensamente pela crítica da redação (que analisaremos mais adiante).

Por fim, observe como este pensar histórico deixa claro que não é fácil dizer "o que Jesus ensinou realmente" sobre este tópico. De maneira semelhante, observe a maneira como a análise crítica das fontes afasta você de sentir a força persuasiva de cada narrativa. Isto importa?

Crítica da tradição

Uma dimensão ulterior da maneira como os textos utilizam o material tradicional é considerada pela crítica da tradição. Embora sejam relativamente fixas, as tradições também mudam e evoluem no decurso do tempo: considere, por exemplo, como e por que os padrões de refeições familiares compartilhadas mudaram ao longo de uma geração. A crítica da tradição rastreia a evolução ocorrida nas tradições ao longo do período que antecede sua incorporação na passagem em consideração. Os estudiosos da Bíblia Hebraica tenderam a utilizar a história da tradição como um método abrangente para rastrear todos os estágios de desenvolvimento do texto, desde os primeiros paralelos em outras culturas e religiões até o lugar da tradição no cânon bíblico.

Gnuse (em Hayes 1999, vol. 2, p. 586) aplica os cinco estágios da análise da história da tradição à história da vocação de Samuel (1Sm 3). Ele mostra como esta história pode ser encaixada em ciclos sempre mais amplos da tradição ou da narrativa. Como sempre, para obter o máximo deste exemplo, faça o favor de ler primeiro a passagem.

• A análise de narrativas proféticas comparáveis e de relatos de sonhos tomados de outra literatura do antigo Oriente Próximo fornece exemplos de experiências semelhantes à experiência registrada em 1Samuel 3, especialmente relatos de sonhos proféticos noturnos em santuários de Mari (1800 a.C.) e sonhos de mensagens dirigidas ao público ouvinte tomados do Egito e da Mesopotâmia.

• A crítica da forma da passagem mostra que os v. 1-18 contêm a forma original do texto e identifica estratagemas literários presentes no desenvolvimento da trama (por exemplo, o contraste entre o ancião Eli e o jovem Samuel e o tríplice padrão de vocação que aumenta o suspense). São observadas também semelhanças entre esta narrativa e outras narrativas de vocação presentes na Bíblia Hebraica (como Moisés em Ex 3 ou Saul em 1Sm 9). Em contrapartida, 1Samuel 3,19-4,1 parece ser um comentário editorial posterior.

- Em seguida a passagem é situada no contexto mais amplo de 1Samuel 1-3. Este ciclo mais amplo de narrativas compara o jovem Samuel com os sacerdotes maus do tempo e tem temas comuns com o ciclo eloísta do Pentateuco, que também tem sonhos de mensagem ao público, uma visão positiva dos profetas e uma desconfiança em relação aos sacerdotes. Esta unidade mais ampla de tradições é então situada num ciclo narrativo mais amplo referente ao surgimento da monarquia (1Sm 1-15). Isto apoia ulteriormente a visão de que os profetas são melhores do que os reis, uma visão que parece provir dos editores finais do Deuteronômio. Desta maneira 1Samuel 3 pode ser considerado um texto que desempenha um papel importante ao realçar a autoridade da palavra profética.

- Toda a história deuteronomística pode, portanto, ser relacionada com os temas teológicos de toda a Bíblia Hebraica e a contribuição de 1Samuel 3 pode ser relacionada com eles.

Os estudiosos do Novo Testamento reconhecem também a importância de rastrear linhas de desenvolvimento presentes em importantes tradições do Novo Testamento; por exemplo, nas palavras da instituição que Paulo transmite ao falar da Ceia do Senhor.

Teste

Compare as formas de redação da instituição da Ceia do Senhor por Jesus em Marcos 14,22-25 e 1Coríntios 11,23-26 abaixo.

Quais são as diferenças entre elas e como você as explicaria? 1Coríntios foi escrita em 56-57 d.C. e Marcos por volta de 10 a 15 anos mais tarde. Podemos falar na evolução desta tradição num período tão curto de tempo, ou as diferenças entre estes dois usos da tradição são determinadas mais pelos objetivos teológicos dos dois autores?

1Coríntios 11,23-26	**Marcos 14,22-25**
²³Com efeito, eu recebi do Senhor o que vos transmiti: na noite em que foi traído, Jesus tomou um pão ²⁴e, depois de dar graças, partiu-o e disse: "Isto é o meu corpo, que é para vós. Fazei isto em memória de mim". ²⁵Do mesmo modo, após a ceia, tomou também a taça, dizendo: "Esta é a taça da nova aliança em meu sangue. Todas as vezes que dela beberdes, fazei-o em memória de mim". ²⁶Pois todas as vezes que comerdes deste pão e beberdes desta taça, proclamais a morte do SENHOR até que ele venha.	²²Enquanto comiam, ele tomou um pão e, após dar graças, partiu-o, deu-o a eles e disse: "Tomai; isto é o meu corpo". ²³Depois tomou uma taça e, após dar graças, deu-a a eles e todos dela beberam. ²⁴E disse-lhes: "Isto é o meu sangue da aliança, que é derramado em favor de muitos. ²⁵Em verdade vos asseguro: não beberei mais do fruto da videira até o dia em que o beberei novamente no reino de Deus".

Crítica da redação

O estágio final no desenvolvimento histórico de um texto é o trabalho de revisão feito nele por editores posteriores. A crítica da redação surgiu como reação à tendência da crítica da forma a fragmentar textos bíblicos em pequenas unidades. Ela procura restabelecer o equilíbrio considerando o quadro inteiro, procurando particularmente evidência da perspectiva do autor/autores ou editor/editores finais na maneira como a obra foi moldada e montada.

A crítica da redação surgiu particularmente da pesquisa sobre os evangelhos, examinando cuidadosamente a forma final dos evangelhos. Examinou como os autores dos três evangelhos sinóticos reuniram as tradições orais e escritas herdadas por eles e fizeram-lhes acréscimos, para apresentar sua própria perspectiva sobre a vida, a morte e a ressurreição de Jesus. A crítica da redação procura a perspectiva teológica de "Mateus", de "Marcos" ou de "Lucas", observando quais mudanças editoriais fizeram no material herdado, quais acréscimos introduziram e quais mudanças fizeram na ordem dos materiais recebidos. Ao examinar os acréscimos e mudanças feitas pelo/autores ou editor/editores finais, a crítica da redação é capaz de identificar as ênfases e convicções teológicas dos responsáveis por moldar a forma final do texto.

Teste

Compare as duas passagens de Marcos 6 e de Lucas 9 abaixo, tendo em mente duas questões da crítica da redação. Em primeiro lugar, observe quais mudanças Lucas faz em relação à tradição de Marcos, que identifica João Batista com Elias. Em seguida, tente sugerir por que Lucas pode ter feito essas mudanças (Soulen & Soulen 2011, p. 178).

Marcos 6	Lucas 9
[14]O rei Herodes ouviu falar disto, porque o nome de Jesus se tornara conhecido. Alguns diziam: "João Batista foi ressuscitado dos mortos, e por isso esses poderes estão operando nele".[15] Mas outros diziam: "É Elias". E outros diziam: "É um profeta, como um dos profetas antigos". [16]Mas, quando ouviu isso, Herodes disse: "João, que mandei decapitar, foi ressuscitado". [17]Porque o próprio Herodes enviara homens que prenderam João, o acorrentaram e o lançaram na prisão, por causa de Herodíades, esposa de seu irmão Filipe, com a qual Herodes se casara.	[7]Ora, o tetrarca Herodes soube de tudo o que acontecera e ficou perplexo, porque alguns diziam que João fora ressuscitado dos mortos,[8] outros diziam que Elias havia aparecido e outros ainda diziam que algum dos profetas ressuscitou. [9]Herodes disse: "João eu mandei decapitar; mas quem é este, a respeito do qual ouço tais coisas?" E procurava vê-lo.

Repare que a crítica da redação trabalha com poucas pistas ou sinais. Aqui ela investiga o texto em busca de sugestões sobre o que Marcos e Lucas respectivamente pensavam de Herodes, ou sobre o que as pessoas acreditavam acerca da ressurreição do João decapitado, e em quais aspectos pensavam que Herodes (ou o povo) considerava João (ou Jesus) o novo Elias. O que esse processo revela é que a visão de Lucas sobre como o ministério de Jesus se relaciona com o da linhagem dos profetas é diferente da visão de Marcos.

Pano de fundo histórico

Este debate sobre a crítica da redação conclui a série de métodos críticos diacrônicos que normalmente são denominados histórico-críticos. No entanto, existe um amplo leque de informações que os intérpretes precisam reunir se quiserem aplicar estes métodos de maneira fundamentada. Muitas vezes é preciso adotar aqui uma abordagem indireta, ou seja, o intérprete começa localizando experimentalmente o período da formação do texto e depois o ajusta à luz da informação produzida pela pesquisa histórico-crítica.

Já que todos os textos pretendem descrever acontecimentos históricos, é preciso considerar outros dados, como o tempo em que os acontecimentos descritos ocorreram, o(s) período(s) em que a passagem foi pela primeira vez pronunciada, depois escrita e posteriormente editada. Pode ser que a passagem foi editada para abordar questões relacionadas a um tempo muito posterior ao tempo dos acontecimentos originais ou ao(s) tempo(s) em que ela foi escrita pela primeira vez.

No caso de passagens que contêm histórias de longo desenvolvimento os intérpretes precisam considerar a informação do pano de fundo relevante para todos os períodos. Para a Bíblia Hebraica, cf. *The Old Testament World* (2005), de John Rogerson & Philip Davies; ou *Ancient Israel: What Do We Know and How Do We Know It?* (3ª edição, 2017), de Lester L. Grabbe. Para os estudos do Novo Testamento, o melhor volume é *Backgrounds to the New Testament* (3ª edição 2003), de Everett Ferguson. Uma publicação mais detalhada é *The Biblical World*, em dois volumes, editada por John Barton (2002).

Esses volumes gerais precisam ser suplementados por livros sobre a história israelita e sobre a história do mundo na época helenística, para o período intertestamental e o período do Novo Testamento, e por livros sobre a geografia da região e sobre o mundo social, econômico, político, cultural e religioso do Oriente Médio Antigo. Para este fim é útil um guia bibliográfico como *An Annotaded Guide to Biblical Resources for Ministry*, de David Bauer (2011).

Quando se trata de passagens específicas, precisamos muitas vezes recorrer também a materiais de referência mais especializados. Por exemplo, para Atos 27 precisamos ter conhecimento não só sobre a geografia e a arqueologia de lugares relevantes do Mediterrâneo e sobre práticas de navegação do século I, mas até sobre as convenções do romance helenístico. O romance grego *Quéreas e Calírroe*, escrito aproximadamente na mesma época de Atos, dá uma boa ideia acerca das viagens marítimas no século I. Essas fontes primárias oferecem também aos leitores modernos uma vitrine útil para penetrar na mente popular do século I d.C.

Abordagens sociocientíficas

As abordagens sociocientíficas utilizam instrumentos e pressupostos das ciências sociais para compreender mais precisamente a dimensão social da Bíblia. A maneira mais tradicional de fazer isto consiste em manter uma abordagem histórica do texto. Os especialistas em história social procuram desenvolver sua compreensão do mundo social dos textos através de uma leitura atenta do texto, lido contra o pano de fundo da informação vinda de disciplinas tradicionais como história antiga, estudos clássicos e arqueologia. Desta maneira eles consolidam uma ideia fundamentada, mas limitada, dos mundos sociais nos quais os textos foram escritos, editados e utilizados. A abordagem sócio-histórica do mundo da Bíblia tem muitas coisas que a recomendam como foco, como mostra o trabalho de estudiosos do Novo Testamento como Abraham J. Malherbe sobre as Cartas aos Tessalonicenses (1987, 2000) ou David Aune sobre o Apocalipse (1997-1998). A comparação feita por Malherbe entre a abordagem do cuidado pastoral feita por Paulo e as abordagens de outros professores de moral da época, por exemplo, mostra Paulo sendo coerentemente moderado e abnegado, de uma maneira que os filósofos moralistas teriam considerado perigosamente próxima de comprometer sua integridade (Malherbe 1987, p. 109).

No entanto, outros estudiosos criticam esta abordagem por não ser suficientemente social nem suficientemente histórica. Estes estudiosos utilizam métodos tomados das ciências sociais – sociologia, antropologia cultural e psicologia – para fazer uma crítica sociocientífica da Bíblia. Embora ainda permaneçam interessadas na história, estas abordagens leem o texto utilizando métodos sociocientíficos modernos. Estes diferem do antigo método sócio-histórico por serem sincrônicos. Eles tiram instantâneos da complexa rede de relações existentes entre os atores sociais presentes no texto e procuram o sentido na "complexa rede de sistemas sociais e padrões de comunicação culturalmente determinados" entre eles (Barton 1995, p. 69).

Os adeptos da crítica social estão interessados tanto no pano de fundo social do texto e daquilo que ele descreve quanto no contexto social e localização do(s) primeiro(s) autor(es) e sua(s) plateia(s). Um maior conhecimento do contexto social levou os intérpretes bíblicos a afastar-se da busca de simples paralelos entre a Bíblia e seu próprio contexto. Estes críticos perguntam também sobre a função social do texto: por exemplo, será que ele parece estimular a conformidade social ou procura ressocializar seus leitores?

Os adeptos da crítica antropológica utilizam modelos tirados da antropologia para estudar fenômenos presentes na Bíblia, como estrutura social, mitos, magia ou sacrifício. Jerome Neyrey (1988), por exemplo, utiliza um modelo desenvolvido para estudar sociedades nas quais ocorrem acusações de bruxaria, a fim de lançar luz sobre as relações de Paulo em Gálatas, proporcionando uma nova compreensão da linguagem provocativa em Gálatas 3,1: "Ó gálatas insensatos! Quem vos enfeitiçou?"

Um grupo menor de críticos utilizou modelos psicológicos para interpretar a Bíblia. Gerd Theissen, um pioneiro das abordagens sociológicas, foi um dos primeiros críticos bíblicos a utilizar modelos tirados da psicologia da religião para interpretar a teologia de Paulo. Ele utilizou a teoria da aprendizagem, modelos psicodinâmicos e modelos cognitivos para interpretar Romanos 7 e 8. A teoria da aprendizagem mostrou que, através de Cristo, os cristãos podem "desaprender" sua resposta angustiada à lei; a teoria psicodinâmica ajudou a mostrar como o encontro de Paulo com Cristo possibilitou--lhe enfrentar um conflito reprimido; e os modelos cognitivos mostraram que, quando Paulo compreendeu seu conflito interior sob uma nova luz, ele foi capaz de mudar (Theissen 1987, p. 222-275). Ilustrações ulteriores desta abordagem podem ser encontradas em *Psychological Insight into the Bible: Texts and Readings* (Rollins & Kille 2007).

Margareth MacDonald argumenta que os modelos derivados das ciências sociais podem ser instrumentos eficazes de pensamento:

> Eles podem trazer à consciência níveis de pensamento até agora inconscientes; ampliam nosso controle sobre os dados. Os modelos podem também facilitar a compreensão do leitor [moderno], identificando claramente o quadro de referência do autor e tornando-o mais rapidamente acessível à crítica. O uso dos modelos pode levar a uma maior abrangência ao fazer interpretações, providenciando categorias e sugerindo relações entre categorias (MacDonald 1988, p. 26).

Os modelos sociocientíficos podem, portanto, ser utilizados para preencher lacunas na informação histórica muitas vezes limitada que temos sobre como era a vida, por exemplo, nas cidades e Igrejas do tempo de Paulo. Evidentemente o sucesso desta abordagem depende da adequação do modelo utilizado e da quantidade de dados disponíveis. Os críticos desta abordagem advertem que os modelos desenvolvidos com base nas interações sociais de hoje podem ser anacrônicos. Existem também preocupações de que as abordagens sociocientíficas não funcionam bem ao interpretar narrativas que descrevem acontecimentos incomuns ou únicos, como o encontro de Moisés com Deus no Sinai ou a ressurreição de Jesus.

Existe uma preocupação ideológica ulterior. As ciências sociais estão enraizadas na visão do Iluminismo, segundo o qual não devemos compreender o comportamento humano – e nem mesmo o comportamento religioso – com referência à crença em Deus. Stephen Barton mostra que este sistema ideológico prefere explicar a teologia e a religião como "produtos de outras forças e interesses, como a consciência humana (Freud), as relações econômicas e interesses de classe (Marx), a manutenção da sociedade (Durkheim) ou a legitimação da dominação patriarcal (feminismo)" (Barton 1995, p. 76). Embora estes tipos de questionamentos ideológicos sejam úteis e muitas vezes provoquem novas compreensões, precisamos ter consciência de que as raízes ideológicas seculares das abordagens científicas sociais da Bíblia podem minimizar algumas questões de primordial importância para os autores bíblicos, como o encontro de um personagem com Deus.

As abordagens sociocientíficas são diversas e controversas, mas aprofundaram nosso conhecimento dos aspectos sociais dos textos bíblicos: a cultura material (como comida, vestuário, trabalho e instituições); a história social dos grupos; a organização social dos movimentos; e seus mundos sociais (Soulen & Soulen 2011, p. 195-197). Muitos estudiosos bíblicos colhem informações de todas estas quatro áreas de pesquisa, sem aplicar necessariamente com rigor os métodos da ciência social. Seu uso das compreensões provenientes das abordagens sociocientíficas é eclético, intuitivo e pragmático. Para a maioria, os modelos sociológicos são instrumentos sugestivos e não analíticos e eles continuam confiando firmemente na crítica histórica para verificar suas conclusões.

Para a tarefa prática da interpretação bíblica, as abordagens sociocientíficas proporcionam duas outras vantagens.

Elas nos lembram que os autores e leitores originais da Bíblia viviam num mundo material, e nós também. Também nos lembram que nossa própria experiência da realidade, inclusive nossa experiência de leitura e interpretação da Bíblia, é socialmente construída.

Teste

O batismo é um rito de iniciação central para os cristãos e existem diversas descrições de sua importância nas cartas de Paulo: por exemplo, Romanos 6,3-12, 1Coríntios 6,9-11 e Gálatas 3,26-29.

Leia uma destas passagens, observando que a crítica sociocientífica traz perguntas como estas:

• Como é este rito na prática e o que entenderiam por ele os membros das Igrejas de Roma, de Corinto e da Galácia?

• Quais relações sociais (relações internas, limites, e assim por diante) este rito costumava promover?

• Que interpretação dá Paulo a esse rito?

• Como a participação dos cristãos neste rito molda ou reforça sua experiência da vida cotidiana, sua cosmovisão e suas prioridades?

Este exercício é adaptado de *Introduction to the New Testament* (2004, p. 631), de David de Silva, que contém muitos exemplos úteis de métodos exegéticos e diversas ilustrações esmeradas de leituras sociocientíficas de textos do Novo Testamento.

História dos efeitos

Até agora examinamos instrumentos para ler uma passagem em sua forma final e instrumentos para rastrear a história de sua formação. Enquanto disciplina histórica, a crítica textual serve a ambas as abordagens, porque é o instrumento com que contamos para providenciar-nos um exemplar de cada livro da Bíblia que se aproxime ao máximo daquilo que o autor escreveu.

Antes de deixar de lado as abordagens diacrônicas, no entanto, há um outro aspecto da história do texto que precisamos observar. É o impacto que os textos bíblicos causaram nas pessoas ao longo dos séculos até atingirem suas formas finais. Todas as grandes obras de arte e de literatura têm essa história dos efeitos, que é mais do que uma história da interpretação. Pensemos, por exemplo, na diferença entre o estudo musicológico das raízes da nova marca de rock and roll de Elvis Presley e o efeito que sua música – e o rock and roll que ela produziu – causaram no mundo desde os anos de 1950s.

Os instrumentos críticos que utilizamos até aqui produziram uma variedade de resultados e tenderam todos a manter o texto a certa distância. Tanto a análise do discurso quanto a crítica literária são um tanto analíticas, embora possam dar-nos a satisfação de sentir que estamos lendo o texto atentamente. Todas as abordagens histórico-críticas procuram "por trás" do texto informações sobre o texto, em vez de se permitir que o texto fale por si mesmo. Embora reconheçam o valor da informação histórica, muitos intérpretes da Bíblia hoje mostraram insatisfação com este efeito de distanciamento. Houve uma mudança de interesse, deixando de olhar "por trás" do texto e passando a olhar "à frente" dele: para aquilo que a Bíblia quis dizer e disse às pessoas ao longo dos séculos.

A história dos efeitos (às vezes conhecida pelo termo alemão *Wirkungsgeschichte*) é o estudo de todas as diferentes maneiras como cada passagem da Bíblia foi recebida e influenciou a vida humana. Como tal, é claramente uma maneira de considerar a Bíblia e não um método para interpretá-la. Investiga como a Bíblia influenciou a história humana e as maneiras como todos os tipos de pessoas, conhecidas e desconhecidas, contribuíram para este processo ao longo dos séculos. Precisamente por causa de sua amplitude, a história dos efeitos tem a capacidade de recolher um amplo leque de dados que são normalmente excluídos por outras abordagens da interpretação bíblica. Uma maneira de manejar esta quantidade de material consiste em focalizar uma determinada vertente da história dos efeitos: por exemplo, a obra de Christopher Rowland sobre o Apocalipse (1998, com Kovacs 2004 e 2005) presta cuidadosa atenção ao impacto do livro sobre a arte ocidental.

No final do século passado Markus Bockmuehl escreveu que a história dos efeitos foi uma das poucas abordagens contemporâneas capaz de integrar o estudo acadêmico do Novo Testamento e impedi-lo de "ir pelo ralo" (1998, p. 295-298). De maneira semelhante, o estudioso suíço Ulrich Luz incluiu um importante foco na história dos efeitos em seu comentário ao evangelho de Mateus (2007, 2001 e 2005), mostrando que as circunstâncias sociais e políticas sempre afetaram a maneira como a Bíblia é interpretada e que estas interpretações afetam, por sua vez, o curso da história.

A história dos efeitos nos mostra que frequentemente os intérpretes não preferem o sentido óbvio do texto e nos pede que consideremos por que deve ser assim. Levando-nos a encarar o fato de que todos os textos bíblicos tiveram uma ampla variedade de interpretações ao longo da história, ela apoia a visão pós-moderna de que os textos têm muitos sentidos possíveis. Ao mesmo tempo, ela atenua esta visão mostrando que existem limites ao leque de sentidos de cada texto. Os textos podem ser interpretados de várias maneiras, mas podem também opor-se firmemente à tentativa de atribuir-lhes sentidos arbitrários ou estranhos. A história dos efeitos mostra que diferentes circunstâncias revelam diferentes aspectos do leque de sentidos presentes num texto e, ao mesmo tempo, que mais tarde verificou-se que algumas tentativas de lhe atribuir sentidos para além deste leque eram irresponsáveis e ilegítimas.

Enquanto interpretação da Bíblia, a história dos efeitos é útil porque nos leva de volta à pergunta: por que estamos interpretando uma passagem? Vendo o leque de sentidos possíveis que uma passagem teve ao longo de sua história, somos forçados a tomar uma decisão sobre qual interpretação preferimos, ao menos para este momento. Alertando-nos sobre os efeitos que interpretações boas ou más causaram à vida humana, a história dos efeitos exige também que consideremos as implicações que nossa interpretação preferida causa no mundo ou na Igreja. Exige que assumamos a responsabilidade pelas consequências de nossas intepretações. Não podemos ter a pretensão de ser apenas estudiosos indiferentes. Como veremos quando examinarmos o raciocínio bíblico no capítulo 5, essa consciência é particularmente importante quando lemos a Bíblia com pessoas de outras crenças.

A história dos efeitos trabalha com três princípios hermenêuticos: o contexto do intérprete é importante; as interpretações, por sua vez, afetam o contexto em que são feitas: e a história humana, a história do texto e o próprio texto deveriam todos ser valorizados. Ela mostra que os intérpretes adotam muitas vezes interpretações que não podem ser defendidas com fundamentos histórico-críticos. Em geral ela oferece abundantes provas de que os sentidos dos textos são profundamente afetados pela identidade e pelos objetivos daqueles que os utilizam.

Teste

A internet é um bom lugar para obter uma impressão inicial do leque de efeitos de uma passagem bíblica. Se você examinar os resultados de uma pesquisa sobre "o bom samaritano", descobrirá que:

- É o nome de muitas instituições de caridade: hospitais, igrejas, centros de emergência e organizações prestadoras de serviço nos Estados Unidos e no Canadá, geralmente com um fundamento cristão.
- Existem muitas pinturas representando esta parábola: por exemplo, a pintura de Hogarth (1737) exposta no Hospital São Bartolomeu em Londres.
- É a base de diversas lendas urbanas, seguindo um formato parecido com este: um mecânico ajuda, como ato de generosidade, alguém cujo carro enguiçou. Tendo o mecânico dado com relutância seu nome e endereço à pessoa, descobre mais tarde que a pessoa em apuros era muito rica e recebe uma grande recompensa.

Existem alguns traços comuns associados à história dos efeitos da expressão "o bom samaritano". O principal efeito desta parábola parece ter sido o de inspirar atos de compaixão e assistência. A pergunta-chave para avaliar estes resultados é: será que eles

> intensificam ou ajudam a focalizar ou orientar este importante efeito? Por exemplo, ela deveria ser capaz de explicar que a compaixão desinteressada é um valor central da parábola e nesse aspecto a lenda urbana apresenta uma interpretação fundamentalmente equivocada da parábola.

Se testarmos isto com uma passagem muito conhecida ou pouco conhecida, podemos surpreender-nos ao verificar que muitos comentários mais antigos da Bíblia quase não prestam atenção à história dos efeitos. No entanto, comentários mais recentes se referem a ela, ou a transformam num foco importante. Além da obra de Ulrich Luz sobre o evangelho de Mateus, a série *Blackwell Bible Commentary* dedica-se totalmente a esta abordagem.

Não causa surpresa que existam nela algumas dificuldades. As principais são:

- como selecionar e ordenar a grande quantidade de material discrepante e como avaliar as interpretações;
- se convém incluir interpretações claramente erradas ou imorais (por exemplo, as muitas afirmações antijudaicas encontradas em interpretações bíblicas da antiguidade tardia e do período medieval);
- e como assegurar que cada comentário é mais do que apenas um simples catálogo dos efeitos e lança realmente uma luz sobre o texto bíblico.

Apesar destes problemas, muitos pesquisadores e leitores julgam profundamente satisfatório explorar os momentos de performance ou impacto quando as passagens bíblicas enfrentam o mundo.

> **Teste**
>
> Investigue por conta própria a história dos efeitos de uma passagem da Bíblia. Lembre-se de que a história dos efeitos não é um método ou um instrumento, mas uma abordagem da Bíblia. Ela nos convida a achegar-nos a ela com empenho maior: "A compreensão de um texto bíblico acontece não só mediante a elucidação de suas afirmações, mas também, para além disso, praticando e sofrendo, cantando e fazendo poesia, rezando e esperando" (Luz 1989, p. 98).

A história dos efeitos da Bíblia nos lembra que a interpretação da Bíblia é uma tarefa relacional, na medida em que é feita pelos outros, com os outros e para os outros. Nossas interpretações deveriam "ajudar os outros a experimentar alegria, liberdade e identidade" e também ajudá-los "em suas necessidades externas, em sua fome e sofrimento" (Luz 1994, p. 94). Para ajudar-nos a fazê-lo, o próximo capítulo nos oferece maneiras de examinar mais de perto a nós mesmos e os outros.

4
NOSSA REALIDADE

Ler a Bíblia de maneira correta exige compreender não só o que estamos lendo, mas também quem nós somos enquanto leitores. Precisamos aprender a fazer uma leitura de nós mesmos e também uma leitura do texto. Este capítulo oferece alguns meios para pensar sobre a maneira como criamos o sentido de um texto enquanto leitores, nossa identidade enquanto leitores, o lugar a partir de onde lemos e as comunidades com as quais nós lemos. Concluímos o capítulo estimulando a ler a Bíblia em contato com diferentes identidades, contextos e comunidades, a fim de tirar proveito dos muitos sentidos que criamos enquanto leitores.

Este capítulo, portanto, trata de fazer perguntas necessárias a respeito de nós próprios quando nos encontramos diante de um texto, reconhecendo como:

> diferentes leitores, moldados de diversas maneiras pela interação de variáveis como tradição religiosa, gênero, origem nacional, raça e etnicidade, classe socioeconômica, filiação política e uma grande quantidade de outros fatores sociais comparáveis, atribuem sentidos múltiplos e até contraditórios aos "mesmos" textos bíblicos (Stone 2002, p. 78).

> **Teste**
>
> Pense num filme recente que você viu e discutiu com outras pessoas. Como a interpretação que você faz do filme diferiu da interpretação delas? Considere como sua própria experiência de vida influencia a interpretação que faz dos filmes.

O papel do leitor

A importância do leitor na interpretação bíblica tornou-se mais amplamente reconhecida nas últimas décadas. Os estudiosos bíblicos, especialmente os que utilizam abordagens literárias e contextuais, estão interessados na pessoa que está fazendo a leitura e também no que está sendo lido, reconhecendo que o sentido de qualquer texto depende tanto do leitor quanto do autor.

Crítica da resposta do leitor

Como observamos no capítulo 2, é necessário que as pessoas estejam abertas à Bíblia, a leiam e respondam a ela. A crítica da resposta do leitor está interessada no processo de leitura e reconhece o trabalho que o leitor tem que fazer para descobrir o sentido do texto. O sentido do texto surge através da leitura e, por isso, depende tanto do leitor quanto do texto. A partir desta perspectiva, a leitura do texto é uma atividade na qual o leitor tem um papel vital a desempenhar, desde encontrar o sentido literal do texto até preencher lacunas presentes na narrativa e resolver repetições (Gillingham 1998, p. 183). Como você já deve ter percebido, este livro aceita muitos dos pressupostos da crítica da resposta do leitor, inclusive o interesse pela responsabilidade ética do leitor em sua construção do sentido.

As expectativas e as experiências de vida dos leitores orientam de muitas maneiras sua leitura de um texto. Eles podem demorar-se mais num aspecto da história do que em outro ou fazer um juízo moral com base em seu próprio sistema de valores. Gina Hens-Piazza observa também o papel do leitor na formação do personagem, descrevendo a versão do texto como "apenas um esboço inicial" (Hens-Piazza 2003, p. 11), a partir do qual o leitor cria um quadro mais completo. Ela sugere que este processo acontece mais frequentemente com personagens de menor importância que têm apenas umas poucas linhas na história, porque isto dá mais liberdade de ação para a imaginação do leitor. O leitor insere ideias e associações na história para encorpar esses personagens. No entanto, Hens-Piazza e outros argumentam que não podemos dar aos personagens qualquer configuração que quisermos, já que o texto e seu contexto impõem limites à nossa interpretação (Hens-Piazza, p. 12-13).

A implicação óbvia da teoria da resposta do leitor é que cada novo leitor responde ao texto de maneira diferente, criando a possibilidade de que uma passagem bíblica tenha mais do que um sentido ou não tenha nenhum sentido fixo. Entre os críticos da resposta do leitor existe uma divergência de opiniões quanto ao seguinte: se o texto bíblico está livre para ser interpretado sem restrições ou se tem algum sentido para seu público original, um sentido ao qual se deve dar precedência hoje (Soulen & Soulen 2011, p. 175-176). Como veremos no capítulo 5, alguns estudiosos acreditam que o sentido do texto é fluido e totalmente dependente de seus leitores, nenhum dos quais é capaz de apresentar uma leitura definitiva. Mas, se um texto pode ser interpretado como significando qualquer coisa, com quais fundamentos pode uma comunidade de leitores (como uma associação acadêmica ou uma comunidade de fé) questionar leituras incorretas ou prejudiciais? Um panorama útil destes e outros debates na crítica da resposta do leitor é apresentado no artigo "Reader-Response Criticism" dos Oxford Biblical Studies (Estudos Bíblicos de Oxford) online.

> **Teste**
>
> Leia 1Coríntios 12,14-31. Como você testaria a validade de leituras novas ou divergentes desta passagem? Existem limites à interpretação e, se existem, quais são?

Lendo por conta própria

Tiffany & Ringe (1996, p. 25) nos estimulam a começar nossa jornada com a Bíblia "em casa", prestando atenção primeiramente à nossa própria situação. Quais são as características definidoras que nos dão nossa configuração única? Como nos identificamos quando outros nos perguntam: "Quem você é?" Existem muitos elementos diferentes para nossa identidade; sobre alguns falamos à vontade e outros nós ocultamos.

> **Teste**
>
> Comece fazendo uma lista – não precisa ser numa ordem determinada – das diferentes maneiras como você mesmo se descreve. Você pode incluir qualquer coisa de que goste – séria ou simplória, algo muito

> incomum ou algo que você compartilha com milhões de outras pessoas. Este é apenas um rápido esboço de identidade que só você precisa ver. Depois de gastar alguns minutos com isto, leia a lista toda e veja se há algo que lhe causa surpresa. Você esqueceu algo importante?

Em 2006 Rachel fez o seguinte esboço de identidade:

> Sou uma feminista; uma Wolves fan; de identidade étnica branca que me confere privilégios imerecidos na vida; ainda estou ouvindo Rádio 1; uma vegana; minha perspectiva teológica é sumamente influenciada pela teologia latino-americana da libertação; uso óculos.

Trabalhando na revisão deste livro em 2018, Rachel observou que, embora alguns aspectos de sua identidade tenham permanecido constantes, outros mudaram ou se tornaram menos importantes, descrevendo-se da seguinte maneira:

> Sou uma feminista, e isso há muito tempo; desde Wolverhampton e nos últimos anos profundamente consciente do valor que atribuo ao fato de ser uma mulher europeia; adoro poder falar espanhol; sou de identidade étnica britânica branca, o que me confere privilégios imerecidos tanto em casa quanto pelo mundo afora; tenho tendência a ouvir música da Radio 6; uma vegana; minha perspectiva teológica é sumamente influenciada pelas teologias feministas latino-americanas; uso óculos.

Nem todas estas características influirão de maneira igual em sua leitura da Bíblia, mas todas moldam sua perspectiva de uma maneira ou de outra. Ela será capaz de ver mais claramente algumas coisas presentes nos textos, por causa de sua identidade e experiência (contanto que use os óculos!); e outros aspectos de uma passagem permanecerão ocultos ou irrelevantes para ela.

Randy Litchfield mostra que nossa identidade provoca contato e também distância entre as pessoas, visto que:

> a identidade se forma nos limites e interseções das localizações sociais como também em seus centros. [...] Os indivíduos encarnam de maneira singular as interseções de muitas localizações sociais. Assim ocorre a diferença entre os indivíduos. No entanto, as pessoas compartilham determinadas localizações sociais com outros, o que sugere semelhanças (Litchfield 2004, p. 232-233).

Alguns aspectos da nossa identidade têm maior probabilidade de criar conexões mais amplas com os outros (por exemplo, nosso gênero), enquanto outras qualidades mais incomuns nos demarcam como diferentes, até encontrarmos outros que compartilham marcas específicas de identificação (como pessoas canhotas).

Existem ainda três coisas a notar acerca deste processo de autoidentificação: nós nos identificamos de maneira diferente dependendo de onde estamos, com quem estamos e por que motivo somos interrogados; nunca podemos descrever-nos plenamente (e, de maneira semelhante, nunca podemos recapitular adequadamente a realidade de outra pessoa); somos sempre todas as nossas características marcantes, e mais do que isso.

Temos identidades múltiplas e fluidas que evoluem ao longo do tempo e da experiência. Para ilustrar isto Robert Beckford traça paralelos entre a formação da identidade das pessoas jovens em Nova York e a sobreposição técnica de sons no hip hop. Os sons são criados para formar uma nova trilha sonora, assim como os jovens desconstroem e misturam tradições e culturas para formar novas identidades (Beckford 2001, p. 106).

Nesta seção do capítulo focalizamos cinco aspectos-chave de nossa identidade que foram reconhecidos como aspectos que afetaram nossa interpretação da Bíblia nos últimos anos: gênero, sexo e sexualidade; etnicidade e identidade de cor; idade, capacidade e bem-estar; *status* socioeconômico e compromissos políticos; tradições denominacionais, espirituais e teológicas.

Apesar da natureza multifacetada da nossa identidade, qualquer pessoa só é capaz de ler a partir de um lugar de cada vez. No entanto, por um longo tempo, estudiosos bíblicos ocidentais, predominantemente homens brancos, não conseguiram reconhecer a natureza limitada de suas leituras, até que os movimentos de libertação, nomeando sua própria localização, os forçaram a reconhecer sua identidade específica. Mesmo assim, alguns teólogos não conseguiram reconhecer plenamente sua particularidade. Por exemplo, a primeira teologia feminista baseava-se principalmente na experiência de mulheres brancas da classe média e só através de um doloroso diálogo com mulheres negras e asiáticas é que isto foi reconhecido adequadamente. Soulen & Soulen observam que os leitores que identificam explicitamente sua localização se acreditam menos vulneráveis a distorções ideológicas (Soulen & Soulen 2011, p. 1).

Muitos teólogos e estudiosos bíblicos do Primeiro Mundo chegaram a reconhecer a importância de nomear sua localização. Um exemplo seria Eleanor Haney, uma teóloga que viveu e trabalhou com comunidades eclesiais no Maine. Pouco antes de morrer, ela se descreveu da seguinte maneira:

> Sou branca, de ascendência e cultura norte-europeias, mulher, de formação acadêmica com doutorado em Filosofia, vivendo uma relação lésbica, membro de uma denominação protestante amplamente branca e de classe média, proveniente de um ambiente de classe média baixa, de sessenta e cinco anos de idade, representante da compreensão da normalidade mental e emocional da cultura, fisicamente robusta e mulher oriental que ama profundamente o oceano (Haney 1998, p. 6).

Além disso, ela observou: "Enquanto feminista cristã de classe média branca, só posso fazer teologia e ética feminista cristã de classe média branca. Minha experiência e minhas perspectivas, embora limitadas, podem mesmo assim contribuir para uma compreensão arco-irisada mais ampla de justiça, teologia e ética" (Haney 1998, p. 1). Haney reconheceu as exigências que sua localização impunha à sua teologia e a autoridade que provinha de uma autenticidade de lugar. Ao localizar a particularidade de sua interpretação, ela possibilitou que sua contribuição fizesse honestamente parte do diálogo entre pessoas de diferentes localizações.

A partir de uma localização diferente, Gale Yee reflete sobre como gradualmente integrou em seu trabalho enquanto estudiosa bíblica os múltiplos aspectos de sua identidade, à medida que, ao longo do tempo, chegou a identificar-se em seu trabalho acadêmico como feminista e ativista social asiático-americana. A consciência social a ajudou a ver conexões entre a descrição da personagem bíblica de Rute e a maneira como os asiático-americanos são vistos problematicamente como "estrangeiros perpétuos" e também "minoria modelo" (Yee 2006).

A partir destes dois exemplos fica óbvio que os diferentes aspectos da identidade de cada pessoa não podem ser isolados uns dos outros, mas estão unidos num único indivíduo. A teoria intersecional, que se baseia na obra da jurista afro-americana Kimberlé Crenshaw (1989), chama a atenção para a natureza complexa, interdependente e fluida da identidade e das estruturas, como também das formas de opressão e resistência. Os estudiosos bíblicos que nomeiam intencionalmente seu próprio contexto e sua identidade estão cada vez mais conscientes da necessidade de uma abordagem intersecional, que leva em consideração as interseções de poder através do gênero, da etnicidade, da sexualidade e de outros aspectos da identidade (cf., por exemplo, Randall C. Bailey, Tat-siong Benny Liew & Fernando F. Segovia, *They Were All Together in One Place: Toward Minority Biblical Criticism*). No entanto, por motivo de simplicidade, nas seções seguintes focalizaremos enquanto possível um único elemento de cada vez.

Voltamo-nos agora para um exame mais rigoroso de cada uma das cinco áreas de identidade listadas acima, reconhecendo que é artificial tratar cada característica separadamente, já que mantemos sempre todos estes aspectos de nossa identidade.

Gênero, sexo e sexualidade

Teste

No início de cada uma destas cinco seções, você é estimulado a refletir sobre algum aspecto de sua

> identidade. Por essa razão, você descobrirá que é útil anotar uma descrição de sua identidade de gênero, expressão, sexo biológico e orientação sexual, sendo que todos podem ser mais fluidos e contestados do que comumente se pressupõe. Uma fonte útil para explorar estes aspectos de sua identidade é o kit de recursos *Genderbread Person*, desenvolvido pelo ativista e educador Sam Killermann. O que você se sente no tocante a estes aspectos de sua identidade? Como, em sua opinião, eles podem afetar sua leitura da Bíblia?

Não podemos ler a Bíblia como seres humanos não específicos, mas apenas como pessoas que têm determinado sexo biológico, identidade de gênero, expressão e orientação sexual. Nossas leituras encarnadas podem ter como resultado o fato de alguns leitores serem mais capazes de compreender a experiência das mulheres com hemorragias (Marcos 5) e outros mais capazes de relacionar-se com a discussão concernente à circuncisão masculina em Gálatas. Isto não impede compreensões que cruzam essas fronteiras: por exemplo, tanto os homens quanto as mulheres podem relacionar-se com uma passagem bíblica que descreve a fome ou a amizade ou a alegria – embora haja sem dúvida compreensões nuançadas até mesmo numa experiência humana básica como a fome (por exemplo, em muitas sociedades ocidentais, um homem pode considerar a fome através da lente da pressão de ser o "arrimo de família" e uma mulher pode refletir sobre os papéis femininos estabelecidos, ainda que contestados, de cozinhar a comida e proporcionar a alimentação).

As interpretações dominantes da Bíblia restringem os papéis para os homens e para as mulheres e oferecem ideais fixos de identidade masculina e feminina; particularmente nas leituras dominantes de Maria, a Mãe de Jesus, que trabalham para estimular a pureza sexual e a maternidade sacrificial entre as mulheres cristãs. Além disso, textos como os Códigos Domésticos (Cl 3,18-4,1; Ef 5,22-6,9; 1Pd 2,13-3,7) têm sido utilizados para prescrever um modelo hierárquico de relações de gênero. Os leitores podem precisar pesquisar modelos alternativos de papéis, mesmo cruzando as linhas de gênero, para descobrir novas maneiras de ser. No capítulo 5, examinaremos mais detalhadamente como as estudiosas feministas e womanistas questionaram as leituras dominantes dos papéis e das relações de gênero na Bíblia e na sua interpretação.

Os textos bíblicos são dominados por personagens masculinos, com poucas mulheres sendo nomeadas ou recebendo papéis de fala. Infelizmente a marginalização das mulheres continua hoje em muitas sociedades. As mulheres conseguiram maior representação na política, na Igreja, na cultura etc. Nos filmes, por exemplo, o teste de Bechdel é utilizado para questionar a permanente sub-representação das mulheres. Para passar no teste, um filme precisa ter pelo menos duas mulheres nomeadas nele, que falem uma com a outra sobre algo que não seja um homem (Bechdel 1985).

Teste

Quantos livros da Bíblia passam no teste de Bechdel? Você ficou surpreso com o que descobriu? Como você, enquanto leitor da Bíblia, poderia aumentar a visibilidade das mulheres presentes no texto para você mesmo e para os outros?

As mulheres e as pessoas lésbicas, gays, bissexuais, transgênero, queer, intersexo plus (LGBTQI+) precisam muitas vezes imaginar-se no texto bíblico. Isto levou a uma maior vigilância em relação a personagens de menor importância captados nas sombras das histórias. Um exemplo disso é a recuperação de Hagar (Gênesis 19-21) como personagem bíblica central na teologia womanista, particularmente através da obra de Delores Williams (1993).

Outro exemplo é a obra dos intérpretes queer (descrição escolhida por muitos leitores LGBTQI+) ao chamarem a atenção para os proscritos sexuais visíveis na Bíblia, como os eunucos, sendo Neemias um exemplo de um personagem que pode ser identificado como eunuco devido a seu papel de copeiro (Ne 1,11). Os eunucos são também considerados um potencial meio de penetrar no texto para leitores intersexo, particularmente os eunucos "desde o nascimento", que, junto com outros eunucos, são exaltados como um exemplo de discipulado através de sua localização às margens do poder (Mt 19,12; DeFranza 2014, p. 55-57, 68). Além disso, estudiosos bíblicos gays e lésbicas argumentaram que a relação entre Davi e Jônatas ou entre Rute e Noemi pode ter incluído uma dimensão sexual. Goss & West observaram a necessidade de ser:

> leitores resistentes que lutam contra o privilégio heterocêntrico que nos elimina do texto. Enquanto leitores queer, queremos fazer amizade com as Escrituras para encontrar nossas vozes e permitir que surjam memórias e diversidades subversivas (Goss & West 2000, p. 6).

No capítulo 5 teremos a oportunidade de explorar mais extensamente alguns dos métodos e compreensões oferecidos pela interpretação bíblica queer.

Não existe escassez de personagens masculinos no texto bíblico! Mas foi só com a obra de estudiosos como Randall Bailey, David Clines e Stephen Moore na década de 1990 que a masculinidade presente no texto começou a ser investigada. Baseando-se nos estudos feministas e womanistas, estes estudiosos reconheceram que os personagens masculinos presentes na Bíblia precisavam ser vistos como homens e não como humanos normativos (Smit 2017, p. 2). Enquanto disciplina ainda emergente, podemos perguntar-nos que tipos de perguntas os estudiosos fazem acerca do retrato da masculinidade na Bíblia. Um foco particular têm sido certos personagens masculinos (especialmente Davi e Jesus). Além disso, os estudiosos procuraram compreender os modelos de masculinidade presentes no antigo Israel e no cristianismo primitivo, a maneira como esses se relacionavam com as sociedades vizinhas e quais oportunidades havia de subverter e resistir a esses modelos (Moore & Anderson 2003; Creanga 2010). Estudos mais recentes investigaram como o gênero atravessa a identidade étnica, a idade, a sexualidade e o *status* social.

Os textos bíblicos foram utilizados para legitimar certos modelos de masculinidade (o patriarca autoritário, o líder heroico, o guerreiro forte etc.), muitas vezes mediante interpretações simplistas incorretas da Bíblia (Moore 2014). Em vez de aceitar esses modelos limitados e limitantes, faríamos melhor se reconhecêssemos os modelos dinâmicos e complexos de masculinidade presentes na Bíblia, desenvolvidos por comunidades situadas às margens dos poderes imperiais dominantes e de Deus, que muitas vezes é retratado como "hipermasculino" (Smit 2017, p. 67; Moore 1996; Sawyer 2005).

Os estudos da masculinidade presente no texto bíblico nos ajudam a resistir à virilidade e masculinidade normalizadora seja no texto ou em nossos contextos. Podem ajudar-nos a perguntar sobre papéis e relações de gênero. Podem certamente convidar-nos a questionar leituras do texto que retratam Abraão, Davi ou Paulo como heróis descomplicados e modelos de fé. É melhor admitir que esses personagens são indivíduos imperfeitos que lutaram com sua própria identidade e papel de gênero, como também nós podemos enquanto leitores. Finalmente, podem ajudar-nos a investigar alguns desafios enfrentados por alguns homens de hoje, inclusive, em algumas sociedades ocidentais, questões como saúde mental precária, solidão e violência. Um exemplo disto pode ser a investigação de Jesus como vítima de violência sexual, feita por David Tombs (1999).

Em comparação com os estudos da masculinidade presente no texto bíblico e em sua recepção, a interpretação feminista e womanista da Bíblia está bem consolidada em amplitude e em profundidade. Entre os primeiros trabalhos de pesquisa estão *Women's Bible Commentary*, obra norte-americana em um volume (publicada em 1992 com edição revisada em 2014) e *Feminist Biblical Interpretation: A Compendium of Critical Commentary on the Books of the Bible and Related Literature*, um projeto semelhante de estudiosos alemães (publicação em alemão 1999; em inglês 2012). Diversos projetos de longo prazo possibilitam uma análise mais aprofundada, especialmente: a série *Feminist Companion to the Bible*, editada por Athalya Brenner, e a série *The Bible and Women. An Encyclopaedia of Exegesis and Cultural History*, da Sociedade de Literatura Bíblica; ambos os volumes estão publicados em alemão, italiano, espanhol e inglês. Finalmente, a série *Wisdom Commentary*, publicada pela Liturgical Press, procura oferecer diversas perspectivas feministas e womanistas sobre cada livro da Bíblia, sendo que cada comentário inclui compreensões provenientes de diversos colaboradores.

Estas abordagens procuram honrar as diversas experiências das mulheres, tanto no texto quanto entre a comunidade de leitores. Elas mostram uma maior consciência dos silêncios presentes no texto e um contínuo interesse por personagens e histórias marginais. Quando as experiências vividas e os compromissos não estão refletidos na Bíblia, as estudiosas feministas e womanistas podem introduzir no diálogo textos e tradições não bíblicos, como analisamos no capítulo 2 ao refletir acerca da ideia de ampliar o cânon. Existe um firme compromisso de expor e questionar a violência presente nos textos e nas interpretações. Talvez o ponto mais controverso seja que as estudiosas bíblicas feministas e womanistas, inclusive as que têm fé, estão mais dispostas a negar a validade de um texto bíblico se for experimentado como opressivo. Finalmente, verifica-se muitas vezes uma resistência a fixar uma interpretação e oferecer, ao invés, conclusões provisórias e abertas.

O projeto *Womanist Midrash*, de Wilda Gafney, fornece abundantes exemplos destas abordagens. Gafney explora a Torá e textos da monarquia (de Samuel a Reis), buscando personagens de mulheres e revisando a doutrina legal relativa à vida das mulheres (Gafney 2017). Ela faz perguntas sobre as mulheres presentes no texto e também sobre as mulheres negras leitoras da Bíblia, procurando ou criando novas interpretações que revelem e questionem a desigualdade e a opressão e possibilitem aos textos funcionar como palavra de Deus doadora de vida para as mulheres negras de hoje (Gafney 2017, p. 8). Em diálogo com o *midrash* judaico, Gafney procura ouvir as vozes dos personagens silenciados. Assim, no cerne de

Números (26,46), somos convidados a encontrar-nos com Aser, uma mulher que, de acordo com a sugestão dos rabinos, viveu por gerações e levou Moisés até os ossos de José e que, observa Gafney, conquistou um nome para si sem tornar-se esposa ou mãe (Gafney 2017, p. 165).

Podemos tomar mais um exemplo para ilustrar alguns destes pontos. Joy Mead é membro da comunidade de Iona e seu poema sobre a história de Sefra e Fua (Ex 1) examina como as parteiras difundiam possiblidades de agir de maneira diferente do que se esperava, colaborando em vez de competir, "confiando na vulnerabilidade" e desobedecendo a ordens (Mead 2002, p. 43-44). A leitura que Mead faz da história traz à tona as possibilidades que temos à disposição quando nosso poder parece ser restrito. Esta leitura nos estimula a questionar o pensamento dominante e a ver a desobediência como uma opção ética válida. Mead analisa como estas duas mulheres colaboraram para assegurar a sobrevivência dos bebês e pergunta como nós também poderíamos ser parteiras de esperança através de pequenas ações cotidianas.

> **Teste**
>
> Leia um texto inteiro sobre o qual você está trabalhando e anote as maneiras como você imagina que sua interpretação é afetada por seu gênero, sexo e sexualidade. Enquanto escrevia, David testou isso com Isaías 66,6-14, uma passagem introduzida no lecionário para o dia e ficou impressionado com a profunda relevância dessa questão. Com referência à passagem que você escolheu, ou a esta, considere as seguintes perguntas: O que está oculto? Quais aspectos do texto são enfocados? Qual conversação sobre este texto

você gostaria de entabular com alguém cuja identidade de gênero, expressão, sexo biológico ou orientação sexual são diferentes?

Etnicidade e identidade de cor

> **Teste**
>
> No início desta seção você foi estimulado a gastar algum tempo pensando sobre sua etnicidade e sua identidade de cor antes de continuar a leitura. Você poderia também explorar sua nacionalidade e ambiente familiar. Como você se sente no tocante a estes aspectos de sua identidade? Como, em sua opinião, eles podem afetar sua leitura da Bíblia?

A importância da etnicidade é demonstrada num comentário da teóloga ganense Mercy Amba Oduyoye: "Sou acima de tudo uma Akan, membro de uma sociedade matrilinear que fala a língua dos Akan. [...] De fato, é como africana que sou uma cristã (Oduyoye 1990, p. 245). Para Oduyoye, sua identidade étnica é primordial e até mesmo mediadora de sua relação com Deus. No entanto, muitos cristãos ocidentais brancos não estão acostumados a pensar sua identidade étnica e de cor e precisam fazer um grande esforço para descrever como ela influencia sua leitura da Bíblia. Se pessoas brancas têm alguma consciência étnica, esta tende a vir acompanhada por um sentimento de culpa acerca de seu próprio racismo ou do racismo dos outros ou por uma negação de que isso faz alguma diferença em sua interpretação. A etnicidade predominantemente branca dos estudiosos bíblicos vindos da tradição dominante foi ocultada, mas mesmo assim causou um grande impacto sobre a maneira como a Bíblia foi interpretada e ensinada. Randall Bailey adverte os afro-americanos:

> nós lemos o texto tendo em mente os interesses dos brancos, que são nossos opressores. Nós, que tivemos nossa terra roubada e fomos escravizados pelas pessoas que roubaram nossa terra, lemos a promessa feita a Abraão de que lhe seria dada a terra de outros e não vemos nossa própria história. Nós nos identificamos com Abraão (Bailey 1998, p. 78).

Como então nossa identidade étnica molda nossa leitura da Bíblia? Novamente anotamos umas poucas sugestões sobre a maneira como este aspecto de nossa identidade pode afetar nossa interpretação. Para começar, uma consciência da identidade étnica (particularmente para as pessoas brancas que foram socializadas para assumir que elas não têm uma cor da pele) deveria ajudar os leitores a reconhecer a realidade étnica do contexto bíblico. A identidade étnica dos personagens e comunidades bíblicos pode passar despercebida, a não ser que o texto registre uma situação de conflito entre diferentes grupos étnicos. Mas a Bíblia não é desprovida de lugar. Seu contexto é o Norte da África, a Ásia e Oriente Médio e, nos textos posteriores do Novo Testamento, algumas regiões do sul do Mediterrâneo. Quanto aos leitores europeus brancos, a recordação desta realidade geográfica deveria preveni-los contra a domesticação e europeização da Bíblia.

Embora as pessoas que ocupam o centro da narrativa bíblica sejam definidas sobretudo por sua identidade de fé, como povo da aliança, como judeus e cristãos, é importante observar que elas são definidas também de outras maneiras.

Abrão é originário de Ur, que muito provavelmente estava localizada no atual Iraque; Moisés é um hebreu criado no Egito com um nome egípcio e uma família egípcia, que se casa com uma madianita; Raab de Jericó, a cananeia Tamar, a moabita Rute e a mulher de Urias o hitita são nomeadas na genealogia de Jesus (Mt 1); Paulo é de Tarso na atual Turquia. As fronteiras étnicas são frequentemente rompidas: os que são forasteiros étnicos muitas vezes trazem bênção, oferecem sabedoria ou mostram grande fé. Exemplos de tais personagens são: o eunuco etíope (Atos 8), o centurião Cornélio (Atos 10) e a mulher sirofenícia (Marcos 7). A dispersão geográfica de todos os que se identificam como judeus é dramatizada pela lista de Atos 2,5-11.

As descrições de conflito étnico presentes na narrativa serão experimentadas de maneira diferente por leitores que vivem em regiões marcadas por conflito étnico histórico ou em andamento hoje, ou que vivem em regiões aparentemente estáveis, mas cuja identidade étnica ou de cor significa que elas precisam contornar a hostilidade e a discriminação diariamente. Esses leitores devem estar mais atentos à violência e à ruptura que acompanham essas disputas do que os leitores cuja identidade étnica é entendida como normativa ou "nacional". Os leitores podem refletir como a Bíblia compreende o catalisador para a divisão entre grupos e como o conflito é desencadeado pela pobreza e pela exclusão. Na Bíblia a relação entre grupos étnicos está sempre mudando. A identidade dos dominantes e dos oprimidos flutua ao longo de toda a história bíblica. Às vezes os israelitas são oprimidos por potências imperiais como os egípcios, os babilônios e os romanos. Mas outras vezes são eles que atacam e subjugam outros grupos étnicos, como os cananeus ou os samaritanos.

Algumas comunidades julgaram necessário ler a Bíblia a partir de uma contraposição. O estudioso Robert Allen Warrior, da Nação Osage, comenta que ele lê o Êxodo e as histórias da conquista "com olhos cananeus" (Warrior 1989, p. 262), embasado na traumática experiência das pessoas pertencentes aos Povos originários, cuja terra e cuja vida foram tomadas por europeus que acreditavam ter recebido a "terra prometida" da América do Norte. Esta narrativa de conflito e opressão continua na vida dos próprios leitores e isto os estimula a investigar se a Bíblia oferece modelos adequados de reconciliação (talvez utilizando textos que lembram ao leitor os dons do estrangeiro, como o livro de Rute; ou a afirmação do Salmo 24,1 de que a terra pertence a Deus; ou o foco na unidade para além da diferença em textos como Gálatas 3,28).

O antissemitismo tem sido um aspecto vergonhoso do estudo bíblico cristão desde os primeiros tempos da história da Igreja. Os leitores cristãos da Bíblia deverão estar atentos à história dos efeitos (cf. capítulo 5) da complexa apresentação dos líderes judeus no evangelho de João, por exemplo. A aldeia de Oberammergau, no sul da Alemanha, é um exemplo de uma comunidade que começou a criticar seu legado antissemita da interpretação. Versões mais antigas da Encenação Paixão (realizadas a cada dez anos em Oberammergau) foram marcadas por interpretações antijudaicas; e Hitler mostrou seu apoio à encenação quando assistiu a uma performance em 1934. No entanto, baseando-se nas mudanças introduzidas em 1990, para a performance do ano 2000 a aldeia utilizou a ciência bíblica para oferecer um relato mais nuançado da relação de Jesus com o judaísmo. A versão do milênio tornou a identidade e as crenças judaicas de Jesus mais visíveis e mostrou diferenças entre os judeus comuns e os sumos sacerdotes e autoridades romanas que se opunham a Jesus. Estas mudanças continuaram em 2010, com Jesus falando frequentemente hebraico, sendo saudado como Rabi e participando da oração e das tradições judaicas (Wright 2011).

Tanto os leitores cristãos quanto os leitores judeus precisam lidar responsavelmente com a doutrina da eleição, que foi utilizada para justificar a supressão de uma série de grupos religiosos e étnicos. Os leitores das comunidades e nações étnicas dominantes precisam estar atentos aos perigos de uma doutrina acrítica da escolha. No entanto, mesmo no cânon, existe uma tradição clara que relaciona a eleição dos israelitas com uma responsabilidade de servir ao mundo mais amplo. Esta linha endossa uma teologia do cuidado universal de Deus.

Os cristãos negros e asiáticos, que sofrem sob a supremacia branca, têm questionado as interpretações dominantes que validaram a opressão racista: por exemplo, as leituras da maldição de Cam em Gênesis 9,20-27 que identificam Cam como negro. Estas comunidades recuperaram também identificações positivas da identidade étnica negra. Defenderam que Cântico dos Cânticos 1,5 seja traduzido como: "Sou negra e formosa", em vez das interpretações anteriores do versículo como: "Sou negra, mas formosa" (Mukti Barton 2004). Existe uma contratradição de interpretação que defende a Bíblia como uma fonte de libertação para grupos que sofrem racismo. Randall Bailey observa a identificação duradoura dos afro-americanos com a narrativa do Êxodo. Ele cita como exemplo o *Desce Moisés* [*Go Down Moses*] cantado pelos escravos na América do período anterior à guerra:

> Quando Israel estava na terra do Egito,
> Deixa meu povo ir.

> Oprimido tão arduamente que não conseguia ficar de pé,
> Deixa meu povo ir.
> Desce, Moisés, até a terra do Egito.
> Dize ao velho Faraó que deixe meu povo ir.
> (citado em Bailey 1998, p. 67)

Para mostrar melhor como a identidade étnica e a desigualdade moldaram a interpretação bíblica, recorremos agora a um esboço tirado da comédia da *Famalam* BBC3, na qual um homem branco reza para que Deus o ajude. Quando Jesus aparece, o homem fica surpreso ao descobrir que ele é negro, apesar de a Bíblia deixar claro que Jesus era um homem do Oriente Médio, preso injustamente e espancado pelos funcionários do governo, algo que raramente acontece com pessoas brancas ("There is no white Jesus", 12 de abril de 2018). O esboço propõe que Jesus foi falsamente retratado como branco ao longo dos séculos. Como assim? Richard Dyer, em seu livro *White*, observa que, desde o período da renascença, Jesus foi representado progressivamente com aparência mais clara do que outras figuras que assumiram aparências mais escuras, tornando-se mais escuras quanto mais distantes estavam de Cristo, tanto física quanto simbolicamente. Este período da arte refletiu a expansão europeia e a conquista de outras terras, principalmente nas Cruzadas contra os muçulmanos árabes. As Cruzadas aumentaram a associação do branco com o cristianismo e a salvação e a associação do negro com outras religiões e povos, com o pecado e a morte. No decurso dos séculos, o branqueamento de Cristo aumentou, chegando no século XIX ao clímax de um Cristo de pele clara, cabelos louros e olhos azuis (cf. *God's Beauty Parlor and Other Queer Spaces in and around the Bible*, 2001, de Stephen Moore). As teorias do Iluminismo situaram as pessoas de pele branca no pináculo do desenvolvimento humano. Assim, chegou-se a entender que a perfeição de Cristo significava que ele também devia ser mais branco do que os brancos. Os leitores contemporâneos da Bíblia precisam muitas vezes trabalhar arduamente para superar estas identificações racistas em suas interpretações.

> **Teste**
>
> Leia ou ouça uma passagem de um dos evangelhos, olhando ao mesmo tempo para uma pintura de um Cristo de uma identidade étnica diferente da sua. Como é transformada a maneira de você imaginar a passagem? Existem diversos websites excelentes que apresentam uma diversidade de imagens bíblicas: por exemplo, Arte e Teologia, BAME Anglican e a Associação Asiático-cristã de Arte.

Os estudiosos negros trabalharam para tornar visível o contexto africano e médio-oriental da Bíblia (Yamauchi 2004; Adamo, 2006). Eles interrogaram e rejeitaram as interpretações racistas dos textos bíblicos, utilizadas para legitimar a escravidão, a colonização, o *apartheid* e a segregação (Jennings 2017; Thomas 2010; West & Dube 2000; Wimbush 2000). Como observamos na seção precedente, as estudiosas womanistas em particular colocaram personagens marginais no centro de seu trabalho: por exemplo, o personagem de Agar e a jovem escrava de Atos 12 (Williams 1993; Aymer 2016). Dois importantes comentários ou introduções de um volume para a interpretação afro-americana da Bíblia são: *True to Our Native Land: An African American New Testa-*

ment Commentary (2017) e *The Africana Bible: Reading Israel's Scriptures from Africa and the African Diaspora* (2009).

A interpretação bíblica afro-americana contemporânea procura conectar as complexas e diversas experiências vividas dos afro-americanos com a complexidade e a diversidade do texto bíblico, a fim de oferecer leituras relevantes, autênticas e libertadoras (Smith 2017, p. 75-76). As estudiosas womanistas Gay Byron e Vanessa Lovelace comentam: "Nossos corpos negros e nossas vidas negras não podem ser deixados fora do processo interpretativo" (Byron & Lovelace 2016, p. 15). A partir de uma perspectiva britânica negra, Anthony Reddie argumenta que "as realidades de sofrimento e de luta dos negros proporcionam a estrutura interpretativa para a maneira como interpreto as escrituras" e estimula leituras que sejam libertadoras, subversivas e holísticas (Reddie 2016, p. 153).

Estudiosos de muitos contextos globais e identidades étnicas examinaram como sua identidade étnica e de cor impactam sua leitura da Bíblia. No entanto, como observa a estudiosa womanista Mitzi Smith:

> A maioria dos principais estudiosos bíblicos eurocêntricos [...] exerce explícita ou implicitamente o privilégio de ignorar e/ou racionalizar o racismo e seus "-ismos" cruzados ao fazer interpretação bíblica e reflexão teológica (Smith 2017, p. 50).

Existem muito poucos estudos eruditos que exploram diretamente o impacto da branquitude sobre a interpretação bíblica. Uma contribuição importante é a coleção de ensaios reunidos por estudiosos negros e brancos intitulada *Christology and Whiteness: What Would Jesus do?* (2012), editada por George Yancy, que investiga e desmantela a representação e identificação de Jesus com a branquitude. No contexto britânico, o trabalho inicial foi feito por David Horrell (2017) sobre Gálatas, Jayme Reaves (2018) sobre a figura de Sara tanto como vítima quanto como perpetradora (a relação entre Sara e Agar e como ela se relaciona com as divisões étnicas contemporâneas é examinada também no ensaio da escritora judia Ruth Behar "Sarah & Hagar: The Heelprints upon their Faces" - 1997) e Al Barrett (2018), baseando-se na obra de Jennifer Harvey, sobre a necessidade de as pessoas brancas se desidentificarem de Jesus a fim de passar do centro para as margens da história.

Como a branquitude é muitas vezes ocultada nos estudos eruditos "ocidentais", pode ser relevante observar a obra de estudiosos brancos como Neil Elliott, Richard Horsley, Ched Myers e Leo Perdue, que visam tornar visíveis os contextos imperiais da Bíblia e de seus leitores. Aqui podemos ver como estudiosos brancos procuraram assumir a responsabilidade na dinâmica política, social e econômica do poder, mesmo não tendo enfocado especificamente a branquitude.

Como então podem os leitores brancos da Bíblia ficar atentos a este aspecto de sua identidade e de questões aparentadas de poder e privilégio? O primeiro passo é reconhecer que existem poucos europeus – se é que há – na Bíblia! Talvez alguns dos personagens romanos do Novo Testamento fossem originários do sul da Europa, mas de maneira geral os leitores brancos precisam reconhecer que estes não ocupam o centro da história. Em segundo lugar, uma leitura branca crítica da Bíblia precisa questionar as interpretações racistas históricas e contemporâneas do texto. Em terceiro lugar, como incentivamos neste livro, é importante dialogar com uma diversidade de vozes tanto no texto quanto na interpretação, especialmente aquelas que muitas vezes não são ouvidas. Num artigo intitulado "Black Scholarship Matters", Tat-Siong Benny Liew observa a escassez de referências a estudos eruditos bíblicos negros nos manuais de introdução (Liew 2017, p. 243). Esta falta de diálogo com leituras diversas do texto é problemática. Finalmente, uma boa pergunta a fazer seria: como o texto pode ajudar a revelar e questionar o privilégio imerecido e as estruturas injustas do poder?

> **Teste**
>
> Leia um texto inteiro sobre o qual você está trabalhando e anote as maneiras como, em sua opinião, a interpretação que você faz é afetada por sua identidade étnica ou de cor. O que está oculto? Quais aspectos do texto são enfocados? Qual conversação sobre este texto você gostaria de ter com alguém de uma identidade étnica diferente?

Idade, capacidade e bem-estar

> **Teste**
>
> Comece esta seção anotando sua idade, capacidades mentais e físicas e estado de saúde. O que você sente acerca destes aspectos de sua identidade? Como, em sua opinião, eles podem afetar sua leitura da Bíblia?

Nas duas últimas décadas, houve importantes investigações sobre como a idade, a capacidade física e a experiência vivida podem afetar a interpretação da Bíblia feita por um leitor. Estas características são fluidas por natureza, já que mudamos física, mental e emocionalmente durante a jornada de nossa vida. Este elemento fluido de nossa identidade nos proporciona diversas perspectivas diferentes a respeito de uma passagem. Compreendemos uma história de maneira diferente quando somos crianças, jovens, pais/mães ou aposentados. Além disso, nosso estado físico ou mental nos deixa abertos a diferentes respostas ao texto. Por exemplo, os estudiosos bíblicos começaram a investigar de que maneira textos como os salmos de lamentação e o livro de Jeremias podem atestar experiências traumáticas e, assim, como podem ser lidos prestando atenção ao trauma e à recuperação (Boase & Frechette 2016).

> **Teste**
>
> Leia uma passagem bíblica curta diariamente durante uma semana. Como seu estado físico, mental e emocional mutante afeta sua leitura do texto?

Nós temos necessidades e desejos diferentes ao atravessar diferentes estágios de idade, capacidade e saúde. Consideremos, por exemplo, como as pessoas enlutadas que acompanham um funeral respondem a textos bíblicos como João 14,1-7 num momento em que procuram conforto e esperança; ou como as emoções mistas dos novos pais/mães (alegria, trauma, cansaço, dor, esperança etc.) podem moldar sua leitura das narrativas evangélicas da infância. A Bíblia oferece histórias sobre uma série de personagens e situações da vida: Samuel, um menino que espera orientação no templo; Sara, uma mulher idosa surpresa com sua capacidade de ter um filho; uma viúva anônima oferecendo o pouco que tinha; Elias, faminto e dependente da bondade dos corvos. Embora culturalmente específicos, existem poucos ritos humanos de passagem ou estágios da vida não refletidos no cânon.

As crianças na Bíblia são muitas vezes ignoradas ou romantizadas e o mesmo se pode dizer das crianças como leitores da Bíblia. Estudos sobre o lugar das crianças nas sociedades judaicas, greco-romanas ou do antigo Oriente Médio ajudaram a esclarecer e a complexificar nossa intepretação de textos nos quais as crianças são visíveis (Bunge 2008). Enquanto muitos textos bíblicos apoiam hierarquias familiares baseadas na idade e no gênero, o ministério de Jesus provocava ruptura na vida e nas estruturas da família, principalmente por colocar as crianças no centro da comunidade de fé (Betsworth 2016, p. 1-4). Na Bíblia as crianças são muito desejadas e amadas, mas também rejeitadas e oprimidas. Elas têm necessidade de conhecimento, mas são também sinais de sabedoria (Pr 8,30-31) e esperança (Zc 8,5). Encontramos uma variedade de personagens de crianças na Bíblia, muitas vezes em situação de vulnerabilidade e necessidade, como a filha de Jairo e os filhos de Jó, mas também atuantes como líderes e mestres, como Davi (1Sm 17) e também Jesus (Lc 2,40-52) quando rapazes e, talvez menos conhecida, a jovem escrava que ajuda a curar Naamã (2Rs 5).

Passando do texto ao leitor, diversos estudos criticaram a maneira como as Bíblias e animações para crianças simplificam excessivamente passagens bíblicas, seja porque subestimam a capacidade das crianças de nuança e imaginação ou para fazer com que a passagem transmita (erradamente) uma lição moral, muitas vezes uma lição que estabelece a obediência como uma virtude cristã, sem perceber como esse ensinamento pode debilitar a capacidade das crianças de questionar o abuso (Vander Stichele & Pyper 2012; Dalton 2007).

> **Teste**
>
> Examine diversas versões da história de Jonas nas Bíblias ou nas animações para crianças. Qual é o foco e onde estão as lacunas nesta versão de Jonas? Onde termina a história e como isto molda a maneira de entender a mensagem do livro?

A representação de antigos personagens da Bíblia e o processo de envelhecimento são também mais nuançados e diversos do que poderíamos esperar. Ao lado do crescente interesse pela experiência do envelhecimento em relação à fé, por exemplo mediante a obra de Richard Rohr (2012), podemos perguntar se existem compreensões a serem extraídas da Bíblia. Assim como a descrição das crianças, personagens mais velhos são também retratados como vulneráveis e passando necessidade, à mercê dos membros da família ou de estrangeiros. Assim, por exemplo, lemos a respeito de um Isaac cego e idoso, que é enganado por sua esposa Rebeca e por seu filho Jacó (Gn 27). Mas encontramos também personagens como Ana e Simeão, cuja idade lhes confere sabedoria e conhecimento (Lucas 2). Leitores mais velhos podem sentir atração por textos que exploram a reconciliação e a bênção na última parte da vida, por exemplo a reconciliação de José com seu pai e com os irmãos (Gn 46,28-30).

Apesar da permanente capacidade da Bíblia de testemunhar a natureza mutante da experiência humana, a avaliação bíblica de diferentes acontecimentos da vida pode diferir da compreensão de situações semelhantes por parte dos leitores contemporâneos. Já não podemos mais aceitar as interpretações culturais da Bíblia. Os filhos não podem ser entendidos como uma recompensa ou a esterilidade como uma maldição. Poucas pessoas na sociedade secular ocidental consideram a deficiência resultado do pecado. Enquanto leitores, portanto, precisamos contornar as atitudes culturais da narrativa a fim de deixá-la falar para o contexto de hoje.

A consciência de seu estado físico e mental deveria ajudar os leitores a questionar métodos de exclusão praticados no contexto bíblico e empregados hoje. A pandemia do HIV/AIDS criou novas leituras dos textos bíblicos. Enquanto algumas Igrejas excluíram pessoas portadoras de AIDS, rejeitando-as como pecadoras, outras adotaram como modelo de engajamento a preocupação especial de Jesus com os leprosos, explorando textos de cura e integração na comunidade, e a necessidade de vozes proféticas para questionar a pobreza, a violência e a exclusão que causam e acompanham esta crise da saúde (Dube 2003). Existe outro exemplo dessa leitura na seção sobre a globalização. Outro exemplo: as leis de pureza do Levítico deveriam alertar os leitores sobre os perigos de exigir perfeição física e capacitá-los a questionar o "fascismo do corpo" e o fascínio pelo belo da sociedade ocidental. No mesmo livro, os leitores podem observar o preceito de que as pessoas com deficiências devem ser cuidadas na sociedade (Levítico 19,14; Stewart 2017a, p. 86-87). E em outros lugares os leitores deveriam prestar atenção à tradição que prefere uma pessoa mais jovem, mais fraca ou deficiente aos heróis óbvios: por exemplo, o jovem Davi é a escolha-surpresa na busca de um novo rei (1Sm 16). O que esta tradição sugere aos leitores do texto?

Os leitores de contextos culturais diferentes podem também ter repostas diferentes às histórias de curas presentes na Bíblia. Ao ler a história do homem com a mão atrofiada (Marcos 3,1-6), Tiffany e Ringe sugerem que os leitores ocidentais cultos apliquem sua cosmovisão médica e científica à história e sejam céticos quanto à natureza milagrosa do acontecimento. Sua leitura se torna uma busca de uma explicação racional. No entanto, os leitores de contextos onde é praticada a medicina tradicional são geralmente mais receptivos à história e fazem conexões entre ela e os métodos de cura praticados em sua própria comunidade.

Podemos encontrar na Bíblia personagens com incapacidade tanto temporária quanto permanente, personagens como Mefisboset (Meribaal) (2Sm 4,4) e o servo sofredor, cuja deficiência é muitas vezes negligenciada (Schipper 2011). Estes personagens continuam a desempenhar um papel ativo na vida da comunidade. Além disso, talvez não seja acidental que as prescrições legais no tocante aos corpos (em Levítico, Números e Deuteronômio) estejam situadas numa narrativa que retrata um trio de irmãos deficientes: Moisés, Aarão e Míriam. A dificuldade de fala de Moisés o leva a apoiar-se em Aarão; Aarão, um sacerdote cujo corpo precisa continuamente ser purificado ritualmente; e Míriam sofre de uma doença da pele (Stewart 2017a, p. 79-82, 85-86). Rompem estes personagens alguns dos limites estabelecidos pelos códigos legais? Numa reinterpretação radical do significado da incapacidade na Bíblia, Sharon Betcher pergunta se a claudicação e outras deficiências podem ser entendidas como resultado de conflitos e escravidão e, portanto, se é possível entender a circuncisão como um ato de solidariedade para com os feridos (Betcher 2007; cf. tb. Raphael 2014, p. 215-216).

Pessoas portadoras de deficiência proporcionaram novos discernimentos nesta passagem e em outras. Alguns defenderam a necessidade de sentir orgulho de seu estado físico e dos discernimentos únicos que ele oferece. Por exemplo, John Hull reflete sobre as compreensões que sua cegueira lhe deu como leitor da Bíblia em seu livro *In The Beginning There Was Darkness: A Blind Person's Conversations with the Bible* (2001a). Em outro lugar Hull analisa o impacto de ficar sabendo que Jesus tem os olhos vendados enquanto é zombado e espancado pelos soldados romanos (Lucas 22,63-65): o "salvador que vê" tornando-se por um momento seu "irmão cego" (Hull 2001b).

Finalmente, as pessoas com deficiência podem questionar os pressupostos do narrador de que a meta para cada indivíduo é ser fisicamente capaz (Tiffany & Ringe 1996, p. 182-183). Jennie Weiss Block observa: "Às vezes as pessoas com deficiência têm a sensação de serem objetificadas nas passagens da Escritura que falam da deficiência, como se o único objetivo a que servem é serem curadas (Block 2002, p. 105). Block e outros questionam a tradição de cura na Igreja que pode levar a juízos sobre a fé de uma pessoa doente se ela não ficar curada. Ela argumenta que o foco principal do ministério de Jesus era restabelecer a integridade das pessoas e não as tornar fisicamente melhores. Block observa também como as feridas de Jesus não são removidas em seu estado de ressuscitado: "Ele mostrou suas cicatrizes publicamente e sem vergonha, porque eram, e continuam sendo, um sinal de sua humanidade e da plenitude de sua experiência de vida" (Block 2002, p. 109). Como um exemplo a mais, Elizabeth Lain Schell, em sua leitura imaginativa de Lucas 13,10-17, sugere que a mulher encurvada da história se tornou assim por causa de seu atento cuidado para com a comunidade local e, uma vez curada, lamentou a perda de sua proximidade ao chão. Nesta leitura, a mulher conta sobre sua cura:

> Estou feliz por estar novamente ereta, feliz por olhar além de minha casa, feliz por olhar além das colinas [...], por sentir a luz do sol em meu rosto. Mas estou feliz por sentir meus pés sobre o chão. Feliz por lembrar-me de olhar para o chão de vez em quando e enxergar as coisas que me cercam. [...] Estive aqui, encurvada ou ereta, olhando para Deus de acordo com minhas diferentes maneiras de olhar (Schell 1998, p. 52).

Teste

Leia um texto inteiro sobre o qual você está trabalhando e anote as maneiras como você imagina que sua interpretação é afetada por seu estado físico e mental. O que está oculto? Quais aspectos do texto são enfocados? Qual conversação sobre este texto você gostaria de ter com alguém de idade, capacidade ou estado de saúde diferentes?

Status *socioeconômico e compromissos políticos*

Teste

Descreva seu *status* social e sua situação econômica. Quais são suas crenças políticas e seus compromissos? Em sua opinião, como estes traços de sua identidade afetam a leitura que você faz da Bíblia?

Já analisamos como, de acordo com teólogos da libertação como Elsa Tamez, "os pobres descobrem que a Palavra reafirma de maneira clara e direta que Deus está com eles em sua lua pela vida" (Tamez 1995, p. 50). Além disso, observamos como os teólogos da libertação defendem que a leitura a partir das margens nos possibilita ver coisas ocultas aos que estão mais próximos dos centros de poder. Consideramos também como a política e a ideologia moldaram o uso da Bíblia ao longo dos séculos. Voltamos nossa atenção agora para alguns exemplos ulteriores que mostram como estas realidades podem impactar nossa leitura.

O contexto socioeconômico impacta inevitavelmente a maneira como lemos a Bíblia: por exemplo, os leitores que se enredaram num ciclo de dívidas, talvez através de cortes de benefícios por parte do governo e empresas de crédito irresponsáveis, podem ser mais capazes de entender o desespero dos devedores que caracteriza uma das parábolas de Jesus (Mateus 18,21-35). Houve muito trabalho realizado para recuperar a realidade socioeconômica da Bíblia, a fim de ajudar a prevenir leituras errôneas do texto. Analisaremos estes métodos interpretativos no capítulo 5.

Políticos de todos os quadrantes valorizam a Bíblia e até se referem a ela em apoio de suas políticas (contrárias). Alguns veem na Bíblia um estímulo a ser autoconfiantes e focados na família, enquanto outros observam a preocupação por uma sociedade justa e solidária presente em toda parte. Os argumentos políticos sobre a relação entre responsabilidade pessoal e responsabilidade social moldam a leitura do texto. Por exemplo, a Aliança Evangélica utiliza uma série de textos bíblicos para apresentar sua visão de uma sociedade amorosa, justa, confiável e livre, vendo na Bíblia ensinamentos sobre coesão da comunidade, integridade política e liberdade de expressão religiosa (Evangelical Alliance 2017). Adotando uma abordagem um tanto diferente, a Joint Public Issues Team – JPIT (Equipe Conjunta de Questões Públicas), que coordena o trabalho de política social de diversas Igrejas não conformistas na Grã-Bretanha, utiliza uma série de textos bíblicos para investigar a necessidade de reforma habitacional e concessão de moradias melhores para os vulneráveis da sociedade. Baseando-se tanto em Mateus 6,25-27 como em Isaías 65,21, o relatório observa: "A visão que a sociedade tem de Deus é a visão de uma sociedade na qual todos recebem cuidado e sustento, e não uma sociedade na qual alguns colocam suas necessidades e prioridades acima do bem-estar de todos" (JPIT 2017, p. 6).

> **Teste**
>
> Leia Mateus 22,1-14, a parábola da festa de casamento. Como as convicções políticas de um leitor podem influenciar sua leitura desta parábola? Você pode pensar nas diferentes interpretações que podem ser apresentadas por um monarquista, um republicano, um membro das forças militares ou um pacifista. Por que, em sua opinião, alguns intérpretes evitam utilizar a expressão "reino de Deus"?

A acumulação e a posse de riquezas são consideradas de várias maneiras na Bíblia, com diferentes vozes e perspectivas entrelaçadas no texto. Mesmo num único livro existe debate sobre as causas da pobreza e a resposta apropriada aos que passam necessidade. Em Provérbios, um livro que apresenta uma grande quantidade de instruções sobre a vida e as relações cotidianas, a pobreza é considerada tanto um sinal de indolência quanto de virtude; uma ocasião para justiça e para obras de caridade (Pr 6,10-12; 14,23; 15,15-17; 19,1; 31,9.19-21).

Para analisar mais extensamente alguns destes temas, considere como uma pessoa com segurança financeira poderia ler a história do encontro de Jesus com o jovem rico (Marcos 10,17-22). Um leitor endinheirado pode ser profundamente questionado por esta história. A doutrina de Jesus sobre a riqueza é coerente ao longo dos evangelhos: as riquezas impedem o discipulado de uma pessoa. O leitor rico pode refletir sobre como sua riqueza afeta sua jornada de fé. Como sua riqueza possibilitou-lhe ou impediu-o de viver corretamente diante de Deus?

No entanto, a estudiosa americana Sondra Ely Wheeler argumenta que o Novo Testamento não é contra a riqueza. Mais exatamente:

> A riqueza material é problemática porque é muitas vezes um obstáculo à observância do evangelho; é perigosa porque é uma tentação a cair no pecado da idolatria; é suspeita porque é frequentemente o resultado da injustiça social ou o meio para chegar a ela; finalmente, sua distribuição é uma questão de grande peso moral, já que a resposta às necessidades humanas é um sinal do advento do reino de Deus e do amor que identifica os verdadeiros seguidores de Jesus (Wheeler 1995, p. 134).

Wheeler sugere que, se estes interesses são enfrentados adequadamente, não há razão para os ricos não serem verdadeiros seguidores de Cristo. No entanto, ela mostra a importância fundamental de compartilhar os recursos na Igreja primitiva e admoesta as comunidades ricas a levar a sério este modelo de ser Igreja.

> **Teste**
>
> Leia um texto inteiro sobre o qual você está trabalhando e anote as maneiras como você imagina que sua interpretação é afetada por seu *status* socioeconômico e compromissos políticos. O que está oculto? Quais aspectos do texto são enfocados? Qual conversação sobre este texto você gostaria de ter com alguém pertencente a um *status* socioeconômico ou visões políticas diferentes?

Tradições denominacionais, espirituais e teológicas

> **Teste**
>
> Se você pertence a uma comunidade de fé, descreva sua identidade denominacional e as tradições espirituais e teológicas que moldaram você. Como, em sua opinião, estes traços de sua identidade afetam sua leitura da Bíblia?
>
> Embora esta seção se limite a denominações e tradições cristãs, os leitores judeus serão moldados por sua pertença a diversos movimentos (como o judaísmo ortodoxo, reformado e liberal) e pela familiaridade com um leque de tradições espirituais e teológicas de interpretação. Os leitores da Bíblia provenientes de outras tradições espirituais ou de crença trarão seus próprios pressupostos e abordagens do texto, o que analisaremos no capítulo 5 ao examinar o raciocínio bíblico.

A atitude dos cristãos no tocante à Bíblia já não está dividida de acordo com linhas denominacionais, com cada denominação abrangendo um amplo leque de perspectivas teológicas. Os cristãos podem mudar de denominação com tanta frequência como mudam de congregação ou frequentam simultaneamente serviços em igrejas de denominações diferentes. Assim, a identidade denominacional se tornou menos importante, pelo menos no Reino Unido. No entanto, a tradição e a cultura denominacional pode ainda moldar atitudes no tocante à Bíblia e a textos-chave nela presentes. Levar em consideração as atitudes denominacionais no tocante à Escritura aumenta a consciência dos leitores a respeito das interpretações de um texto aceitas numa comunidade de fé e se desejam questioná-las.

Embora todas as principais denominações cristãs considerem a Bíblia autoritativa, elas diferem na maneira de relacionar a Bíblia com outras fontes de conhecimento. Os católicos dão grande ênfase à doutrina (tradição) da Igreja ao lado da Escritura. As tradições reformadas proclamam a *sola Scriptura*, embora isto não impeça os protestantes de levar a Bíblia a dialogar com a tradição da Igreja e com a razão humana. Como um exemplo disso: o pensamento metodista foi comparado a um móbile que tem a Bíblia no centro e os três outros elementos do quadrilátero de Wesley (experiência, tradição e razão) suspensos ao redor da Bíblia. Para o teólogo metodista Tom Greggs a Bíblia é um texto que é primeiramente ouvido e interpretado no contexto da congregação, mediante pregação, canto e oração, mas cuja leitura permanece profundamente pessoal (Greggs 2016, p. 79). Os leitores precisam levar em consideração estas compreensões da Bíblia como uma fonte de revelação e reconhecer como elas impedem ou possibilitam o diálogo com o texto.

Para os pentecostais a Bíblia está repleta da palavra potente e transformadora de Deus. Os membros das Igrejas pentecostais da Grã-Bretanha geralmente trazem sua própria Bíblia para os cultos da Igreja, seguindo de perto tanto a passagem quanto o pregador. Há um profundo conhecimento da Bíblia, obtido através de devoções privadas, estudo da Bíblia em pequenos grupos, pregação, canto e ministério. Os cristãos pentecostais falam muitas vezes da importância de ser guiado pelo Espírito Santo em sua interpretação de uma passagem, bem como da necessidade de checar nossas compreensões com a comunidade de fé mais ampla (Bradshaw 2013, p. 58-59; Archer 2009, p. 260, 264). A interpretação pentecostal da Bíblia está marcada pela abertura à poderosa presença e ação de Deus no mundo e por um desejo de ouvir como o texto fala para a vida dos leitores (Davies 2009, p. 219-220, 224). Para os membros da geração Windrush e para as gerações subsequentes de pentecostais negros, a Bíblia serviu como um texto de sobrevivência, que oferece conforto e estímulo que os apoiam diante do racismo institucional. Em resumo, Cheryl Bridges Johns descreve como o testemunho dos crentes é posto ao lado do texto bíblico, em atitude de abertura ao impulso do Espírito Santo e com um desejo de responder na ação (Johns 1998, p. 139-140).

Cada tradição cristã tem mais estima por alguns textos do que por outros. Estes são textos que foram constitutivos na formação da identidade da denominação. A tradição reformada é profundamente influenciada pela carta de Paulo aos Romanos, por causa de sua importância no desenvolvimento da doutrina da justificação pela fé feita por Lutero. Não causa surpresa que os pentecostais confiem, para formar sua própria autocompreensão, na história da fundação da Igreja mediante a vinda do Espírito Santo (Atos 2). A identidade católica está embutida no fato de Jesus confirmar Pedro como a rocha sobre a qual a Igreja está fundada (Mt 16,17-19).

No interior de cada denominação e de cada tradição, os credos, as confissões e as doutrinas teológicas causam um enorme impacto nas leituras de um texto, embora isso muitas vezes não seja reconhecido (Stackhouse 2004, p. 188). Walter Brueggemann sugere que os reformadores protestantes lutaram com o texto bíblico a partir do dogma controlador da Igreja, procurando descobrir o que foi dito na Bíblia acerca de Deus e da fé, e não o que a Igreja ensinava que se devia dizer (Brueggemann 1997b, p. 2). No entanto, este momento de emancipação não foi mantido e, pelos argumentos teológicos dos próprios reformadores, chegou-se a uma abordagem interpretativa mais aberta. Um compromisso prévio de defender a doutrina da Igreja pode impedir-nos de levar a sério textos que questionam essas reivindicações. Brueggemann adverte: "Alguns dos aspectos mais interessantes e mais tocantes do Antigo Testamento não se harmonizam com a teologia da Igreja ou não se subordinam facilmente a ela" (Brueggemann 1997b, p. 106). Uma proposta semelhante é feita por Tom Greggs, que critica os esforços por suavizar as complexidades da Bíblia em prol da clareza doutrinal (Greggs 2016, p. 83-84).

Mudanças ocorridas na Igreja também impactaram as leituras bíblicas. Por exemplo, novas leituras de passagens relativas à Igreja primitiva surgiram a partir de padrões mutantes de ministério. O relatório apresentado à Conferência Metodista Britânica (2004) sobre o diaconato ilustra como as compreensões em curso desse ministério levaram a uma revisão das interpretações tradicionais de uma palavra bíblica. Embora o ministério de diácono estivesse tradicionalmente associado ao serviço humilde, interpretações mais recentes sugerem que os diáconos no Novo Testamento tinham também um papel de embaixadores, atuando como construtores de pontes e provocando mudanças (The Methodist Church 2004, p. 4.5). Neste exemplo, a eclesiologia influenciou a maneira como uma passagem é lida, desafiando traduções há muito tempo aceitas de uma palavra, numa tentativa de liberar novas formas de ministério no mundo.

Concluímos esta seção com uma breve palavra sobre como as tradições espirituais impactam nossa leitura da Bíblia. Richard Foster (1999) identifica seis grandes tradições espirituais no cristianismo: contemplativa, de santidade, carismática, de justiça social, evangélica e encarnacional. No capítulo 5 consideraremos como práticas espirituais como a *Lectio Divina* podem embasar nosso compromisso com a Bíblia. Por ora, consideremos como uma espiritualidade que coloca a santidade em seu cerne pode moldar a interpretação de uma passagem bíblica. O metodismo foi por muito tempo influenciado por um desejo de santidade espiritual e social; e um recente projeto desenvolvido pelo Circuito Metodista de Birmingham visa estimular "santos hábitos" (baseado numa leitura de Atos 2,42-47), inclusive o estudo regular da Bíblia. O estudo da Bíblia em pequenos grupos está inserido num contexto mais amplo de discipulado e missão. Ler a Bíblia é entendido como algo formativo: tanto a própria prática quanto as passagens estudadas.

> **Teste**
>
> Leia um texto inteiro sobre o qual você está trabalhando e anote as maneiras como você imagina que sua interpretação é afetada por sua identidade denominacional e por sua teologia e espiritualidade apropriadas. O que está oculto? Quais aspectos do texto são enfocados? Qual conversação sobre este texto você gostaria de ter com alguém pertencente a uma tradição denominacional, teológica ou espiritual diferente?

Lendo nossos contextos

Esta seção examina como a interpretação bíblica é influenciada por nosso contexto, por nossa localização no mundo e também por quem somos. Por localização entendemos não só o lugar geográfico, mas também, em sentido mais amplo, nosso contexto social, econômico e político. Nesta seção, começamos analisando como podemos prestar atenção ao nosso contexto, examinando suas relações e sua dinâmica, a fim de descobrir compreensões e questões relevantes a serem trazidas para o diálogo com o texto bíblico. Toda interpretação bíblica é contextual: cada leitor e cada comunidade leitora estão localizados num determinado contexto. No entanto, nos últimos decênios houve maior reconhecimento e interesse pelo impacto que o contexto causa sobre a forma, o objetivo e o resultado da interpretação bíblica.

A análise social como recurso para os estudos bíblicos

A fim de falar de forma coerente e significativa enquanto intérpretes bíblicos, precisamos tentar compreender o contexto para o qual interpretamos. Podemos pensar, por exemplo, sobre que tipo de apoio uma Igreja local deveria oferecer a uma família na qual o arrimo de família perdeu o emprego devido ao fechamento de uma fábrica local. A Igreja precisaria ter alguma noção das questões sociais e econômicas, como padrões globais de emprego, previdência social e ofertas públicas, requalificação e trabalho regular. A comunidade deveria então ser mais capaz de fazer a narrativa bíblica (doutrina e histórias sobre trabalho e comunidade) dialogar com sua realidade social contemporânea.

Joe Holland e Peter Henriot definem a análise social como "o esforço para obter um quadro mais completo de uma situação social, explorando suas *relações históricas e estruturais*. A análise social serve como instrumento que nos permite captar a realidade com a qual estamos lidando" (Holland & Henriot 1983, p. 15). Eles observam ainda que esta análise pode enfocar determinadas questões, políticas ou estruturas subjacentes. A análise social leva em consideração a ordem política, os sistemas econômicos e os fundamentos culturais. Ela pode também considerar como o contexto social mudou ao longo do tempo e quais conclusões podemos tirar a respeito da possível configuração dos desenvolvimentos sociais futuros.

Uma das diferenças fundamentais entre a teologia da libertação e a teologia clássica é que a teologia da libertação toma como ponto de partida a ação no mundo em vez da reflexão ou da teoria. Com efeito, a *Teologia da libertação* de Gustavo Gutiérrez foi duramente criticada por estar demasiadamente preocupada com a análise social e não com os temas teológicos tradicionais. Para Gutiérez a reflexão teológica é o "segundo passo", que só pode ocorrer após um compromisso ativo com o mundo ou a práxis. Os teólogos contextuais continuam hoje a explorar sua realidade cotidiana como um ponto de partida viável para suas reflexões teológicas.

> **Teste**
>
> Examine uma publicação ou o website de uma das seguintes organizações para ver como os teólogos utilizam a experiência, o diálogo e a análise social como base para a reflexão teológica:
> Church Urban Fund; Círculo de Teólogas Africanas Conscientes; Conselho para a Missão Mundial; Conselho Mundial de Igrejas.

Como, portanto, lemos corretamente os "sinais dos tempos" (uma expressão popularizada pelos teólogos latino-americanos da libertação)? Quais habilidades precisamos adquirir a fim de fazê-lo? O método ver-julgar-agir, usado pelos teólogos da libertação, surgiu dos movimentos sociais católicos na década de 1960. Começa prestando atenção a uma situação (utilizado às vezes os instrumentos da análise social, como entrevistas e outros métodos de coleta de dados). A esta observação segue-se a avaliação e a reflexão crítica, muitas vezes através de uma lente específica, como questões econômicas ou de justiça de gênero. Finalmente se requer uma resposta ativa a fim de possibilitar a mudança social. Enquanto os teólogos da libertação utilizaram inicialmente a teoria marxista para sua análise, os teólogos sociais contemporâneos não se atêm a um único método de análise social.

Se isto soa muito complicado, tomemos um exemplo simples de observação, análise e ação social (neste caso ambiental). O livro de Jansson *The Summer Book* (primeira publicação 1973) registra a relação entre uma mulher idosa e sua neta de seis anos passando o verão numa pequena ilha no Golfo da Finlândia. No extrato seguinte temos um exemplo de análise detalhada do meio ambiente natural e do impacto humano sobre ele:

> Com exceção da floresta mágica, a ilha tornou-se um parque pacato e belo. Elas a arrumaram até o menor graveto enquanto a terra ainda estava enxarcada com a chuva da primavera e, depois disso, não se desviaram das trilhas estreitas que atravessavam o carpete de musgo que aflorava de um granito a outro e desciam até a praia de areia. Só os agricultores e os hóspedes de verão andavam sobre o musgo. O que eles não sabiam – e não se pode repetir demais – é que o musgo é terrivelmente frágil. Pisando nele uma vez, ele brota na próxima estação da chuva. Na segunda vez ele não volta a crescer. E quando se pisa nele, pela terceira vez, o musgo morre (Jansson 2003, p. 28-29).

Uma observação atenta e um compromisso com o bem-estar da ilha possibilitou às protagonistas emitir juízos sobre as ações dos agricultores e dos hóspedes e modificar seu próprio comportamento de acordo.

Começando com uma observação

Toda análise social começa com uma observação atenta. Prestar atenção ao mundo que nos cerca é algo que todos nós fazemos, mas muitas vezes sem reparar ou nos dar conta da maneira como isso molda nossa leitura do texto bíblico.

> **Teste**
>
> Pense no seu dia até agora. Anote cinco palavras que dão um instantâneo de sua realidade cotidiana. Qual diferença pode fazer o falar a partir de sua experiência e ambiente cotidianos para a maneira como você lê a Bíblia?

Vejamos um exemplo. Ao preparar um sermão para a Epifania, Rachel começou a considerar como a história dos magos poderia ser tornada visível no contexto local dela: um conjunto habitacional da década de 1950. Observando que a igreja na borda do conjunto habitacional se chamava Bom Pastor e tinha uma única estrela no topo da torre, ela começou a reparar outras maneiras como a história se torna manifesta no seu contexto local, observando:

> Nas janelas das casas do conjunto habitacional, resplandece o velho ouro dos Wolves. Triunfos conseguidos com dificuldade, tesouros procurados por longo tempo. Vinde celebrar conosco – eles proclamam.
>
> No consultório do médico, com seu relógio dente-de-leão, as pessoas trazem suas doenças e medos, buscando respostas e o bálsamo da cura. Suas orações sobem como incenso.
>
> Na sacola do carteiro, cartões de Natal trazem notícias do ano que passou. Saudações reescritas, grupos de família transformados. Lamentamos os que precisamos deixar para trás no ano velho. No entanto, nossa tristeza e ação de graças nos acompanham ao cruzar o limiar.

> E no ônibus da hora do almoço jovens mães, avôs e cuidadores arrumam as crianças no colo, com o rosto escondido em capuzes peludos e chapéus. E, com um só coração, inclinamo-nos, com alegria e admiração, para ver de relance estes pequenos tesouros.

Existe aqui um estímulo a prestar atenção tanto ao contexto quanto a texto bíblico; a ver as conexões entre os dois, em pequenos detalhes e grandes temas. Um método para prestar atenção, cada vez mais popular entre os teólogos, é o da etnografia. Mary Clark Moschella descreve a etnografia como imersão na vida das pessoas, mediante cuidadosa escuta e observação, a fim de criar um relato narrativo de uma determinada experiência vivida (Moschella 2008, p. 4). A etnografia reconhece a importância das histórias: como nós as moldamos e como somos moldados por elas (Moschella 2008, p. 5). Escrever a história de um povo ou de uma cultura requer estar presente nessa comunidade ou contexto e, além disso, estar atento a nós mesmos enquanto contadores de histórias (Moschella 2008, p. 25, 31). Estudos congregacionais (Cameron et al. 2005; Tubbs Tisdale 1997) servem-se de métodos semelhantes para explorar a configuração, a estrutura e a história das comunidades da Igreja local.

Uma figura sobressai como essencial para desenvolver um método de observação e avaliação socialmente comprometidas. Paulo Freire foi um educador brasileiro influente, cujas ideias (esboçadas em *Pedagogia do oprimido*, 1ª edição 1968) foram testadas durante programas de alfabetização em comunidades rurais. Freire observou como as pessoas locais com quem trabalhava haviam perdido a confiança em sua capacidade de avaliar sua realidade:

Chamam-se a si mesmos de ignorantes e dizem que o "professor" é aquele que tem conhecimento e ao qual devem ouvir. [...] Quase nunca se dão conta de que também eles "conhecem coisas" que aprenderam em suas relações com o mundo e com outras mulheres e homens (Freire 1993, p. 45).

Por isso ele desenvolveu um método de educação que capacitava os participantes a descrever sua realidade e proporcionar assim os recursos básicos para sua própria educação. O método de Freire realça a importância de começar com a experiência vivida. Isto significa que nossa análise de uma situação deve começar com aqueles que nela vivem, perguntando-lhes a respeito de suas esperanças, preocupações e interesses. O passo seguinte consiste em identificar padrões emergentes entre a experiência de cada indivíduo. O grupo é então ajudado a enxergar padrões sociais mais amplos e seu impacto (conscientização) que os empodera para trabalhar por mudança social.

Embora haja muitas habilidades e instrumentos especializados envolvidos na análise social acadêmica, isto não nos impede de tentar por conta própria. Podemos começar com a observação cuidadosa e ponderada de uma situação mediante nossas próprias experiências e mediante o diálogo com os outros. É evidente que outros recursos, como resultados de recenseamentos, registros locais e análises sociais realizados por diferentes organizações ou acadêmicos, são muito valiosos, quando disponíveis, para complementar nossas observações. Existem também diversos livros sobre teologia prática que contêm orientações sobre pesquisa social, por exemplo: *The Wiley-Blackwell Companion to Practical Theology* (2012).

A seguinte listagem fornece algumas áreas iniciais para consideração quando se tenta ler uma situação:

Contexto ambiental

- Sistemas ecológicos.
- Acesso à água, à terra e à alimentação.
- Fontes de energia e produção, inclusive o desenvolvimento de métodos alternativos.
- Mudanças ambientais: destruição, proteção, restauração.
- Mudanças climáticas e impacto, inclusive migrantes ambientais e refugiados climáticos.

Contexto social

- Demografia (composição e distribuição da população), inclusive padrões de mudança (em equilíbrio de gênero, mistura étnica, idade etc.) e relações.
- Migração, padrões, causa e impacto de enviar e receber comunidades.
- Características e relações entre áreas urbanas, rurais e suburbanas.
- Processo judicial, segurança, crime e castigo.
- Oferta de moradia e nível de falta de moradia.
- Oferta, acesso e modelos de educação.
- Saúde e assistência médica.
- Produção de alimentos e padrões de alimentação.

Contexto econômico

- Estruturas, sistemas e filosofias econômicas.

- Saúde econômica e disponibilidade e distribuição dos recursos: naturais, financeiros e humanos.
- Distribuição da riqueza, diferença entre ricos e pobres e número de pessoas que vivem abaixo da linha de pobreza.
- Emprego, subemprego e desemprego; níveis médios salariais; relação de poder entre trabalhadores, administração, proprietários ou acionistas.

Contexto político

- Processo político e legislação.
- Espectro político.
- Ideologia dominante.
- Prática de *lobby* e grupos de apoio jurídico.
- Nível de democracia e liberdade de expressão.
- Distribuição de poder social e de influência.
- Políticas de inclusão ou exclusão; direitos humanos.

Contexto cultural

- Valores dominantes, práticas culturais e formadores de opinião.
- Posse e produção de mídia, mídia social e redes.
- Presença e influência religiosa; diversidade religiosa, conflito e diálogo.
- Diversidade cultural e volume de diálogo entre diferentes grupos sociais.
- Arte e expressão.
- Esporte e recreação.
- Periferias ou subculturas; grupos excluídos; definição de antissocial ou contracultural.

Da descrição (ela própria uma forma de análise) passamos à análise social dos sistemas e dinâmicas subjacentes (Cimperman 2015, p. 80). Holland & Henriot (1983, p. 98-100) apresentam um método de análise social para os teólogos: em primeiro lugar, mapear o desenvolvimento e a mudança social; em seguida, análise das estruturas subjacentes de uma situação; e, por fim, imaginar o desenvolvimento futuro e a mudança social.

Existem diversos recursos disponíveis para ajudar-nos a desenvolver nossa consciência social e começarmos a ser capazes de ler uma situação. O método avaliativo tende a arraigar-se em determinadas ideologias (como a análise marxista), que determinam sua maneira de interpretar os dados sociais e as mudanças sociais e os objetivos que eles defendem. Os teólogos, inclusive os estudiosos bíblicos, também desejam refletir sobre a situação, utilizando temas teológicos (por exemplo: pecado, salvação, graça) e recursos bíblicos (textos bíblicos, liturgia, tradições teológicas etc.) para avaliar o contexto. Um teólogo pode perguntar como um sistema econômico ou político possibilita que todos sejam considerados seres humanos feitos à imagem de Deus. Ou pode perguntar se uma política ambiental permite o desabrochar de toda a criação de Deus.

Depois de gastar tempo observando, mapeando e analisando nosso contexto, o que fazer? Como a análise contextual embasa nossa leitura do texto bíblico?

Como exemplo, recorremos ao livro de Rachel *Reimagining Theologies of Marriage* (2018), que analisa como as experiências de violência doméstica sofrida pelas mulheres questionam a imagem idealizada do matrimônio apresentada muitas vezes pela Igreja. Rachel constrói um quadro da experiência de violência doméstica sofrida pelas mulheres, passando algum tempo com grupos de mulheres e ativistas locais e também examinando as estatísticas e estudos sociocientíficos (observação). Ela utiliza conhecimentos provenientes de outros pesquisadores e ativistas para desenvolver sua compreensão dos padrões de comportamentos violentos (análise). Baseando-se em trabalhos anteriores de estudiosos como Renita Weems (1995), ela examinou as metáforas proféticas do matrimônio no livro de Oseias a partir da perspectiva do trabalho que visa prevenir a violência doméstica. Recompondo o texto dessa maneira, ela conseguiu identificar como Oseias apresenta Deus como um perpetrador masculino de violência doméstica, motivado talvez por um desejo de provar sua masculinidade diante de outros deuses. Isto lhe possibilitou perguntar o que este Deus pode precisar fazer a fim de recuperar-se da violência, observando:

> Nestes textos proféticos, Deus exerce a masculinidade mediante a violência, talvez para provar sua masculinidade diante dos líderes do antigo Israel, ou mesmo diante de seus rivais – outros deuses masculinos. Lendo estes textos ao lado da pesquisa relativa aos perpetradores masculinos de violência doméstica, o processo de reabilitar este Deus esposo parece complexo. O esposo ciumento precisa aprender a comunicar-se de uma maneira que seja mútua e respeitosa (permitido que Gomer, Sião e outras figuras metafóricas femininas falem e atuem por si mesmas); ele precisa parar de exercer a violência sexual e física; e precisa desenvolver sua consciência tanto dos outros quanto de si mesmo (Starr 2018, p. 77).

> **Teste**
>
> Identifique três aspectos-chave do contexto em que você vive. Quais recursos podem ajudá-lo a analisar seu contexto? Quais conexões você identifica com o texto bíblico (por exemplo, fome, corrupção, acesso a moradia adequada)?

Lendo a Bíblia num contexto global

Qualquer análise de nosso contexto social, embora breve, precisa mencionar a globalização – um fator determinante em nossa realidade contemporânea. Obras de caridade como Christian Aid e CAFOD (Catholic Agency for Overseas Development) definem a globalização da seguinte maneira:

> A globalização é um processo de crescente interconexão de indivíduos, grupos, empresas e países. As mudanças tecnológicas, econômicas e políticas que aproximaram mais as pessoas produziram também sérias preocupações sobre as condições dessa integração. Estas preocupações foram produzidas pela percepção de que, embora a globalização tenha proporcionado benefícios a alguns, não proporcionou benefícios a todos. Parece que os benefícios chegaram aos que já têm mais, enquanto muitos entre os mais pobres não conseguiram beneficiar-se plenamente e alguns se tornaram até mais pobres (Green & Melamed 2000, p. 1).

Como evidência da ainda crescente disparidade, a Oxfam observou em 2019: "Sete entre dez pessoas vivem em países onde a distância entre ricos e pobres é pior do que há trinta anos".

Num mundo globalizado lemos a Bíblia a partir de uma perspectiva global – nossa localização é o mundo todo. Isto não significa que é possível fazer uma leitura da Bíblia que sugere que todas as pessoas têm a mesma experiência como a minha. Viver no mundo como um cidadão global aumenta realmente a necessidade de ser específico acerca da localização social e econômica. Nós nos tornamos extremamente conscientes das grandes diferenças entre os habitantes do mundo. Por isso, precisamos entender qual é nossa relação com os outros, reconhecendo ao mesmo tempo os elos comuns e, por isso, nossos interesses comuns.

> **Teste**
>
> Identifique uma determinada preocupação ambiental (como mudanças climáticas, desmatamento, acesso à água potável) e então leia Gênesis 1 através dessa lente. Que resposta você tem a dar ao texto, ao focalizar a realidade de sua localização ambiental? Examinamos a crítica ecológica no capítulo 5.

Apresentamos para esta seção dois exemplos sobre ler a Bíblia atentos ao contexto global. Em primeiro lugar, consideramos o impacto da pandemia da AIDS sobre a leitura da Bíblia. Observamos acima a obra de Musa Dube, que traz para a Bíblia questões de gênero, cura, sexualidade e comunidade tais como surgem no contexto moldado pela HIV/AIDS. Escrevendo a partir de Botswana, Dube comenta:

> Talvez a hermenêutica do HIV e da AIDS possa ser resumida como relacionada a um mundo infectado e afetado por uma doença infecciosa, incurável, mortal e estigmatizada, que fun-

> ciona através da injustiça social. A busca por cura – a cura dos nossos corpos e das nossas relações sociais – é uma peça-chave para esse contexto. [...] Para os estudiosos bíblicos, a pergunta nesse contexto é: Diz a Bíblia alguma coisa sobre doenças infecciosas, incuráveis e mortais, que são apoiadas pela injustiça social e evocam estigma e discriminação por parte do público mais amplo? Como construímos comunidades e relações de cura? (Dube 2010, p. 220).

Em seu artigo "Reading the Bible in the Light of HIV/AIDS in South Africa", Gerald West se baseia na experiência de grupos populares de estudo da Bíblia frequentados por pessoas portadoras de HIV. West observa como até mesmo a escolha da passagem pelo grupo é afetada por sua situação:

> O grupo geralmente escolhe textos nos quais Jesus fala e/ou age contra as visões predominantes da sociedade. Em outras palavras, os textos escolhidos para o estudo da Bíblia tendiam a ser aqueles textos em que as visões socialmente normativas vitimizavam certas pessoas, que foram então confirmadas e dignificadas e reinseridas numa sociedade reconstituída por Jesus (West 2003, p. 338).

Ele observa como os membros do grupo parecem sofrer mais por causa da rejeição emocional do que por causa da doença física. Eles são julgados pela sociedade; mesmo quando morrem, seus funerais se tornam palcos de julgamento. No entanto, o retrato de Jesus apresentado pelos evangelhos ajuda-os a questionar sua exclusão social. Para dar um exemplo: estudando a história do encontro de Jesus com a mulher supostamente apanhada em adultério (Jo 8,1-11), os membros do grupo se sentiram confirmados e aceitos. "O Jesus deste texto entrou no encontro de aconselhamento e o reconstituiu, trazendo perdão, cura e aceitação" (West 2003, p. 343).

Nosso segundo exemplo está relacionado com a contínua crise de migração que afeta muitas regiões do mundo. O Alto Comissariado das Nações Unidas para os Refugiados (ACNUR) calcula que são 68,5 milhões as pessoas deslocadas à força, seja internamente ou como refugiados e buscadores de asilo (dados de 2018). A Bíblia inclui muitas histórias de migração, exílio e deslocamento. Por exemplo, o livreto *On the Road: A Journey through the Bible for Migrants* (2008), da Bible Society, examina histórias bíblicas de viagem e exílio, como também o mandamento bíblico de acolher o estrangeiro.

Como nosso contexto global de migração pode impactar nossa leitura da Bíblia? Em Gênesis 35,8, lemos: "Então morreu Débora, a ama de Rebeca, e foi sepultada abaixo de Betel, debaixo de um carvalho. Por isso foi chamado Allon--bacuth (Carvalho do Pranto)". Esta parece ser uma referência de passagem a um personagem de menor importância. No entanto, se nos ativermos a este versículo, podemos descobrir diversas conexões com alguns dos desafios enfrentados pelos migrantes de hoje. O texto nos lembra que Débora é a ama de Rebeca. Ela não vive com sua própria família e, enquanto ama de leite de Rebeca, pode ter deixado para trás filhos seus. Esta possibilidade nos lembra muitas mulheres que precisam deixar seus filhos para cuidar dos filhos de uma família mais rica e a instituição de redes de cuidado que se estendem por países e continentes. A história ocorre durante uma viagem e não podemos deixar de lembrar as dificuldades e perigos enfrentados por muitos migrantes ao cruzar desertos, florestas, rios e mares em busca de segurança e estabilidade. A morte é uma companheira constante e, para muitos migrantes vulneráveis, a possibilidade de ser enterrados à beira da estrada é muito real. No entanto, a história é também uma das poucas ocasiões na Bíblia em que se registra a morte e o sepultamento de uma mulher, como também o lamento de seus companheiros (o lugar é chamado Carvalho do Pranto). Além disso, através de seu nome e localização embaixo de uma árvore pujante, esta Débora é conectada à Débora juíza e profetisa (Juízes 4), sugerindo talvez que esta mulher migrante tinha muita sabedoria a oferecer.

Nossa realidade social molda nossa seleção de passagens para estudo, as questões que trazemos ao texto e a interpretação que lhe damos. Ao aprender sobre nossa localização no mundo, chegamos a compreender como estamos situados nas estruturas de nossa realidade social. Somos um dos poderosos? Como nosso poder é restrito? Com quem estabelecemos compromissos de lealdade? Sentimo-nos confortáveis com nossa posição na sociedade ou desejamos questioná-la?

Lendo em comunidade

Todos nós pertencemos a grupos que, mesmo não sendo comunidades de fé, influenciam nossa maneira de interpretar a Bíblia. Nossa pertença nos proporciona oportunidades e responsabilidades. Comprometemo-nos com determinados grupos na sociedade; estes são nossas comunidades de responsabilidade. Nossas comunidades são as pessoas com quem caminhamos. Elas são as pessoas com quem testamos nossa interpretação da escritura. São estes grupos que na maioria das vezes trazemos para nosso diálogo com o texto.

> **Teste**
>
> Identifique suas comunidades de responsabilidade. Depois considere algumas destas perguntas de diagnóstico:
>
> - Estão estas comunidades baseadas em gênero, orientação sexual, etnicidade, denominação, profissão e/ou classe?
> - A lealdade a um grupo cria tensão com outro grupo?
> - Como você poderia ser um profeta nestas comunidades?
> - Como sua interpretação foi influenciada por estas comunidades? Quais responsabilidades você sente para com estas comunidades ao interpretar a Bíblia?

Muitos antropólogos e teólogos consideram os humanos seres fundamentalmente relacionais e sociais, que só existem em relação com os outros. Este aspecto relacional da identidade humana causa um impacto sobre a localização e o método da interpretação bíblica. Sandra Schneiders comenta:

> Já que a Bíblia é o produto de uma experiência da comunidade e pretende alimentar e guiar a comunidade de crentes, é útil compartilhar o estudo bíblico e a oração com os outros. Visto que cada texto extenso tem múltiplos sentidos e camadas de significação, diferentes leitores descobrirão dimensões diferentes de sentido. Além disso, compartilhar a interpretação minimiza as chances de uma leitura totalmente errônea ou idiossincrática (Schneiders 1997).

> **Teste**
>
> Quando e onde você lê ou discute a Bíblia com outras pessoas? Sua lista pode incluir: leituras; grupos de estudo da Bíblia; momentos de refeição familiar; culto; no botequim. Reflita sobre o processo de leitura com os outros. Quais novas compreensões isso possibilita? Como o grupo lida com interpretações conflitantes de uma passagem?

A Igreja como comunidade interpretativa

Para os cristãos e os judeus a comunidade crente é o grupo primário onde a Bíblia é estudada. Como vimos no capítulo 2, a Bíblia enquanto cânon cristão foi modelada pela Igreja e, em primeiro lugar, para a Igreja. Em resposta, a Igreja é formada e transformada em torno da Bíblia. Por causa desta relação especial, a Igreja tem a responsabilidade de interpretar a Bíblia. A interpretação dos textos faz parte de sua vocação e identidade.

A Igreja interpreta a Bíblia em sua pregação, em sua doutrina, em seu culto e em sua ação, proclamando-a de maneiras novas e relevantes (Conselho Mundial de Igrejas 1998, p. 19). Uma das maneiras mais importantes de a Igreja vivenciar a Bíblia está na celebração da Santa Comunhão (chamada também Missa, Eucaristia ou Ceia do Senhor). Este ato central de culto relembra a última ceia de Jesus com seus discípulos e é um tempo de solidariedade, renovação e novo compromisso. O culto segue tradicionalmente o padrão dos relatos bíblicos, com os crentes compartilhando o pão e o vinho, como fizeram os primeiros discípulos:

> Deus Santo, nós te louvamos
> Porque, na noite em que foi traído,

> Cristo nosso Salvador tomou o pão
> e te rendeu graças.
> Ele o partiu e o deu a seus discípulos, dizendo:
> "Tomai, comei. Isto é o meu corpo, entregue por vós.
> Fazei isto em memória de mim".
>
> Após a ceia, ele tomou uma taça de vinho,
> deu graças e a deu a eles, dizendo:
> "Bebei dela, todos vós.
> Isto é o meu sangue da nova aliança,
> derramado em prol de todos
> para o perdão dos pecados.
> Fazei isso em memória de mim".
> (The Methodist Church 1999, p. 193)

A maioria dos judeus e cristãos diria que ler, estudar e pregar sobre a Bíblia juntos no culto é um contexto importante para a interpretação. Às vezes, porém, este modo de interpretação focado na comunidade pode deixar essas comunidades expostas ao erro coletivo e não à sabedoria coletiva. No capítulo 6 examinaremos a questão de verificar se podemos ler a Bíblia contra nós mesmos. Por agora, vale a pena notar como é difícil fazer isso.

Richard Bauckham mostra a necessidade de membros individuais de uma comunidade terem a liberdade de oferecer leituras novas e desafiadoras, para "permitir os Jeremias e os Luteros" (Bauckham 1999, p. 22). Novamente devemos notar a dificuldade de assegurar esta salvaguarda. É difícil para os indivíduos ir contra a mentalidade do grupo e talvez mais difícil para a comunidade ouvir e responder a críticas.

A natureza diversa da Igreja cria inevitavelmente leituras diversas. Randy Litchfield defende um caminho do meio entre o individualismo extremo, no qual ninguém tem nada a dizer ao outro, e a uniformidade forçada, que suprime a complexidade real das diferentes identidades. A Bíblia deveria atuar como uma "força central" nas comunidades cristãs (Litchfield 2004, p. 226), que reúne pessoas diversas, e ser reconhecida por todos como um texto com o qual é preciso ocupar-se. "Esta conversação mediada pela Bíblia entrelaça os indivíduos, formando uma tradição e uma comunidade" (Litchfield 2004, p. 228).

Em reconhecimento aos diversos contextos e comunidades locais que compõem a Igreja mundial, o Conselho Mundial de Igrejas observa a importância tanto da contextualidade, que é interpretação em resposta à situação local, quanto da catolicidade, que é compartilhada, aglutinando crenças (Conselho Mundial de Igrejas 1998, p. 31).

Teste

O sexto mandamento "Não matarás" (Êxodo 20,13) é um ensinamento sobre o qual judeus e cristãos estão de acordo. No entanto, existe muita divisão quanto à aplicação desta noção de santidade da vida. Pense como o mandamento é interpretado por cristãos que defendem a pena de morte, pelo vegetarianismo, pelo pacifismo ou pelo movimento "pró-vida", que procura restringir o acesso à assistência à saúde reprodutiva (muitas vezes doadora de vida). Pode uma doutrina tão central como esta funcionar como uma "força centralizadora"?

As vantagens de ler juntos

Apesar das dificuldades, existem grandes ganhos a obter do fato de estudar o texto juntos. O importante é comprometer-se a ouvir e aprender da intepretação do outro:

> A leitura a partir da localização do outro cria em mim uma consciência de particularidade, fragilidade e implicações de minha própria leitura – e muito provavelmente a concomitante descoberta das semelhanças. Questões da verdade do texto são assim situadas numa determinada comunidade de leitura, mas estão também conectadas com outras comunidades (Litchfield 2004, p. 235).

Enquanto intérpretes bíblicos, é vital que procuremos outras perspectivas sobre um texto. Precisamos permanecer abertos à diversidade de interpretações e isto exige que aceitemos a realidade da localização da outra pessoa, como também o impacto que isto causa em sua interpretação. O *Global Bible Commentary* argumenta: "Só quando reconhecemos as diferenças entre nossa interpretação e as interpretações dos outros é que aprendemos delas e assim as respeitamos realmente – em vez de cooptá-las pretendendo que são iguais às nossas, ou rejeitando-as como insignificantes" (Patte 2004, p. xxxvi).

Apresentamos dois exemplos de ler juntos; ambos são projetos intencionais de longo prazo, que procuram possibilitar que pessoas de uma série de contextos e perspectivas compartilhem compreensões, encontrem um terreno comum e respeitem a diferença.

O projeto *A Bíblia na vida da Igreja* começou em 2009 com o objetivo de examinar as crenças e práticas de interpretação da Bíblia na Comunhão Anglicana. Ele observa as muitas maneiras como a Bíblia é "lida" através do canto, do estudo e do culto. Reconhece o profundo impacto do contexto sobre a maneira como uma passagem é interpretada (Anglican Consultative Council 2012, p. 10). Nos grupos regionais, os participantes prestavam muita atenção ao seu contexto, ao texto bíblico e uns aos outros. Embora o desacordo sobre a intepretação bíblica, especialmente acerca da sexualidade, continue ameaçando a unidade da Comunhão Anglicana, o projeto celebra a diversidade de maneiras como a Bíblia é lida e compreendida. Com efeito, o relatório de 2012 opõe-se explicitamente a apresentar uma abordagem harmônica ou um conjunto de respostas concordantes, mas antes procura estimular um compromisso contínuo mais profundo com a Bíblia.

Um projeto semelhante, mas dessa vez focado na interpretação das mulheres, é *Tsena Malalaka*, que reúne mulheres teólogas dos contextos africano e europeu. O livro *There Is Something We Long For – Nous avons un désir* (2015) explora o diálogo teológico intercultural e está escrito em francês e em inglês, um símbolo da natureza polivalente da teologia e da interpretação bíblica. As autoras se comprometem com a Bíblia de várias maneiras, mas surgem temas comuns, como a importância de pertença e dignidade, a necessidade de paz e cura e o dom de criatividade e comunidade. Para dar um exemplo tirado do livro: Yvette Rabemila, de Madagascar, utiliza textos como a bênção de Números 6,24-26 para examinar como se cria paz através das relações, que, como um jardim cheio de flores, precisa de constante cuidado.

David Rhoads (2005, p. 256) nos aconselha a nunca nos aventurar a interpretar a Bíblia corretamente por conta própria. Embora reconhecendo a complexidade de negociar diferenças e restaurar equilíbrios de poder entre os intérpretes,

Rhoads argumenta que fazer uma leitura intercultural resulta muito provavelmente em interpretações válidas e relevantes. Nesta seção temos considerado as diferenças existentes no interior de nossas próprias comunidades. Nomeando nossa comunidade, por mais diversa que possa ser, reconhecemos também aqueles grupos aos quais não pertencemos. No próximo capítulo examinaremos a melhor maneira de ouvir as compreensões dos que têm experiências e compromissos alternativos aos nossos.

5
LEITURAS COMPROMETIDAS

Neste capítulo examinaremos como nossas comunidades afetam nossa maneira de interpretar a Bíblia. Nossas comunidades surgem da experiência que temos da nossa realidade e da consciência que temos das nossas próprias necessidades e das necessidades dos outros. Nos últimos anos foram desenvolvidos muitos instrumentos críticos novos para permitir que os intérpretes leiam a Bíblia de uma maneira que satisfaça suas necessidades e as necessidades dos outros. Esta é uma mudança bem-vinda, visto que as pessoas ficaram impacientes com as maneiras de ler a Bíblia que não produzem nada de relevante para elas, para as pessoas das quais elas cuidam ou para a sociedade em que vivem.

Teste

Pense numa situação atual de sua vida, sobre a qual você gostaria de refletir mais profundamente com a ajuda da Bíblia. Ponha-a por escrito, observando como o fato de fazer isso traz sua própria vida para o primeiro plano de sua mente. Consolide esta consciência revisando as anotações sobre sua identidade, que você desenvolveu no capítulo 4.

Agora procure uma passagem que parece estar relacionada com sua situação e com sua identidade.

> Leia-a pondo sua identidade e sua situação no primeiro plano de sua mente, deixando de lado deliberadamente questões histórico-críticas. Ponha por escrito quaisquer pensamentos, observações ou compreensões que lhe venham à mente. Escreva rapidamente sem censurar o que lhe vem à mente. Quando você tiver acabado de pôr seus pensamentos por escrito, faça uma breve pausa.
> Após a pausa, releia a passagem e as anotações que você fez. De que maneira(s) pode esta passagem dar a você uma compreensão de sua situação? Revela este processo importantes lacunas entre você e a passagem, mostrando talvez que algo importante sobre sua situação está ausente da passagem ou que a passagem contém crenças e convicções de que você não compartilha?

Às vezes parece que tanto a abordagem diacrônica quanto a abordagem sincrônica da Bíblia (como analisamos no capítulo 3) nunca conseguem abordar as questões da vida real. Isto é uma consequência da longa tradição de interpretar a Bíblia historicamente. Por exemplo, no segundo livro *The Biblical World*, de John Barton (2002, p. 437), William Telford lista 68 métodos e abordagens da interpretação bíblica, classificados em três categorias: histórica, literária e teológica. Essas categorias seguem a ordem normal adotada pela crítica histórica, que começa com questões literárias e históricas sobre a Bíblia antes de enfrentar questões sobre as crenças e compromissos do autor ou autores e leitor ou leitores originais. Mas esta abordagem histórico-crítica se detém aqui, deixando-nos a tarefa de preparar nossa mente a respeito da maneira como estas crenças e compromissos antigos se relacionam com nossa vida de hoje.

Felizmente esta situação agora está mudando e nesse capítulo analisaremos algumas abordagens que trazem preocupações e compromissos contemporâneos para o diálogo com a Bíblia. Estas abordagens são às vezes chamadas coletivamente de "leituras existenciais" (Gorman 2001, p. 202). O mapa destas abordagens elaborado por Gorman divide-as em duas categorias: as que confiam no texto e as que suspeitam dele. Mas esta distinção não ajuda em nada, na medida em que oculta o fato de que todos nós abordamos a Bíblia com variados graus de suspeita e confiança. Preferimos, portanto, falar das abordagens comprometidas. Reconhecemos que todos os textos escritos, inclusive a Bíblia, são produtos de seu tempo e lugar e, por isso, precisam ser lidos com consciência histórica. Mas, do mesmo modo, os textos clássicos, inclusive a Bíblia, têm também a capacidade de iluminar e inspirar leitores posteriores, quer compartilhem ou não as perspectivas dos autores e leitores originais.

Quando examinamos conscientemente os compromissos dos outros, percebemos que todas as interpretações, inclusive as que reivindicam imparcialidade, são afetadas por certos compromissos. É particularmente importante lembrar isto ao ler comentários cujo formato podem levar-nos a esquecer que eles também são escritos por pessoas com determinadas crenças e compromissos. Os comentários são importantes para os intérpretes bíblicos, porque constituem o gênero que os estudiosos bíblicos muitas vezes utilizam para compartilhar com outros os resultados de seu estudo bíblico. Felizmente, como observamos no capítulo 4, os intérpretes ocidentais reconheceram cada vez mais até que ponto sua localização e seus interesses afetam suas interpretações. Muitas vezes eles aprenderam isto ouvindo intérpretes que vivem em outros lugares, os quais interpretam a Bíblia através de sua experiência de sofrimento, opressão ou discriminação. Por exemplo, à medida que a luta por um governo da maioria ganhou ímpeto na África do Sul nos anos 1980s., houve uma concomitante disputa entre os estudiosos focados em análises sincrônicas cada vez mais intrincadas da Bíblia e os que insistiam que ela deveria proporcionar recursos para a apoiar a luta pela libertação. Em retrospectiva, torna-se evidente que aqueles que procuravam limitar o estudo da Bíblia a questões literárias relativas à sua estrutura e forma procuravam distanciar-se da experiência de vida das pessoas que lutavam por libertação social e política.

As abordagens que tratam dos interesses e compromissos contemporâneos reais se inserem em três grandes categorias:

1. Perspectivas culturais e contextuais.

2. Perspectivas ideológicas, desenvolvidas para trazer as preocupações centrais de outras disciplinas para o diálogo com a Bíblia.

3. Perspectivas de fé, preocupadas em interpretar a Bíblia de maneiras que satisfaçam as necessidades dos indivíduos que buscam orientação espiritual e moral e dos grupos que desejam utilizar essa orientação para embasar sua ação pública coletiva.

Esses indivíduos e grupos podem ser seguidores de qualquer crença viva, não apenas das crenças bíblicas do judaísmo ou do cristianismo. Nem todas estas abordagens se assumem ou se endossam umas às outras; no entanto, veremos que elas têm muito em comum e que existe uma interação considerável entre elas.

Compromisso com a cultura e o contexto

A expressão "música do mundo" tornou-se popular no mundo ocidental nos anos 1980s., quando as pessoas ficavam excitadas com as riquezas musicais encontradas em outras partes do mundo. Hoje os amantes da música no mundo no Ocidente provavelmente apreciarão tanto a música de Ali Farka Touré e de Ziggy Marley quanto a música de músicos dos Estados Unidos ou da Europa. Uma mudança semelhante ocorreu no campo dos estudos bíblicos, com mais estudiosos ocupando-se com os estudos eruditos provenientes de diversas regiões do mundo. Isto marca uma mudança de ênfase e não um método interpretativo, embora, como resultado, diversas perspectivas críticas tenham conquistado proeminência. A seguir, examinamos três tipos de interpretação cultural e conceitual: interpretações globais, interpretações pós-coloniais e interpretações vernáculas.

Conversações globais

Importantes obras de referência e comentários começaram a refletir esta mudança rumo a perspectivas globais sobre a Bíblia. Um dos primeiros comentários a reunir contribuições de todo o mundo foi *International Bible Commentary: A Catholic and Ecumenical Commentary for the Twenty-first Century* (1998), editado por William R. Farmer. Embora a abordagem da maioria dos colaboradores ainda tenha mostrado uma forte influência da abordagem histórico-crítica, a inclusão de vozes e perspectivas provenientes de todo o mundo ampliou seu campo de ação, chegando a incluir preocupações como cura, família, direitos dos trabalhadores, violência, antissemitismo e ecologia. Estas preocupações pastorais foram consideradas também em artigos suplementares nesse comentário.

Outro exemplo pioneiro desta tendência foi o *Global Bible Commentary* (2004), editado por uma equipe de cinco estudiosos e que oferece leituras sobre seções de cada livro da Bíblia, escolhidas com base em sua relevância para os contextos da vida dos intérpretes de todas as partes do mundo. Cada seção começou com o contexto vital da interpretação antes de apresentar um comentário contextual e mostrar como a leitura do texto com a mente voltada para as preocupações do contexto causou um profundo impacto sobre o que era visto. Por exemplo, a leitura da carta aos Efésios, feita por John Riches, foi afetada pelo fato de ler a epístola na Escócia. A preponderância da violência doméstica naquele contexto fez com que ele e seus coleitores se opusessem a interpretar Efésios 5,21-23 de uma maneira que endossa as visões de chefia e subordinação no matrimônio (Riches, em Patte 2004, p. 479).

Uma nova perspectiva mundial semelhante ficou evidente no *Dictionary of Biblical Interpretation*, editado por John H. Hayes em 1999, que continha artigos sobre interpretação bíblica provenientes de todas as regiões do mundo. Isto marcou uma mudança real em relação ao importante dicionário sobre o mesmo tema publicado apenas uma década antes: *A Dictionary of Biblical Interpretation*, editado por R.J. Coggins e J.L. Houlden em 1990. Hayes não só incluiu vozes africanas (totalmente ausentes do dicionário de Coggins e Houlden), mas reconheceu também que já não era mais possível abranger a interpretação bíblica africana num só artigo, como também não era possível fazê-lo para a Europa. Sendo assim, ele incluiu artigos sobre diferentes aspectos da interpretação bíblica procedentes de todo o mundo: artigos que analisavam

como a Bíblia era interpretada em diferentes regiões geográficas e artigos que revisavam abordagens interpretativas surgidas a partir de:
- determinadas culturas que refletem a complexidade da identidade dos leitores (por exemplo, interpretação africânder, intepretação afro-americana, interpretação afro-caribenha e interpretação calipso);
- compromissos religiosos (por exemplo, interpretação multirreligiosa, interpretação muçulmana, interpretação judaica e interpretação rastafari);
- experiências de opressão (por exemplo, intepretação Dalit, interpretação Burakimin, interpretação Minjung e teologia negra sul-africana); e
- preocupações ideológicas (por exemplo, interpretação androcêntrica, interpretação negra, interpretação descolonial e globalização e interpretação).

Na mesma linha, o livro *Return to Babel: Global Perspectives on the Bible* (1999), de John Levison e Priscilla Pope-Levison, apresentou uma perspectiva latino-americana, africana e asiática sobre dez passagens bíblicas muito conhecidas (Ex 20; Sl 23; Mt 5; Jo 1 etc.). Cada colaborador considerou primeiramente seu próprio contexto, antes de considerar o texto e produzir uma reflexão sobre a passagem. O processo de começar com o contexto atuou como um filtro para aquilo que era procurado exegeticamente no texto e este, por sua vez, moldou suas reflexões hermenêuticas finais.

Walter Dietrich e Ulrich Luz editaram em 2002 uma pequena coleção intitulada *The Bible in a World Context: An Experiment in Cultural Hermeneutics*, que analisou a hermenêutica cultural através das leituras latino-americana, africana e asiática de Lucas 2. Elsa Tamez, em sua contribuição, lembrou aos leitores que, para muitas pessoas no mundo, o contexto em que viviam se tornava mais ameaçador da vida e mais hostil. No início do século XXI, diferentemente das décadas anteriores, os cristãos latino-americanos precisavam interpretar a Bíblia num contexto em que até a crença na possibilidade de mudança social se tonara ausente. Tamez advertiu que os estudos bíblicos sozinhos não tinham os recursos para enfrentar esta profunda experiência de impotência e falta de esperança. Falando poeticamente, ela descreveu seu contexto como viver sob "um céu sem estrelas" e disse que as "estrelas", como sinais de esperança, precisavam ser procuradas em todo lugar: "Procurá-las em casa, na rua, nas instituições e nas organizações, em si mesmo e nos outros" (Tamez 2002, p. 6).

Outros estudos visaram mostrar como a interpretação bíblica mundial podia afetar as interpretações populares da Bíblia, levando assim em consideração o fato de que existem nos países perspectivas culturais diferentes sobre um livro bíblico. Assim a coleção de estudos interculturais do Apocalipse *From Every People and Nation: The Book of Revelation in Intercultural Perspective* (2005), de David Rhoads, mostrou que existe um leque "mundial" de perspectivas também no interior dos países. Sua coleção, destinada ao estudo em grupos, incluiu apêndices para ajudar os grupos de estudo a empenhar-se no estudo intercultural da Bíblia. Incluiu também uma listagem para os leitores identificarem seu próprio perfil de leitor (semelhante ao processo que descrevemos no capítulo 4).

Esta maneira de interpretar a Bíblia acelerou-se no século XXI, com coleções recentes que visam trazer para o diálogo uma diversidade de interpretações globais, entre as quais se encontram: *The Future of the Biblical Past: Envisioning Studies on a Global Key* (2012), de Roland Boer e Fernando F. Segovia; *Global Voices: Reading the Bible in the Majority World* (2013), de Craig S. Keener & R.M. Daniel Carroll; e *Scripture and its Interpretation: A Global, Ecumenical Introduction to the Bible* (2017), de Michael Gorman. Estes desdobramentos nos advertem contra a tendência a nos retrairmos no individualismo e perdermos a sensibilidade no tocante às pressões sobre nossos vizinhos ou sobre o meio ambiente. Lembremo-nos de que a interpretação global da Bíblia não negligencia antigos instrumentos histórico-críticos ou outras abordagens mais recentes. Os intérpretes podem utilizar a crítica sociológica e retórica para identificar correspondências entre a situação enfrentada pelos criadores do texto e a dos leitores contemporâneos.

> **Teste**
>
> Como você poderia explorar o tema do lar na Bíblia em conversação com os intérpretes bíblicos provenientes de um leque de contextos globais diferentes?

Crítica pós-colonial

A crítica pós-colonial interpreta a Bíblia mediante um compromisso de tornar visíveis os efeitos danosos do colonialismo. Ela enfoca "a expansão, a dominação e o imperialismo como forças centrais que definem tanto a narrativa bíblica quanto a interpretação bíblica" e abrange as áreas sobrepostas de "raça, nação, tradução, missão, textualidade, espiritualidade e representação", bem como "pluralidade, hibridez e pós-nacionalismo, as marcas registradas da experiência pós-

-colonial" (Sugirtharajah 2002, p. 25). Ela é uma perspectiva, que vê os textos bíblicos através da experiência dos colonizados, e ao mesmo tempo um método crítico, que utiliza a teoria pós-colonial, o pós-estruturalismo e a semiótica para criticar outras abordagens da interpretação, como também os próprios textos bíblicos. Reconhecendo as maneiras como a dominação, a expansão colonial e suas manifestações ideológicas definiram as práticas dos estudos bíblicos, a crítica pós-colonial busca reformular a maneira de estudar a Bíblia.

R.S. Sugirtharajah foi um pioneiro desta abordagem no Reino Unido. Por volta do início do novo milênio, ele argumentou que esta abordagem era uma maneira de ir além da teologia da libertação, que, segundo ele, havia perdido sua força libertadora. Em sua apropriação da Bíblia, em suas exposições, em sua obsessão por uma hermenêutica centrada em Cristo, ela permaneceu dentro dos padrões convencionais e terminou refletindo sobre o tema da libertação bíblica, em vez de ser uma hermenêutica libertadora (Sugirtharajah 2001, p. 242-243).

Outros intérpretes pós-coloniais concordam com ele. Por exemplo Kwok Pui-lan contrasta as compreensões das intérpretes feministas brancas com as compreensões da crítica pós-colonial ao estudar a história da mulher siro-fenícia em Marcos 7,24-30 e Mateus 15,21-28.

> As críticas feministas brancas a removeram da margem para o centro, seja reivindicando-a como antepassada dos cristãos gentios ou louvando sua fé e sua inteligência, que a capacita a convencer Jesus e ampliar a perspectiva de Jesus para com os gentios. As críticas pós-coloniais, porém, enfatizam que ela é uma mulher de outra crença e que sua história está inserida

no discurso principal do cânon cristão e é interpretada para justificar a missão aos gentios (Kwok 2005, p. 65).

De maneira semelhante, ao examinar a história da interpretação dos personagens de Raab e Rute, Kwok e outros intérpretes pós-coloniais, como Musa Dube, observam que Raab e Rute só são aceitas como mulheres estrangeiras, sexualmente ativas e habilidosas através de sua assimilação à comunidade israelita (Kwok 2005, p. 82). Os intérpretes pós-coloniais perguntam por que essa perspectiva imperialista presente no texto não é criticada pelas intérpretes feministas, já que é um problema para as mulheres asiáticas, africanas e latino-americanas, que têm tido pouca escolha a não ser integrar-se numa cultura dominante através do casamento, do trabalho ou da migração.

Teste

Consulte uma das passagens que descrevem a experiência das mulheres não israelitas referidas acima: Raab de Canaã (Js 2), Rute a moabita (Rt 4,7-12) e a mulher anônima de Tiro (Mc 7,24-30 e Mt 15,2-28).

Pergunte você mesmo como essas três passagens tratam de temas como invasão, colonização e conquista. Como estes textos veem os "estrangeiros"? Qual a visão delas sobre a herança religiosa e cultural dos forasteiros? Depois consulte um comentário histórico-crítico padrão para verificar se ele discute esses tópicos politicamente importantes. Considere as consequências éticas de negligenciar as questões desafiadoras levantadas pelos críticos pós-coloniais.

A crítica pós-colonial expõe também a maneira como a interpretação bíblica antissemita foi utilizada para estimular a colonização nas nações colonizadas. Por exemplo, durante a evangelização das mulheres locais na África, na Ásia e na América latina, a relação igualitária de Jesus com as mulheres foi apresentada às vezes como superior à cultura judaica patriarcal, embora o trabalho de estudiosos judeus do Novo Testamento tenha demonstrado o quanto Jesus tinha em comum com seus contemporâneos. Muitos críticos pós-coloniais são mais abertos a trabalhar superando as divisões religiosas e valorizando particularmente as crenças vividas locais.

É interessante verificar a maneira como os intérpretes bíblicos pós-coloniais utilizam instrumentos exegéticos ocidentais, tanto histórico-críticos quanto literários, contra as próprias tradições culturais em que foram criados. Kwok observa que "as mulheres oprimidas transformaram a Bíblia, um produto introduzido pelos funcionários, missionários e educadores coloniais, num lugar de contestação e resistência em prol de sua própria emancipação" (Kwok 2005, p. 77-78). Assim a abordagem questiona tanto a supremacia cultural ocidental quanto a supremacia cultural da própria Bíblia. Sugirtharajah escreve:

> O objetivo não é recuperar nos textos bíblicos uma alternativa, ou procurar em suas páginas uma maneira diferente de chegar a um acordo com as consequências da atrocidade e do trauma ocidentais e com os efeitos atuais da globalização. O objetivo consiste em interromper a ilusão de que a Bíblia é uma provedora de todas as soluções e propor novos ângulos, orientações alternativas e interpelações que tenham sempre como principal preocupa-

ção as vítimas e seus dilemas (Sugirtharajah 2002, p. 101-102).

A teoria pós-colonial pode ser um instrumento eficaz para interpretar a Bíblia à luz dos atuais conflitos políticos e militares, como o conflito entre Palestina e Israel. O teólogo luterano palestino Mitri Raheb mostra que, vista a partir de Belém, a Palestina foi invadida e ocupada por uma potência colonial após a outra ao longo de sua história. Fundamentados na teoria pós-colonial os estudiosos bíblicos têm examinado como as histórias e a produção da Bíblia ocorreram no contexto do império: assírio, babilônio, persa, grego e romano (cf. Perdue 2015 e Winn 2016). Mas muitas vezes eles não veem que as invasões não terminaram com os romanos no século I d.C. Desde então a Palestina foi ocupada por bizantinos, árabes, tártaros, cruzados, aiúbidas, tártaros (novamente), mamelucos, mongóis, otomanos, britânicos e israelenses (Raheb 2014, p. 10). Se os dois últimos nomes parecem chocantes aos leitores britânicos ou americanos, a teoria pós-colonialista nos lembra que "o império procura controlar a narrativa".

Hermenêutica vernácula

A teoria pós-colonial afirma que todos nós estamos sujeitos ao controle por um império ou outro e que isso determina quais valores culturais são prezados e quais são desprezados, ou, pelo menos, negligenciados. Por essa razão, ela nos estimula a revalorizar a cultura local e a utilizá-la para a interpretação bíblica. A hermenêutica vernácula é a disciplina que convida os intérpretes a utilizar sua própria herança cultural e religiosa popular local como um recurso para compreender as ideias e narrativas bíblicas. A interpretação vernácula da Bíblia tem uma longa história, enraizada no permanente trabalho de tradução da Bíblia. Um dos mais antigos exemplos disto é a tradução da Bíblia Hebraica para o grego, a Septuaginta, a fim de possibilitar que fosse entendida pelos judeus de língua grega no mundo helenístico criado pelo império de Alexandre Magno e seus generais. Posteriormente, no século IV d.C., Jerônimo e seus sucessores traduziram toda a Bíblia para o latim – a Vulgata – para uso no Império Romano. Vulgata significa simplesmente: "a linguagem das pessoas comuns e incultas". Séculos mais tarde, um dos grandes motores que impulsionaram a Reforma foi o processo de tradução da Bíblia para o vernáculo, ou seja, as línguas faladas pelo povo na Europa.

A tradução sempre implica encontrar correspondências textuais e conceituais entre as línguas e culturas originais da Bíblia e as culturas das línguas para as quais o texto está sendo traduzido. À medida que este processo continua, existe a oportunidade de encontrar correspondências entre as tradições e práticas refletidas na Bíblia e as das culturas das línguas para as quais a Bíblia é traduzida. Sugirtharajah (1999) chamou a atenção para as maneiras como este processo continua em todo o mundo. Ele defende favorecer o autóctone e o local, estimular a autoafirmação e a autoestima e opor-se aos sistemas e teorias centralizadores. Fazendo isto, a interpretação vernácula pode dar força e visibilidade aos mais ameaçados de serem varridos pelos efeitos controladores, mas muitas vezes sutis, do imperialismo cultural ocidental.

A interpretação vernácula da Bíblia é praticada muitas vezes observando como as pessoas comuns expressam sua compreensão de uma passagem bíblica na arte. Por exemplo, o teólogo sul-africano Gerald West utilizou a xilogravura de Azaria Mbatha que representa a história de José para o estudo contextual de Gênesis 37–50 (West em Sugirtharajah 1999, p. 43-48). A arte de Mbatha é um exemplo da complexidade de identificar o que é local em nosso mundo pós-moderno e globalizado. Nascido e educado na África do Sul, Mbatha viveu na Suécia por quase 40 anos e, no entanto, se sente próximo ao pequeno povoado de Mabeka no distrito de Mahlabathini de Kwazulu-Natal, onde nasceu.

> **Teste**
>
> Procure uma passagem bíblica para interpretar à luz de sua própria cultura local. Pense sobre quais formas de arte são importantes para você e para os outros de seu entorno e analise laços entre eles e o texto que você escolheu. Se possível, discuta seus pensamentos com artistas locais. Não ponha limites ao que você define como arte. Assim como a música, a dança, os grafites ou a confecção de colchas ou mantas, lembre-se de que a arte e a cultura são expressas também na paisagem física. Por exemplo, que luz os jardineiros lançam sobre passagens bíblicas referentes ao mundo natural.

Compromissos ideológicos

Ideologia não é um palavrão e não descreve só as crenças de fanáticos ou extremistas! Soulen e Soulen a definem como "um conjunto de atitudes e ideias [...] que reflete ou molda a compreensão (e os mal-entendidos) do mundo social e político e que serve para justificar a ação coletiva que visa preservá-lo ou mudá-lo" (2011, p. 95). Neste sentido, todos trabalham com uma ideologia e é importante que tenhamos consciência das ideologias que moldam nosso pensamento e o pensamento dos outros.

A crítica ideológica considera três áreas nas quais a ideologia afeta os textos: o(s) contexto(s) ideológico(s) onde ela é produzida; a ideologia(s) neles expressas; e a ideologia(s) dos que leem e interpretam o texto (Soulen & Soulen 2011, p. 96). Em cada uma destas áreas, as ideologias afirmam e defendem os interesses de alguns às custas dos interesses de outros. As abordagens ideológicas da Bíblia nos ajudam a ver isto, para podermos agir de maneira a superar os efeitos desta distorção. Nós nos tornamos mais conscientes dos pontos cegos em nossa perspectiva e podemos interpretar a Bíblia de maneiras que respeitem mais as necessidades e os interesses dos outros. Além disso, esta abordagem nos estimula a observar a maneira como os métodos estabelecidos de interpretação negligenciam questões importantes. Nesta seção apresentamos a desconstrução, a crítica queer e a crítica ecológica como exemplos representativos do amplo leque de teorias que podem ser concebidas como crítica ideológica (Moore & Sherwood 2011, p. 3-5).

Desconstrução

Uma das abordagens ideológicas mais radicais da interpretação dos textos é a desconstrução, uma perspectiva pós--cultural associada à filosofia e à crítica literária de Jacques Derrida. Esta abordagem é radical porque desestabiliza e descentra todas as leituras de textos. Ela mostra que não existe essa coisa chamada centro de um texto, porque todo centro depende das margens para existir como centro! Desta maneira ele mostra que as margens são tão importantes como o centro e, portanto, não podem ser ignoradas. Esta contradição interna solapa a coerência de todos os textos. Os que viram isso percebem que as mensagens transmitidas pelos textos são muito menos estáveis do que eles pensavam. Os textos podem ser lidos jocosa e subversivamente.

Como isso afeta a interpretação da Bíblia? Enquanto alguns intérpretes ficam transtornados pela desconstrução, outros a acolhem, porque ela enfraquece a posição dos detentores do poder, que procuram preservar seu poder impondo aos outros interpretações opressivas da Bíblia. Segovia comenta: "O processo de desconstrução está prosseguindo nas teologias do Terceiro Mundo sem utilizar o termo; com efeito, a teologia descolonizadora é uma forma de desconstrução" (Segovia em Fabella & Sugirtharajah 2000, p. 67). Ele alerta os leitores sobre a maneira como a Bíblia também descentra os leitores de maneiras que os abrem para novas descobertas sobre si mesmos ou sobre Deus.

Gina Hens-Piazza observa como as abordagens pós-modernas da Bíblia aumentam igualmente nosso interesse por textos e personagens marginais:

> Visto que a crítica literária pós-moderna presta atenção às suturas, perguntas não respondidas ou fissuras presentes na narrativa, ela revela frequentemente vozes, valores e centros de poder conflitantes presentes na história. Ela suscita questões não abordadas e ocultas nas margens, que rompem a integridade de uma leitura unificada. A atenção a estes elementos contraditórios, contestadores ou incongruentes presentes nos textos leva muitas vezes a intepretações que

questionam a sabedoria predominante acerca de uma história bíblica. No processo descobrimos como o retórico não é apenas artístico ou inocente, mas pode participar da violência da exclusão (Hens-Piazza 2003, p. 74).

Ela observa como os métodos contemporâneos de crítica literária nos dão mais liberdade para escolher onde focar nossa atenção. Enquanto antes se esperava que seguíssemos a pista do narrador ou o fio da história, agora temos a opção de ignorar essa orientação e demorar-nos nos incidentes do pano de fundo ou em personagens menos importantes. Existem novas e importantes compreensões a ser obtidas para esta mudança em nossas atenções. Nos últimos anos, por exemplo, houve uma abundância de literatura devocional popular criada em torno de personagens de menor importância nas histórias do evangelho, especialmente mulheres. Mediante narrativas em primeira pessoa, pequenos dramas ou poemas, foram desenvolvidas para os cristãos novas perspectivas e pontos de contato com estas figuras. Muitas vezes as ampliações ficcionais destes personagens bíblicos relatam seu encontro com Jesus, estimulando assim uma resposta devocional dos leitores.

Prestar atenção às margens de uma história questiona as leituras tradicionais, desestabilizando o centro para permitir que surjam novos aspectos da história. Isto não deveria levar-nos a rejeitar leituras mais antigas, mas antes nos ajudar a reunir perspectivas centrais e perspectivas marginais para obter um sentido mais pleno do tema de uma passagem.

Teste

Leia Mateus 21,12-17 e focalize ou as crianças no templo ou os sumos sacerdotes e escribas. Qual é seu

> papel e perspectiva nesta história? Você se sente provocado a desenvolver uma "história dos bastidores" para estes personagens?

Crítica queer

Escrevendo sobre o Deuteronômio, Deryn Guest observa:

> Um comentário queer, focado na fluidez, no questionamento do modelo dois-sexos, na exploração das experiências transgênero, transexuais e intersexo, pressiona fortemente um texto da escritura que é mais resistente a estas análises e que é utilizado na retórica religiosa corrente para condenar pessoas que se identificam como lésbicas, gays, bissexuais, transgênero, transexuais e suas escolhas (Guest 2006, p. 142).

À medida que se multiplicaram métodos ideológicos de interpretar a Bíblia, desenvolveu-se uma ampla gama de leituras LGBTQI+. Num recente levantamento das leituras queer da Bíblia, Stewart (2017b) observa uma progressão que vai desde o trabalho inicial de responder às interpretações antigay de textos bíblicos "antigay" selecionados, passando pela análise de partes da Bíblia que mostram relações amorosas entre pessoas do memo sexo, até passar a utilizar a Bíblia para examinar experiências gays e lésbicas, especialmente relacionadas com o sofrimento causado pela crise de HIV/AIDS das décadas de 1980 e 1990. Permaneceu o problema de que muitos dos métodos interpretativos estabelecidos só se ocuparam até o momento com a interpretação LGBTQI+. Stewart comenta: "Interpretações diferentes talvez estejam apenas reajustando a evidência" (Stewart 2017b, p. 298).

A interpretação queer adota uma abordagem desconstrucionista, questionando a ideia de normalidade e de categorias fixas como homossexual ou heterossexual. Em vez de buscar interpretações normativas melhores, os intérpretes queer questionam a própria ideia de normas. Eles apontam que, quanto mais as pessoas diferentes estudam a Bíblia, tanto mais acumulam interpretações e interrogações. Embora esta abordagem possa parecer perturbadoramente aberta, ela tem a importante vantagem de ser muito inclusiva. Os intérpretes queer acolhem todos os que se sentem excluídos pelas normas sociais predominantes, inclusive pessoas com capacidades físicas ou estado de saúde diferentes, etnicidade diferente e pessoas de gênero ou orientação sexual indeterminados. A interpretação queer dá lugar aos que são considerados exceções ou casos especiais, inclusive as exceções que virão no futuro, como os ciborgues. Estas abordagens são o resultado natural do reconhecimento de que as pessoas têm diferentes experiências de personificação, de identificação de gênero e de orientação sexual, como foi analisado no capítulo 4.

Os estudiosos bíblicos queer verificaram como o fato de questionar os limites de gênero e sexualidade possibilitou um ulterior questionamento ou "queerização" do texto bíblico. Como exemplo, Ken Stone descreve o livro de Jó como um "argumento dissonante, que incorpora múltiplos pontos de vista e posições conflitantes" (Stone 2006, p. 302). Ele vê nas complexidades e desafios de Jó algo "queer", um testemunho das realidades confusas dos corpos, das relações e da experiência vivida. Stone conclui:

> Se chegarmos a reconhecer, com Jó, que o mundo que nos cerca é vasto demais e complexo demais para adaptar-se aos nossos pró-

prios princípios orientadores rígidos e demasiadamente humanos, poderemos ser menos inclinados a insistir dogmaticamente que outros seres humanos adaptem dessa maneira sua vida. [...] E mesmo quando nossa vida individual e coletiva, como o próprio livro de Jó, falha ou se recusa a resolver todos os conflitos e tensões, estes podem ser reunidos de tal maneira que terminam com uma afirmação de esperança, riso, vida e beleza, sem com isso negar a existência do caos e do sofrimento (Stone 2006, p. 303).

Crítica ecológica

A interpretação bíblica ecológica assume a mais ampla de todas as perspectivas críticas, situando todas as interpretações orientadas para o ser humano dentro das preocupações pelo bem-estar do planeta e, em última análise, de todo o cosmos. Ela está empenhada em ajudar os intérpretes da Bíblia a serem cidadãos ecológicos melhores. Ela exige que ampliemos nossa perspectiva para além das preocupações focadas nos humanos. Isto inclui todas as leituras ideológicas anteriores que abordam questões humanas de gênero, raça, colonialismo etc. Ela nos pede também que reconheçamos que os mais impactados pela destruição do meio ambiente e pelas mudanças climáticas tendem a ser os pobres ou marginalizados de outras maneiras.

Os críticos ecológicos nos lembram que nós, seres humanos, compartilhamos a terra com todas as outras formas de vida e somos feitos com os mesmos elementos físicos como o resto do cosmos. Estas interpretações questionam o pressuposto de que nós humanos estamos aqui para utilizar os recursos da terra para nosso próprio proveito e poder. Em vez de apresentar um único método interpretativo, os críticos ecológicos entrelaçam compreensões provenientes de todos os métodos anteriores, mostrando ao mesmo tempo as fraquezas das leituras que enfocam os interesses humanos e negligenciam muitas formas de opressão humana. O projeto *Bíblia da Terra*, iniciado primeiramente na Austrália, produziu cinco volumes de leituras ecológicas da Bíblia entre 2000 e 2002 (cf. Elvey 2010, p. 465). O trabalho nesta área continua, por exemplo com o comentário de Marie Turner sobre Eclesiastes (Turner 2017).

Os críticos ecológicos nos lembram que os que criam os textos, os próprios textos e os que recebem e utilizam os textos são todos eles entidades materiais, situadas em determinados lugares e tempos e conectadas com o meio ambiente material em que vivem. Utilizam o conceito de "hábitat" como um lembrete de que todo o nosso conhecimento ocorre em algum lugar, de maneira material, física e social. Os próprios textos são materiais, nos são transmitidos mediante a fala humana, a memória e a escrita e são registrados em objetos físicos feitos de argila, pedra, "folhas" de papiro, peles de animais ou polpa de madeira. Enquanto seres físicos, nós humanos utilizamos nosso corpo e nossos sentidos para interpretar esses textos físicos. Por essa razão, nossas interpretações são inevitavelmente limitadas e subjetivas. Utilizamos também nosso corpo para vivenciar os significados que derivamos dos textos.

A interpretação ecológica utiliza uma ou mais dentre três abordagens: suspeita, identificação e recuperação (Habel 2008, p. 1-8). A suspeita nos adverte que a interpretação que fizemos, ou que faremos, descuida muitas vezes o hábitat dos textos. A identificação nos convida a reconhecer as histórias dos materiais que muitas vezes são deixadas no pano de fundo das histórias humanas: o trigo de que é feito o pão; a indústria da pesca; as pedras tiradas das pedreiras para a construção de cidades; árvores, mares, paisagens, rochas, montanhas; até os micróbios presentes no fermento ou os que causam a decomposição de corpos e textos. A recuperação trata das perspectivas da terra, seja as que são visíveis no texto ou tornadas visíveis quando os aspectos físicos são descuidados ou supressos. Por exemplo, os intérpretes mostram que *ruah* em Gênesis 1 denota a atmosfera terrestre, as condições meteorológicas, o vento, a respiração dos humanos e dos animais, a sacralidade e a inspiração e que, em Oseias e Amós, a própria terra se lamenta ou profetiza.

> **Teste**
>
> Leia Gênesis 1-3 e Romanos 8,18-27 e observe toda a informação presente nestes textos no tocante à relação de Deus com o mundo e não apenas com a humanidade.

Os exemplos acima são apenas algumas dentre as muitas abordagens ideológicas recentes da interpretação bíblica. Uma das grandes vantagens destas abordagens é que elas nos abrem espaços para que as pessoas leiam a Bíblia com seus próprios interesses e necessidades em mente. Isto inclui os muitos leitores da Bíblia que leem a Bíblia com um compromisso de fé.

Compromissos de fé

Um terceiro grupo de abordagens comprometidas interpreta a Bíblia a partir da perspectiva da fé religiosa. Aqui focalizamos exemplos de leitura da Bíblia a partir de uma perspectiva cristã e não incluímos muitos exemplos da tradição judaica. No final desta seção, no entanto, analisaremos o raciocínio bíblico, uma abordagem para interpretar a Bíblia com pessoas de outras crenças vivas.

Embora os cristãos vejam a Bíblia de muitas maneiras diferentes, existe um amplo consenso de que a Bíblia desempenha um papel essencial para orientar a fé e o comportamento dos cristãos. Considerando a relação entre a compreensão cristã e a Bíblia partir de outra direção, muitos cristãos concordariam com Agostinho de Hipona, segundo o qual a Bíblia deveria ser interpretada no contexto do compromisso cristão e do culto. No final do primeiro livro de *A Doutrina cristã*, ele insiste que o objetivo da Escritura é possibilitar que as pessoas amem a Deus por amor ao próprio Deus e a seu próximo por amor a Deus. E assim ele é capaz de dizer:

> Se alguém julga ter entendido as Sagradas Escrituras ou partes delas, mas se com esse entendimento não edifica a dupla caridade – a Deus e a do próximo – é preciso reconhecer que nada entendeu (Agostinho, *A Doutrina cristã*, 1.36.40).

Agostinho sugeriu que, como a Bíblia foi escrita a partir de uma perspectiva de fé, que coloca o amor a Deus e aos outros como o valor supremo, os que melhor a entendem são os leitores que compartilham essa perspectiva. Na seção seguinte examinaremos métodos que os cristãos utilizam para interpretar a Bíblia a partir desta perspectiva amorosa. Embora os indivíduos possam praticar alguns destes métodos, todos eles são essencialmente comunitários, porque a fé cristã é confessada e expressa comunitariamente através da Igreja.

Leitura devota e meditativa da Bíblia

Na cidade de Santiago no Chile, um grupo de mulheres cristãs tem-se reunido regularmente desde 1991 para discutir sua fé e seu mundo. Conhecidas como coletivo *Conspirando*, elas rezam, atuam e refletem juntas. "Conspirar" significa literalmente "respirar junto" e estas cristãs imaginam seu estudo das Escrituras como respirar com Deus. Para as mulheres do *Conspirando*, este respirar juntas levou-as a novas maneiras de culto e seguimento de Deus, por exemplo, através do cuidado da terra.

Muitos métodos tradicionais de interpretação bíblica estão arraigados na oração e na meditação. Os *Exercícios espirituais* de Inácio de Loyola, por exemplo, foram projetados para ajudar os leitores a penetrar de maneira mais profunda e imaginativa na história de Jesus. Os leitores judeus e cristãos tendem a começar o estudo da Bíblia com uma oração inicial. Algumas tradições entendem esta oração inicial como um apelo para que Deus as oriente no sentido de uma interpretação correta da passagem. Para outras, esta oração expressa seu compromisso de permanecer abertas a Deus ao abordar de maneira nova as Escrituras, trazendo consigo seus atuais problemas e preocupações.

> **Teste**
>
> Se você envolve sua leitura ou estudo da Bíblia com a oração, pense como isso afeta sua compreensão do texto e sua relação com ele. O que o texto "faz"?

A *Lectio divina* é uma maneira devota e meditativa de ler a Bíblia que remonta aos primeiros tempos da vida monástica na tradição cristã e foi praticada também pelas primeiras comunidades judaicas. Hans-Ruedi a descreve da seguinte maneira:

> Ela consiste numa tentativa diária de ouvir a palavra de Deus num texto bíblico prescrito. Isto ocorre em horários regulares, de acordo com um lecionário que abarca toda a Bíblia, de modo que, por exemplo, todo o livro dos Salmos ou todos os quatro evangelhos são lidos consecutivamente. É necessária uma sensibilidade às ressonâncias de toda a Bíblia para que a própria Escritura interprete a passagem escriturística utilizada e a palavra de Deus molde o pensamento e a vida humana (Weber 1995, p. 48).

Notemos que Weber distingue entre a palavra de Deus e o texto bíblico. Os dois não se equiparam diretamente. A palavra de Deus é ouvida mediante um processo de meditação devota sobre uma passagem da Bíblia. Os defensores deste processo o descrevem muitas vezes com alegorias pitorescas: os pensamentos dos leitores são como abelhas zunindo em torno de uma colmeia sagrada; as páginas do livro sagrado que são lidas assemelham-se a fileiras de videiras de um parreiral; e cada letra do texto é como uma uva suculenta a ser chupada.

A *Lectio* não é uma investigação acadêmica sobre as Escrituras, mas um processo de encontro com a palavra de Deus. Ela exige que os leitores adotem uma atitude paciente, humilde e aberta para com a Bíblia. Em certo sentido, precisamos desapegar-nos, e até perder o controle da busca do sentido. Aqui não estabelecemos uma agenda, mas aguardamos a palavra de Deus chegar até nós, o que pode ser consolador, afirmativo ou exigente. Evidentemente isto nos deixa vulneráveis – particularmente diante de textos problemáticos ou violentos. Mas pode também proporcionar um encontro profundo com a "Boa-nova".

> Substancialmente, para o leitor moderno a *lectio* é uma forma de entregar-se, de desapegar-se. Deus indica o caminho e estabelece a agenda; nós nunca estamos seguros para onde a prática da *lectio* nos conduzirá. Num sentido bem real, renunciamos ao controle do texto sagrado e só então estamos livres para entrar na nossa quietude onde nos encontramos com Deus – o lugar onde podemos expor honestamente quaisquer necessidades a ser expressas e, em troca, ouvir a Verdade. [...] Esta mistura de oração e leitura que chamamos de *lectio divina* nos leva a entrar em contato com Deus e, mediante o poder libertador da Palavra de Deus, iniciamos a jornada para a sabedoria (O'Donnell 1990, p. 49-50).

Teste

Comece procurando um espaço tranquilo e adquirindo mais foco e atenção. Escolha um salmo para ler e então leia-o devagar e atentamente, lendo-o preferivelmente em voz alta, de modo que você possa "ouvir" com seus ouvidos e também com seus olhos. Quando encontrar uma expressão ou uma palavra que parece significativa, faça uma pausa e comece a meditar sobre ela. Repita a palavra ou a expressão até guardá-la "de cor". Se quiser, ponha-se em oração, discutindo com Deus o sentido que a palavra ou a expressão tem para você. Conclua o tempo da me-

> ditação respondendo a Deus e decidindo o que você fará com base no que ouviu. Mais tarde, independentemente do processo, reflita sobre como a *lectio* lhe possibilitou conhecer o salmo "de cor". Você achou este método de leitura confortável ou desafiador?

Originalmente a *lectio* era um exercício individual para as pessoas procurarem ouvir a palavra de Deus dirigida a elas nesse momento. A descrição clássica disto está na parte 2 da *Filoteia: Introdução à vida devota* de Francisco de Sales, publicada em 1609. Em tempos mais recentes, as pessoas desenvolveram métodos de *lectio* coletiva em que grupos ouvem e refletem juntos sobre a Escritura.

A *lectio divina* pode também ser utilizada para refletir *in loco*. Kathleen Norris é uma jornalista e escritora que reflete sobre sua fé e sua vida no contexto das Grandes Planícies da América do Norte. Durante suas estadias num mosteiro beneditino local, ela aprendeu a prática da *lectio* e começou a aplicá-la não só à Escritura, mas também às planícies em volta. Em *Dakota: A Spiritual Geography* (2001), as passagens bíblicas se transformam em lentes para ler a paisagem antes de retornar a uma compreensão mais rica do texto bíblico.

Leitura no culto

Os leitores seguem mais naturalmente as abordagens meditativas da Bíblia ao ler sozinhos. No entanto, quando abordada com fé, não há maneira melhor de ler a Bíblia do que lê-la e interpretá-la junto com outros. Isto pode ocorrer em várias situações, inclusive no culto público, em estudos da Escritura na igreja ou na sinagoga, em cursos intensivos ou seminários universitários teológicos. Cada um destes contextos afeta a maneira de ler a Bíblia.

Quando uma passagem da Bíblia é lida durante o culto cristão, ela é lida no contexto do cânon e da fé cristã. Vimos no capítulo 2 que existe uma estreita relação entre os limites canônicos e a fé que eles são destinados a sustentar. Assim, quando uma passagem é lida na igreja (ou na sinagoga), ela é ouvida em relação com outras passagens da Bíblia lidas na mesma ocasião e em relação com a fé dos ouvintes. No culto cristão, a leitura é normalmente iniciada e/ou concluída com uma declaração que exorta a congregação a ouvir a passagem como "a palavra do Senhor" ou como "o santo evangelho". Além disso, as leituras são normalmente acompanhadas por um sermão que analisa um aspecto da fé cristã e por um sumário da fé cristã, como um credo ou um hino. Pode haver também outras ações afins, como estar de pé quando a Bíblia é introduzida na igreja ou lida, ou a queima de incenso para indicar a santidade do texto que vai ser lido.

Este contexto de culto pretende ajudar as pessoas a adotar uma atitude receptiva em relação ao texto por reverência a Deus. Isto pode ter benefícios semelhantes aos apontados para a *lectio*. Por outro lado, pode causar o efeito de dissuadi-las de pensar criticamente sobre a passagem, especialmente se é problemática para alguns dos presentes. Apresentamos um exemplo tomado da experiência de Rachel quando estudava num seminário em Nova York. Todas as manhãs ela se encontrava com duas ou três pessoas para rezar. Certa manhã o texto para o dia era 1Timóteo 2,11-15:

> A mulher aprenda em silêncio, com toda a submissão. Não permito que uma mulher ensine ou exerça autoridade sobre um homem,

mas permaneça em silêncio. Porque Adão foi criado primeiro e Eva depois. E Adão não se deixou iludir, mas a mulher se deixou iludir e tornou-se transgressora. Entretanto, ela será salva através da maternidade.

Então o leitor proclamou: "Esta é a palavra do SENHOR". Mas o resto do grupo recusou-se a pronunciar as palavras: "Graças a Deus". Houve um silêncio e depois riso. Enquanto comunidade de oração, o grupo recusou seu consentimento a essas palavras, porque as pessoas as experimentaram como danosas. Recusaram-se a concordar com o texto.

Este é um exemplo que mostra como muitas vezes utilizamos outras fontes de conhecimento, como nossa própria experiência de fé, ao interpretar a Escritura. Os leitores aprendem a valorizar compreensões ou a revelação em suas vidas, como também através das vidas registradas na Bíblia. Examinaremos no capítulo 6 a maneira como se pode agrupar estas diferentes fontes de conhecimento.

Teste

Existem diversas orações rancorosas nos salmos, que às vezes são omitidas do uso no culto da Igreja. Salmos como o Salmo 58 e 83 são totalmente omitidos em alguns lecionários, enquanto em outros são omitidos os versículos injuriosos (cf. Salmos 59,5-8 e 69,9-10.22-28). No entanto, estes salmos fazem parte da Bíblia. Kathleen Farmer aponta que "estas orações descrevem a maneira como pessoas reais em situações reais se sentiram no passado e ainda podem sentir-se hoje" (Farmer em Farmer 1998, p. 826). Leia um ou mais destes salmos e considere as vantagens e

> riscos de ler estes salmos, ou as seções omitidas dos salmos, no contexto do culto público.

Interpretação para o discipulado cristão: crítica prática

A interpretação bíblica contextual e comprometida não se destina apenas a pessoas que experimentam opressão social ou política. Hoje, mais e mais leitores da Bíblia em todo o mundo estão reconhecendo que um componente essencial da interpretação bíblica é o estágio em que eles identificam o que a passagem os estimula a fazer – e depois tentar fazê-lo! Gorman dá a este método o nome de corporificação ou atualização. Ele pergunta: "Se os leitores levassem a sério a mensagem deste texto, como suas vidas seriam diferentes?" (Gorman 2001, p. 131-133, 203).

Embora a interpretação para o discipulado possa parecer simplesmente um termo ocidental para a interpretação contextual, existem diferenças. Os principais contextos que aqui afetam a interpretação são a Igreja e o cânon. A localização do intérprete na vida da Igreja e a localização do texto no cânon afetam o objetivo e também o foco dos atos de interpretação. Embora outros fatores contextuais não sejam ignorados, na prática eles desempenham apenas um papel de apoio. Não causa surpresa, portanto, que a interpretação para o discipulado focalize muitas vezes o significado espiritual e o significado teológico do texto, em vez de seu impacto político ou social.

Alguns estudiosos bíblicos hoje preparam comentários destinados a estimular o discipulado. Ou seja, com o propósito explícito de fazer com que seu trabalho interpretativo ajude as pessoas a conhecer e seguir a Deus como discípulos cristãos. Esses comentários visam preencher a lacuna entre as introduções convencionais ao Novo Testamento e as questões da vida real das pessoas e estabelecer um "vínculo entre as lutas de nossos antepassados e nossas próprias lutas; entre o desafio do discipulado no tempo de Jesus e em nosso tempo" (Howard-Brook & Ringe 2002, p. ix).

O estudioso britânico do Novo Testamento John Vincent trabalhou durante alguns anos com uma equipe de estudiosos e pastores sobre um método conhecido como crítica prática. Esta abordagem interpreta os documentos do Novo Testamento com a pergunta fundamental: o que este texto sugere que eu faça como discípulo? Cf. *Acts in Practice* (2012) e *Discipleship: The New Testament Mosaic* (no prelo).

Os estudiosos que escrevem para estimular o discipulado tomam geralmente o cuidado de explicitar sua localização social, compromissos ideológicos e objetivos exegéticos. Isto ajuda a fundamentar e revelar os limites de seus atos de interpretação. Deixam claro também que precisam ajudar os outros na comunidade crente a vivenciar seus compromissos ideológicos e de fé. É reconfortante, para os leitores acostumados a ver os estudiosos manterem uma distância segura em relação à vida da Igreja, saber que esses estudiosos procuram até identificar maneiras de a Igreja poder ajudá-los a fazer isso. Por exemplo, o capítulo de David sobre os Atos em *Discipleship: The New Testament Mosaic* apresenta a seguinte orientação para os discípulos contemporâneos:

> Focalizem por igual o bem-estar da Igreja e do mundo; sejam atentos e sensíveis à orientação do Espírito de Deus; deem e recebam hospitalidade; tomem decisões e enfrentem as

desavenças; considerem multidimensional o testemunho cristão; tenham um compromisso universal com a libertação espiritual e social; aguardem e enfrentem oposição dos detentores do poder; lembrem-se de que, visto que os Atos ensinam pela narrativa e pelo exemplo, precisamos planejar o que significa "fazer a mesma coisa" em nosso tempo e lugar.

Outros livros e intérpretes bíblicos podem muito bem realçar outras práticas de discipulado. Uma interpretação responsável do discipulado requer obviamente diálogo contínuo com os outros. Existe uma sólida tradição cristã que defende estudar a Bíblia para o discipulado junto com os outros.

Os estudos interativos da Bíblia são uma das maneiras de interpretar a Bíblia em conjunto, relacionalmente e em diálogo com outros interesses. Essas abordagens podem ser bastante simples: por exemplo, memorizar e recontar narrativas bíblicas ou fazer juntos a *lectio divina* num centro urbano agitado. Outras abordagens podem ser mais complexas: explorar temas bíblicos na arte contemporânea, escrever cartas para personagens bíblicos ou imaginar novos incidentes em narrativas bíblicas. Pressionando os participantes a utilizar a memória e a imaginação para interagir com a Bíblia, essas abordagens os ajudam a ver por si mesmos que a Bíblia é um produto ou memória, experiência, imaginação e fé. Muitas vezes isto leva também os participantes a transformar compreensões pessoais.

Os manuais clássicos para isso foram escritos por Hans--Ruedi Weber, ex-diretor de estudos bíblicos no Conselho Mundial de Igrejas e professor na Faculdade de Pós-graduação em Estudos Ecumênicos em Bossey, perto de Genebra. Estes são: *The Book that Reads Me* (1995), publicado nos

Estados Unidos com o título *The Bible Comes Alive* (1996), e *Walking on the Way: Biblical Signposts* (2002). O primeiro oferece uma rica coleção de exemplos e o segundo mostra como muitos desses métodos podem ser utilizados para o estudo do evangelho de Lucas.

Raciocínio bíblico

O raciocínio bíblico é um movimento recente que convida pessoas de diferentes crenças a refletir juntas sobre suas respectivas escrituras. Começou com judeus, cristãos e muçulmanos refletindo sobre o tratamento de assuntos ou temas comuns na Bíblia Hebraica, no Novo Testamento e no Alcorão, e subsequentemente foi ampliado para incluir membros de muitas outras crenças vivas.

O processo é relativamente simples: pessoas de diferentes crenças concordam em encontrar-se para refletir sobre como um tópico é compreendido nas Escrituras de cada crença. Exemplos de tópicos podem ser: jejum, revelação etc. Em geral os grupos de raciocínio bíblico se encontram regularmente de modo que os participantes se conheçam bem uns aos outros. Um grupo codirigido por David em Manchester se encontra quase cada mês e passou três ou quatro encontros discutindo uma variedade de passagens sobre diferentes tópicos.

Textos curtos sobre um tema combinado são postos em circulação de antemão. Quando o grupo se reúne, os membros comentam por sua vez cada texto, depois de uma breve introdução feita por alguém pertencente à crença donde vem o texto. Já que as escrituras de cada crença contêm diferentes histórias de formação e funcionam de maneira diferente em cada crença, não existe uma abordagem-padrão para todos os textos. No comentário que se segue logo fica evidente que o texto na língua original é o que muitos entendem como "escritura", com traduções que são concessões secundárias para os que não conhecem a língua original. Isto eleva as expectativas para os cristãos, que podem sentir-se confortáveis mesmo sem conhecer o hebraico, o aramaico e o grego da Bíblia.

O comentário do texto apresenta também em poucas palavras informações sobre como estas escrituras são utilizadas na crença em questão. Os cristãos podem surpreender-se ao saber como passagens da Bíblia Hebraica que para eles parecem de importância secundária têm uma importância central para os judeus (e vice-versa). Um dos elementos educativos mais importantes deste processo é que ele desfamiliariza o texto. Os cristãos ficam surpresos com o que os membros de outras crenças conhecem ou não conhecem sobre o Novo Testamento (ou a Bíblia Hebraica). Quando outros membros do grupo lhes dirigem perguntas, eles por sua vez podem ser rebaixados a reconhecer quão pouco conhecem sobre suas próprias escrituras e sobre as escrituras que são sagradas para os outros.

Às vezes dá-se um choque de reconhecimento. Membros do grupo surpreendem-se ao descobrir que as escrituras de outras crenças podem ser muito semelhantes às suas e podem utilizar ou distorcer os ensinamentos de suas escrituras. Este processo de "comparar e contrastar", que é uma das maneiras de os humanos aprenderem, leva frequentemente a uma compreensão mais profunda de suas próprias escrituras e a um apreço mais afetuoso pela crença e pelas escrituras dos outros. Muitas vezes haverá diferenças de ênfase e interpretação também entre membros da mesma crença; e membros de outras crenças podem ajudar a esclarecer essas diferenças e situá-las no contexto de comentários mais amplos: por exemplo, um exame de um texto sobre Maria, mãe de Jesus, que tem importância diferente para judeus, cristãos, muçulmanos e baha'is, precisa ser explicado para membros hindus ou budistas do grupo, que têm suas próprias tradições comparáveis do nascimento e da vida familiar de um profeta ou pessoa santa.

Esta abordagem da interpretação escriturística tem três grandes vantagens. Ela fomenta boas relações entre as pessoas de fé; aprofunda a compreensão das tradições de fé e práticas dos outros; e incrementa a fé das pessoas de fé. É um processo de interpretação comprometida, porque requer que os participantes compartilhem sua compreensão das próprias escrituras a partir das perspectivas de ser participantes daquela tradição de fé. As pessoas falam umas com as outras sobre suas escrituras a partir de sua própria experiência vivida de fé. Paradoxalmente, pessoas sem fé reconhecem a importância disto e geralmente são estimuladas a ouvir que tais conversações estão em andamento e com resultados tão construtivos. Na experiência de David, interpretar a Bíblia em diálogo com pessoas de outras crenças e interpretar seus textos sagrados da mesma maneira fortalece o tecido social e possibilita às pessoas de fé colaborarem com retidão na esfera pública. Esta construção de relações e fortalecimento de parcerias é de grande proveito no mundo cada vez mais diverso e globalizado do século XXI.

Teste

É fácil testar o raciocínio bíblico. Entre em contato com um grupo interconfessional local e convide membros de diferentes crenças a encontrar-se para uma sessão de degustação. Escolha um tópico de importância óbvia para todos; por exemplo: como educar as crianças, como cuidar do mundo natural, a importância do canto para a fé. Peça que os participantes tragam cópias de um texto curto (digamos: de cinco a dez linhas) sobre o tópico tirado de suas escrituras, com cópias suficientes para cada membro do grupo.

Dê a cada membro do grupo a oportunidade de ler seu texto em voz alta e dizer por que optou por compartilhar esta passagem. Depois deixe a discussão fluir naturalmente. Haverá muitas perguntas feitas por membros das outras crenças. Garanta que haja tempo suficiente para todos os textos serem lidos e discutidos. Se o tempo se esgotar antes, planeje que os outros possam fazê-lo num segundo encontro.

Você pode achar que muitas das questões levantadas neste livro são relevantes para a maneira como estas discussões prosseguem. Sugere isto que o processo de interpretação da Bíblia é igual, semelhante ou diferente do processo de interpretar as Escrituras de outras crenças?

Compromisso com a erudição: utilizando os comentários

Na seção final deste capítulo consideramos o uso de comentários para ajudar a interpretação. Existe um motivo para este tópico ter sido adiado para agora: se consultados muito cedo, os comentários prejudicam nossa capacidade de ler a Bíblia por conta própria. Eles podem intimidar-nos por sua linguagem e cultura erudita, influenciar-nos a ver o texto com seus vieses, desapontar-nos por ignorar o que consideramos importante, abafar as vozes suaves presentes no texto que estão lutando para ser ouvidas, particularmente as vozes dos que se encontram nas margens sociais e assim por diante. Também levam anos para serem escritos, enquanto as necessidades interpretativas surgem muito rapidamente e precisam de uma resposta mais rápida. Em poucas palavras, os comentários podem levar-nos a esquecer as próprias perguntas que levamos ao texto para encontrar respostas. Precisamos lembrar-nos de que os comentários devem ser utilizados para apoiar nossa própria investigação interpretativa e não para orientá-la.

Teste

Para ver como é importante lembrar-nos de que precisamos começar com nossa própria interpretação provisória de um texto, experimente fazer o seguinte teste imaginativo:

Você está sem recursos, sozinho, numa ilha deserta, tendo apenas a Bíblia para ler; e você se pergunta se este livro pode ajudá-lo a sobreviver ou escapar. Em sua ilha imaginária você precisa primeiro de ajuda para satisfazer as necessidades básicas da vida: água, alimento e abrigo. Depois você precisa fazer um balanço de sua situação. Onde você está? Você está sozinho? Você corre perigo? Onde você encontrará os recursos interiores para seguir em frente, enquanto constrói um barco ou aguarda o resgate? Deixe sua imaginação correr solta: que tipo de comentário lhe seria útil nessa situação?

O objetivo do exercício imaginativo acima é mostrar a você como os comentários escritos por pessoas que vivem em circunstâncias muito diferentes das suas provavelmente não serão tão úteis como os que são escritos tendo em mente suas circunstâncias. Se houvesse uma série de comentários escritos por náufragos ou proscritos, eles poderiam muito bem ser sua primeira opção!

Deixando de lado nosso exemplo da ilha deserta e admitindo que temos acesso a uma biblioteca ou livraria teológica, quais comentários deveríamos consultar? Os comentários, como os amigos, precisam ser escolhidos sensatamente. Nossas escolhas se basearão em nossas próprias circunstâncias e necessidades mutantes. Isto significa que não existe uma resposta para a pergunta: "Qual é um bom comentário sobre tal e tal livro?", sem considerar também: "Bom para quem?" e "Bom para qual finalidade?"

Escolhendo um comentário

Ao procurar comentários para consulta, deveríamos começar levando em consideração nossa própria experiência. Utilizamos comentários antes? Em caso positivo, para que os utilizamos e quais comentários consideramos os mais úteis para esse objetivo? Se tivemos comentários em nossas estantes por muitos anos, mas quase nunca os consultamos, pode valer a pena perguntar-nos por que isso ocorre e se eles têm probabilidade de ser de grande ajuda agora. Existem tantos comentários modernos disponíveis que geralmente é desnecessário (e imprudente para os iniciantes) debater-se com comentários difíceis ou antiquados. Existe um lugar para comentários clássicos do passado, mas será necessária orientação e experiência para saber quais são. Ao abordar um livro ou tópico bíblico pela primeira vez, é prudente procurar os que interagem com o consenso dos eruditos e não os que defendem visões novas ou não testadas.

Alguns comentários são mais exposições do que comentários, frequentemente baseados numa série de sermões ou leituras da Bíblia feitas em determinado contexto eclesial. Se o expositor se deu ao trabalho de ser um exegeta cuidadoso e se o contexto para o qual as exposições foram preparadas for semelhante ao contexto no qual estamos empenhados, então essas interpretações podem proporcionar-nos orientação útil. No entanto, devemos utilizar essas exposições com cautela.

Em seguida, precisamos considerar o objetivo que temos para consultar comentários sobre qualquer ocasião determinada. Se considerarmos os instrumentos apresentados neste livro, estaremos cientes de que precisamos de comentários que proporcionem informação básica sobre o livro do qual vem a passagem por nós escolhida e uma série muito ampla de informações detalhadas. A maioria dos comentários fornece a informação histórica e literária básica de que precisamos para orientar-nos, como por exemplo: o gênero o livro; onde, por que, quando e para quem foi escrito; sua configuração e subdivisões principais. No entanto, mesmo sobre estes fundamentos, os comentaristas divergirão, de modo que é preciso consultar mais do que um comentário.

No que diz respeito à informação detalhada, nenhum comentário, por mais amplo que seja, proporcionará toda a informação de que precisamos. Por isso, precisamos escolher comentários que enfoquem nossa área de interesse. Em nossa busca nos orientaremos pelo maior conhecimento possível acerca dos(s) autor(es) do comentário: sua idade, gênero, nacionalidade, etnicidade, vocação, interesses de pesquisa, filiação denominacional ou religiosa e assim por diante, não esquecendo que todos os comentários são produtos de conversações anteriores com outros intérpretes. Devemos escolher comentários que pareçam ocupar-se com um tópico ou uma questão que nos interessa no momento.

Devemos levar em consideração também nossas habilidades técnicas. Por exemplo, se temos algum conhecimento do hebraico clássico ou da *koiné* grega, comentários que se referem às línguas originais serão úteis. Caso contrário, precisaremos assegurar-nos de que o autor conhece a língua original da passagem e é sensível às necessidades dos leitores que não a conhecem. Os verdadeiros peritos são geralmente capazes de explicar matérias complexas de maneira simples e geralmente é seguro evitar autores que parecem supercomplexos.

Lembremos que as necessidades das pessoas diferem. Eis algumas perguntas que podemos fazer quando pensamos em utilizar um comentário para determinada tarefa interpretativa.

- É fácil para mim utilizá-lo para esta finalidade?
- A introdução me ajuda a ver a forma e as questões teológicas essenciais?
- Está ele escrito com referência à língua ou línguas originais?
- Faz ele bom uso de instrumentos exegéticos apropriados?
- Faz ele conexões com questões da vida contemporânea?
- Adota ele uma abordagem comprometida: política, teológica, denominacional etc.? Em caso positivo, qual? Em caso negativo, quais compromissos ideológicos o autor está ocultando?

Manuais para os comentários

Apesar da atração pela posse de um conjunto de livros com capas semelhantes, não devemos comprar conjuntos ou séries completas, a não ser que já tenhamos verificado que diversos volumes da série são muito úteis. Comentários em série são escritos geralmente por autores diferentes e, por isso, variam em qualidade. Vale a pena conhecer as características gerais de determinada série de comentários, já que encontramos algumas séries úteis e outras inúteis para qualquer estágio em que estivermos em nosso trabalho de interpretação. Soulen e Soulen (2011, p. 40-42) oferecem uma breve descrição de algumas das principais séries.

Uma ajuda ulterior para a escolha dos comentários pode ser encontrada em manuais mais amplos para os comentários. Lembremos que aqueles que comentam os comentários têm suas próprias agendas e devemos ter consciência dos objetivos e da orientação dos autores desses manuais. A maioria dos manuais listados abaixo são da autoria de cristãos evangélicos que têm visões relativamente conservadoras da inspiração da Bíblia. No entanto, são escritos também por estudiosos que compreendem a complexidade da tarefa exegética e hermenêutica enfrentada pelos comentaristas. Em geral estes manuais são úteis para descrever as características da série como um todo e também, especialmente, para identificar quais são os volumes particularmente bons em cada série e também nos clássicos.

O melhor manual em um único volume para livros que ajudam no estudo da Bíblia é *An Annotated Guide to Biblical Resources for Ministry* (2011), de Bauer. Ele é particularmente útil porque proporciona orientação sobre outros importantes subsídios para o estudo, como concordâncias, estudos de palavras, léxicos, introduções etc. Tremper Longman III fornece um manual útil para comentários sobre o Antigo Testamento em *Old Testament Commentary Survey*, 5ª edição (2013) e *New Testament Commentary Survey*, 7ª edição (2013), de John Goldingay e Don Carson, é igualmente útil.

Por fim, não deveríamos apenas descobrir e ater-nos aos nossos autores favoritos, mas é também importante considerar comentários escritos a partir de perspectivas diferentes das nossas e com compromissos diferentes. Estes nos ajudam a ver onde estão os nossos pontos cegos ou preconceitos e a ampliar a nossa visão. Os cristãos descobrirão muitas vezes que comentários escritos por estudiosos judeus são muito úteis em seu estudo da Bíblia Hebraica e do Novo Testamento. Bons pontos de partida são: *The Jewish Study Bible* (2014) e *The Annotated New Testament* (2011). Um excelente exemplo de diálogo entre estudiosos judeus e cristãos é *The Gospel of Luke* (2018), escrito em parceria por Amy-Jill Levine e Ben Witherington III, que reconhece, celebra e lida com a diversidade de perspectivas e compromissos que cada autor oferece.

Este capítulo conclui nossa análise de todos os diferentes fatores que afetam nossa interpretação bíblica: nossas metas, nossa experiência e expectativas, maneiras de considerar mais atentamente o texto e nós mesmos e os compromissos que nós e outros trazemos a cada ato de interpretação. No próximo capítulo consideraremos maneiras de utilizar esta informação para ter conversações mais profundas com a Bíblia.

6
POSSIBILITANDO O DIÁLOGO COM O TEXTO

Introdução

Quando conversamos com outra pessoa existem certas normas a seguir. Precisamos arranjar um tempo disponível para a conversação, ouvir atentamente o que a outra pessoa diz, a fim de podermos responder adequadamente e expressar nossas próprias visões. Geralmente encontraremos algum terreno comum como também algumas diferenças de opinião. Um bom diálogo exige também ser honesto a respeito de nossas visões, mas abertos à mudança. E em qualquer conversação, alguém tem a última palavra, que abre para um diálogo ulterior ou o encerra.

Neste capítulo analisamos nosso diálogo com a Bíblia. Como podemos ouvir corretamente o que a Bíblia diz, particularmente quando ela fala com diferentes vozes? Como trazemos para a conversação nossa experiência? E quem deve ter a última palavra? Já fizemos grande parte do trabalho preparatório para este penúltimo estágio de nosso processo interpretativo. No capítulo 3 analisamos os instrumentos que temos à disposição para examinar a Bíblia e levar em conta a configuração, o contexto e a formação de uma passagem. Depois refletimos sobre a maneira como falamos honestamente a respeito de nós mesmos e do nosso contexto (capítulo 4) e também sobre o impacto que nossos compromissos causam sobre nossa leitura (capítulo 5). Agora estamos prontos para reunir todos estes elementos e considerar as várias abordagens hermenêuticas que podemos utilizar.

Para a maioria dos cristãos e dos judeus a Bíblia assume o papel de parceiro principal de diálogo na conversação entre o texto e os leitores. Seu *status* autoritativo nestas comunidades significa que sua contribuição para qualquer conversação é considerada confiável e significativa. Para esses leitores, lembrar como a Bíblia proporcionou orientação e esperança em sua própria vida e na vida de sua comunidade de fé no passado lhes dá motivo para confiar na Bíblia. No entanto, a Bíblia é apenas um parceiro de diálogo e deve ocupar seu lugar ao lado da experiência de vida dos leitores e ao lado de outros conhecimentos, como a teoria científica ou a crítica ideológica.

Se priorizamos intencionalmente o texto bíblico ou nossa experiência, deveremos observar que não se pode confiar em nenhum deles para "ater-nos ao roteiro". A série de vozes, contextos e posições teológicas ou ideológicas representadas ao longo da Bíblia torna impossível fixar permanentemente o que a Bíblia ensina sobre qualquer questão teológica ou ética. Da mesma forma, os leitores que nos debates éticos ou teológicos priorizam sua experiência vivida, em vez da experiência refletida na Bíblia, precisam levar em consideração como também isto muda ao longo do tempo.

Por causa da natureza rica e multifacetada tanto do leitor quanto do texto, já reconhecemos que as perguntas sobre o sentido de uma passagem bíblica só podem ser respondidas para um determinado tempo e lugar. O resultado do diálogo mudará dependendo de quem está envolvido na conversação. Devemos, portanto, ser cautelosos acerca de quaisquer tentativas de estabelecer uma interpretação universalmente autoritativa de uma passagem. A Bíblia sempre tem algo mais a acrescentar à discussão, como fazemos nós enquanto leitores. Walter Brueggemann (1997b, p. 59) estimula os leitores a respeitar a densidade do texto bíblico e seus contextos de formação e recepção e adverte contra o que chama de tipos "tênues" de erudição (Brueggemann 1997b, p. 61), interpretações que permanecem na superfície do texto.

O objetivo deste capítulo é examinar como podemos travar um diálogo frutífero com a Bíblia, seja qual for nossa compreensão de sua inspiração ou de sua autoridade. Nunca podemos ler a Bíblia sem que nossa leitura seja influenciada de alguma forma por nossa experiência de vida e, como observamos no capítulo 4, é importante reconhecer isto para que ela enriqueça nosso estudo em vez de obstruí-lo. Como então manter em tensão criativa as compreensões provenientes de nossa experiência e as que brotam do texto? Que tipo de relação eficaz devemos tentar criar?

Examinemos estas observações introdutórias considerando uma série de abordagens de João 10,14, onde o evangelista registra a afirmação de Jesus: "Eu sou o bom pastor". Se lermos a passagem contra o pano de fundo de todo o cânon, notaremos várias conexões entre este versículo e outros textos. Ele lembra o versículo de abertura do Salmo 23: "O Senhor é meu pastor: nada me faltará", sugerindo que o autor de João via Jesus levando a cabo o papel de Deus na terra. A passagem alude também ao juízo de Ezequiel sobre certos líderes de Israel, que são caracterizados como pastores displicentes, que não cuidam do rebanho ou não buscam a ovelha perdida (Ez 34). Finalmente, a partir do novo Testamento, a passagem de João poderia ser considerada uma versão aprovada da parábola da ovelha perdida (Lc 15,1-7).

Se lermos a partir de uma perspectiva secular, ou como alguém pertencente a uma crença diferente do cristianismo, lidaremos inevitavelmente com pretensões bíblicas como a que Jesus apresenta acerca de seu *status* em João 10,14, mesmo que aceitemos o valor artístico de uma passagem, sua exatidão histórica ou suas compreensões sociais. Se somos leitores cristãos, porém, podemos encontrar grande conforto neste versículo, observando como a pretensão ousada de Jesus é corroborada por seu ministério de cuidado e orientação, registrado nos quatro evangelhos. As palavras e os atos de Jesus confirmam para nós que Jesus é um líder justo que nos guiará e cuidará de nós, nos protegerá do mal e nos levará a um lugar seguro. Desta maneira interpretaremos o texto examinando a narrativa bíblica mais ampla e com referência à nossa própria experiência de fé.

Este tipo de interpretação devocional passa diretamente da afirmação de Jesus para a jornada de discipulado do próprio leitor, em que o leitor talvez pense: "Jesus é o bom pastor que promete prover a subsistência de seus seguidores e, por isso, devo segui-lo". Mas a crítica histórica nos ensina que nosso acesso a Jesus é mediado pelos evangelistas e suas comunidades. Por isso, os críticos históricos nos estimulam a adotar uma abordagem mais cautelosa, analisando primeiramente a situação e as crenças da comunidade joanina, utilizando instrumentos históricos e sociológicos para compreender sua luta com os líderes das sinagogas judaicas e sua consequente busca de novos modelos de liderança. Esta abordagem do texto sugere que o foco da passagem consiste em escolher quais líderes seguiremos e nos levará a refletir sobre as reivindicações conflitantes de lealdade que enfrentamos em nossa própria vida e sobre a maneira como decidimos em quem confiar.

Ora, o que acontece à nossa interpretação deste versículo se introduzimos na conversação nossa própria experiência? Podemos refletir sobre nosso próprio papel como líderes ou seguidores, refletindo sobre as caraterísticas que prezamos num líder e sobre como desenvolvemos nossas próprias habilidades de liderança. Podemos também desejar examinar que tipo de líder Jesus era e considerar se, para os líderes de hoje, um pastor que morreria por suas ovelhas (João 10,15) é um modelo adequado de papel a ser exercido pelos líderes de hoje.

Finalmente, como já observamos, os compromissos de vida de alguns leitores os levarão a ler a Bíblia com cautela. Este versículo pode, portanto, levar-nos a questionar a noção de bom pastor. É o pastor realmente bom para as ovelhas? Ou ele é bom apenas aos olhos do fazendeiro, que tira proveito da lã e finalmente matará e comerá as ovelhas ou seus cordeiros? Embora observando estas cautelas, considerando a história dos efeitos deste versículo, notaremos que na maioria das vezes ele funcionou como um estímulo aos leitores, que são confortados pela imagem do bom pastor e estimulados a seguir Jesus, confiando em sua promessa de providenciar coisas boas.

Teste

Leia João 10,1-9, a passagem que antecede a discussão do bom pastor. Seguindo o exemplo acima, considere como você poderia interpretar a imagem

> da porta: em relação ao cânon bíblico mais amplo; através de suas crenças e práticas, como parte de uma comunidade religiosa ou de outro modo; em conexão com barreiras, limites e porteiros de hoje e com a maneira como os experimentamos; e à luz da história dos efeitos desta passagem ao longo dos séculos.

Este exemplo ilustra como podemos unir instrumentos exegéticos, nossa experiência e a análise social para moldar nossa interpretação de uma passagem. No restante deste capítulo analisaremos este processo mais detalhadamente e tentaremos articular os recursos que acumulamos nos capítulos anteriores.

Como vimos ao logo deste livro, a Bíblia é uma obra complexa que tem uma história mesclada de interpretação. Enquanto leitores, todos nós temos experiências diferentes da Bíblia e alguns de nós se debaterão mais minuciosamente com nossas interpretações. Se consideramos a leitura da Bíblia uma experiência positiva ou algo com que lutamos, o fato de identificar nosso método interpretativo nos ajuda a desfrutar o processo e a fazê-lo de maneira melhor.

A relação entre texto e intérpretes

Existem pelo menos duas relações possíveis entre o texto bíblico e seus intérpretes.

Uma relação direta?

Muitos leitores da Bíblia veem uma relação direta entre o ensinamento da Bíblia e a resposta deles, com pouca necessidade de qualquer tipo de interpretação. Certamente existem algumas passagens na Bíblia que nos parecem muito fáceis de ler. Entre estas estão instruções morais como "Não roubarás" (Ex 20,15) e a exortação a imitar certos personagens: por exemplo, apesar de sua história complexa e muitas vezes problemática no Gênesis, Abraão e Sara são apresentados como exemplos de fé (Hb 11,8-12).

> **Teste**
>
> Leia Lucas 2,25-40, a história dos encontros de Simeão e de Ana com o menino Jesus. Simeão e Ana são lembrados na Igreja como pessoas sábias e fiéis, cuja paciência é recompensada. Como a passagem os retrata? Quais dentre as suas características você gostaria de imitar em sua própria vida?

Desde os primeiros tempos, os cristãos foram estimulados a tornar-se semelhantes a Cristo e Paulo exorta: "Tende em vós o mesmo sentimento que houve em Cristo Jesus" (Fl 2,5). Francisco de Assis foi talvez a pessoa mais famosa que procurou imitar a vida de Jesus, suas vestes e até suas feridas. Um dos seguidores de Francisco teve certa vez a visão de uma grande procissão da Igreja, na qual apóstolos, santos e mártires procuravam todos cuidadosamente imitar a Cristo. Atrás de todos "vinha a pequena figura esfarrapada de Francisco, descalço e trajando veste marrom; só ele seguia facilmente e com passo firme as pegadas reais de nosso Senhor" (Moorman 1950, p. 51). Ler a Bíblia para aprender como seguir Jesus é uma abordagem consolidada e válida para muitos cristãos. Numa reprodução moderna desta prática antiga, alguns cristãos trazem pulseiras nas quais estão impressas as letras WWJD que significam "What Would Jesus Do" (O que

Jesus faria), um lembrete para o portador agir em qualquer situação como Jesus agiria. A fonte da expressão é a história ainda relevante *In His Steps* (1896), de Charles Sheldon. Este método de reflexão sobre a Bíblia vai além do comportamento pessoal para chegar ao compromisso social e político: por exemplo, um cartaz numa marcha *Stop the War* em 2003, em Londres, perguntava: "Deus lançaria bombas?" Mas o estudo *What Did Jesus Do? Gospel Profiles of Jesus' Personal Conduct* (2003), de Scott Spencer, nos lembra o problema histórico: não temos acesso direto às ações de Jesus, só ao que os evangelhos apresentam. Como ocorre com qualquer abordagem, precisamos proceder com cuidado, utilizando os instrumentos exegéticos relevantes para assegurar que nossas interpretações sejam exatas e responsáveis.

Tomemos, por exemplo, a crença de que Jesus estimulou os seguidores a "oferecer a outra face". Esta ordem aparentemente clara ainda precisa ser interpretada em relação com o contexto religioso, social e político em que foi dada.

Teste

Leia Mateus 5,38-42 e reflita sobre como as palavras de Jesus podem ser capazes de orientar seus seguidores a responder à agressão ou à violência.

A interpretação de Walter Wink de Mateus 5,38-42 mostra a importância de conhecer o contexto de Jesus como também suas palavras. Embora a ordem de Jesus de oferecer a outra face tenha sido entendida muitas vezes como estimular uma condescendência passiva com o mal, Wink sugere que Jesus estava, ao invés, defendendo a resistência não violenta às forças romanas. Wink aponta que oferecer a face esquerda ao superior social que acabou de dar um tapa na face direita era uma maneira de resistir à pretendida humilhação. O superior não pode revidar batendo com a mão esquerda (porque era algo impuro), mas também não consegue facilmente dar um tapa inverso na face esquerda com a mão direita, de modo que só é capaz de socar a face direita. Mas, como apenas pessoas de igual posição social batiam uma na outra, isso eliminaria a natureza humilhante do ato – embora não o golpe físico (Wink 1992, p. 175-184). Por isso, Ulrich Luz sugere: "A interpretação de Wink oferece uma impressionante terceira via entre resistência violenta e resignação" (Luz 2007, p. 274). Este exemplo mostra as possíveis ciladas de fazer correlações simples e diretas entre a Bíblia e a nossa situação, sem compreender o sentido de uma ação em seu contexto social original.

Assim como leitores individuais que aplicam o ensinamento bíblico diretamente à sua própria situação, algumas comunidades também deduzem uma estreita correlação entre sua situação e situações que ocorrem na Bíblia. Algumas das abordagens vernáculas que consideramos no capítulo 5 o fazem. Tomemos mais um exemplo: muitos rastafaris identificam a experiência de escravidão e deportação de sua comunidade com a experiência do cativeiro dos israelitas na Babilônia (Murrell 2000). Na música reggae e outras expressões culturais dos rastafaris, "Babilônia" se torna uma maneira de falar sobre a América, o Caribe, ou a Grã-Bretanha: lugares para os quais os africanos escravizados foram levados à força e onde ainda sofrem racismo. Existem muitas alusões bíblicas na música reggae: o canto "Survival (Sobrevivência)", de Bob Marley, se refere a Daniel 3,24-26 e à sobrevivência de Sidrac,

Misac e Abdênago, que foram lançados na fornalha acesa, mas "não se queimaram". No entanto, a maneira como a linguagem bíblica é reelaborada e moldada para falar a um novo contexto deveria acautelar-nos contra a supersimplificação dessas leituras (Thompson 2012, p. 331). Mais precisamente, lendo-se a si mesmos no texto bíblico, os artistas reggae possibilitam que ele fale novamente de resistência e libertação.

> **Teste**
>
> Procure as letras de um ou dois cantos de um dos muitos gêneros de música que frequentemente se referem à Bíblia (blues, soul, gospel, country, bluegrass, música do mundo, hip hop etc.). Como eles utilizam metáforas, temas, personagens ou situações da Bíblia? Quais são as vantagens e os problemas de utilizar o vocabulário bíblico para falar das realidades atuais? Como esse uso da Bíblia nas letras dos cantos modifica sua compreensão das referências bíblicas originais?

Os temas bíblicos do êxodo, do exílio e da redenção, que refletem acontecimentos fundantes para a comunidade judaica e a comunidade cristã, são muitas vezes utilizados desta maneira por leitores posteriores. Eles significam momentos importantes para judeus e cristãos, mas também ganharam novos sentidos em diferentes contextos. Devido à sua profundidade e amplitude, podem ser utilizados para analisar uma grande variedade de situações, porque a relação entre a Bíblia e o contexto interpretativo pode também ser indireta. Os comentaristas sociais que utilizam esses temas não tendem a assinalar uma clara semelhança, mas antes os utilizam para insinuar algum tipo de relação entre as duas situações e, assim, realçam aspectos da experiência contemporânea. Um exemplo do uso do êxodo e também do exílio (mas pouca menção da redenção) pode ser encontrado no debate do Brexit entre 2016 e 2019, que incluiu advertências de um "êxodo" de trabalhadores qualificados e investidores do Reino Unido, como também uma discussão do "autoimposto exílio" do Reino Unido em relação à Europa. Aqui ambos os termos são utilizados negativamente para indicar uma perda de relação e conexão.

Uma correspondência de relações

No capítulo 3 examinamos como o interesse pelo pano de fundo social da Bíblia e pela aplicação dos instrumentos sociocientíficos lançou uma nova luz sobre a situação em que diferentes escritos bíblicos surgiram.

O abismo entre os mundos descritos na Bíblia e as realidades contemporâneas levou o teólogo brasileiro Clodovis Boff a questionar a ideia de que podemos ler ações e respostas adequadas à nossa própria situação diretamente a partir dos textos bíblicos. Em seu livro *Teologia e prática: Teologia do político e suas mediações* (1982), ele descreve a abordagem que consideramos na seção anterior como "correspondência de termos", na qual o leitor vê um paralelo direto entre a situação bíblica e seu próprio contexto. Boff achava que este método traça paralelos supersimplistas entre contextos bíblicos como o êxodo e seu contexto de conflito político e econômico na América Latina: por exemplo, num quadro do massacre dos inocentes feito por membros da comunidade de Solentiname, o exército de Herodes é substituído por soldados com o uniforme do ditador nicaraguense Somoza (Rowland & Corner 1990, p. 55). Outra limitação de uma comparação aparentemente direta é que ela não reconhece o fato de que existem muitos contextos embutidos nos textos bíblicos e não apenas um.

Por isso, Boff preferiu falar de uma "correspondência de relações". Esta abordagem observa a natureza multifacetada dos textos bíblicos e como estes refletem a situação da qual eles surgiram como também a situação que pretendem descrever. Ela examina como os próprios autores bíblicos adaptam acontecimentos e tradições anteriores e os aplicam criativamente à sua própria situação. Isto proporciona orientação para os intérpretes pós-bíblicos. Observando como os textos bíblicos procuram responder às perguntas de seu próprio tempo, os intérpretes posteriores são capacitados a interpretar o texto de maneira igualmente criativa e, assim, a oferecer orientação adequada a seus leitores.

Teste

Leia Jeremias 32,1-15, em que o Profeta Jeremias recebe de Deus a ordem de comprar um terreno. Pense no que a compra de um terreno pode significar hoje, por exemplo: um sinal de aumento de riqueza, uma maneira de impedir a construção ulterior de edifícios que tampam a vista, espaço para um animal grande, como um cavalo. Em seguida, pense no que significa a terra na Bíblia Hebraica: Quem possui a terra? Qual é a relação da terra com as pessoas? No versículo final da seção, a ação de Jeremias é revelada como um sinal de esperança: "Porque assim diz o Senhor dos senhores, o Deus de Israel: Ainda se poderá

> comprar casas, campos e vinhas neste país". Comprar um pedaço de terra hoje pode não significar esperança, mas que outras ações podem ser consideradas "esperançosas" em seu contexto?

A abordagem da correspondência de relações estimula um método flexível de compromisso com o texto. Boff observou:

> Portanto, não precisamos procurar, a partir da Escritura, fórmulas a serem "copiadas" ou técnicas a serem "aplicadas". O que a Escritura nos oferece é antes algo como orientações, modelos, tipos, diretrizes, princípios, inspirações – elementos que nos permitem adquirir, por nossa própria iniciativa, uma "competência hermenêutica" e, assim, a capacidade de julgar – por nossa própria iniciativa, por conta própria – "de acordo com a mente de Cristo", ou "de acordo com o Espírito", as novas e imprevisíveis situações com as quais nos confrontamos continuamente. Os escritos cristãos nos proporcionam não um "o quê", mas um "como" – uma maneira, um estilo, um espírito (Boff 1987, p. 149).

O método de Boff se baseou num compromisso ideológico pela libertação dos pobres. Ele supõe que a Bíblia advoga a libertação e também confia aos leitores a tarefa de fazer bons juízos a respeito do texto e da maneira como aplicá-lo à sua situação. O estímulo de Boff a que o leitor faça sua interpretação de acordo com a mente de Cristo confia numa acurada compreensão da maneira como Jesus ou os primeiros cristãos responderam à sua situação e, como vimos, isto requer uma análise minuciosa do contexto social do Novo Testamento.

Identificando três grandes abordagens interpretativas

Todos os intérpretes utilizam algum tipo de princípio para orientar seu diálogo com o texto. Diferentes abordagens hermenêuticas oferecem diferentes maneiras de resolver as tensões presentes na Bíblia, ou entre interpretações controversas de uma passagem, ou entre as afirmações do texto e a experiência do próprio leitor. Já nos referimos à maioria dos princípios hermenêuticos utilizados pelos leitores da Bíblia; mas, nesse estágio do livro, pode ser útil recapitulá-los. Eles se encaixam em três grandes áreas.

O primeiro conjunto de abordagens se baseia na Bíblia e procura ler os textos ou livros individuais em diálogo com todo o cânon ou dá prioridade a determinadas seções consideradas fundamentais (como a Torá, os evangelhos ou as cartas de Paulo). Todas estas abordagens enfatizam o diálogo com o texto.

O segundo conjunto se baseia em determinadas doutrinas ou crenças, que são consideradas crenças básicas para a comunidade, por exemplo: a ênfase anglicana nos sacramentos ou a ênfase pentecostal no batismo no Espírito. Estas abordagens, embora doutrinalmente diferentes umas das outras, enfatizam todas o diálogo com determinadas comunidades de fé ou tradições.

O terceiro conjunto utiliza princípios hermenêuticos baseados nos contextos, nas culturas ou nos compromissos dos leitores. Estas abordagens enfatizam todas o diálogo entre os interesses do texto e as preocupações dos contextos em que o texto está sendo interpretado.

Na próxima seção veremos mais detalhadamente como são estas abordagens.

Abordagens hermenêuticas baseadas no texto bíblico

No capítulo 2 examinamos a formação e a autoridade do cânon. Enquanto alguns intérpretes procuram sempre ler passagens individuais no contexto do cânon em sua totalidade, outros consideram certas seções da Bíblia mais autoritativas do que o resto. O exemplo principal desta abordagem é a prioridade dada à Torá na tradição judaica e aos evangelhos na Igreja. Privilegiando certos livros ou temas presentes na Bíblia, os intérpretes são capazes de julgar entre ensinamentos diversos.

Mantendo intacto o cânon

Desde a década de 1970 houve um maior interesse pelo cânon como contexto para a interpretação. Dois estudiosos bíblicos focalizaram o impacto do cânon na interpretação, mas fazendo perguntas diferentes. James Saunders focalizou o processo de formação do cânon para investigar como os textos se tornaram autoritativos para a comunidade judaica e para a comunidade cristã (cf. Saunders, *Torah and Canon*, 1972). Alguns outros estudiosos abordaram dessa maneira a crítica canônica. Michael Fishbane (por exemplo, em *Biblical Interpretation in Ancient Israel*, 1985) examinou como autores bíblicos posteriores adaptaram e utilizaram material anterior, reinterpretando ideias teológicas para um novo contexto (Saunders & Gooder 2008, p. 63-64).

Em contrapartida, a abordagem canônica de Brevard Childs observada no capítulo 2 focaliza a forma final do cânon e se interessa pela maneira como a Bíblia é lida como um texto que tem autoridade para a comunidade de fé. Seu método transforma o cânon em palco no qual qualquer texto individual é lido e interpretado (Callaway 1999, p. 147). Visto que o cânon contém uma diversidade de vozes e perspectivas, isto resulta numa discussão permanente, na qual nenhuma voz individual predomina. Com efeito, a pluralidade do testemunho bíblico, por mais confusa e contraditória que seja, é essencial para a sua interpretação.

De maneira semelhante, as leituras intertextuais interagem com a amplitude do cânon, explorando alusões, citações e tradições compartilhadas que interligam diferentes passagens bíblicas. Por exemplo, Timothy Stone (2013) considera a maneira como o livro de Jonas e também a história em que Jesus acalma a tempestade em Mateus 8,23-27 utilizam as imagens do Salmo 107 para examinar o poder de Deus sobre a terra e o mar. As abordagens intertextuais se opõem ainda à ideia de que o sentido de uma passagem poder ser limitado ou fixo, argumentando ao invés que o texto bíblico é dinâmico e fluido.

Teste

A Bíblia utiliza diversas imagens e tradições diferentes para falar da criação do mundo. Stephen Dawes (2010, p. 77-78) identifica quatro delas: ordem majestosa (Gn 1); confusamente orgânica (Gn 2); conflito mítico (Is 51,9-11); divertidamente criativa (Pr 8,22-31).

> Como estes quatro retratos da criação colaboram? O que se perderia se houvesse apenas um relato da criação na Bíblia?

Em conclusão, as abordagens interpretativas que consideram ou a formação ou a amplitude do cânon tendem todas a resultar em leituras mais complexas, nuançadas e dinâmicas do texto. Embora estas abordagens canônicas procurem impedir que os intérpretes excluam outros textos bíblicos como parceiros de conversação, na prática muitas abordagens prestam mais atenção a determinadas partes do cânon, como veremos na próxima seção.

Um cânon dentro do cânon

Para além da identificação da Torá ou dos evangelhos como textos primários na Bíblia, que ocorre na maioria dos contextos judaicos e cristãos, vários movimentos teológicos ao longo da história formaram seu próprio "cânon dentro do cânon". Estas seleções tendem a incluir um ensinamento que promove as crenças teológicas ou sociais particulares do grupo. Ernst Käsemann, por exemplo, propôs um "cânon superior" composto dos evangelhos e certas cartas paulinas como Romanos, que se acreditava ressaltarem o princípio da justificação pela fé. Algumas estudiosas feministas desenvolveram seu próprio cânon, selecionando textos que parecem promover o bem-estar das mulheres. Evidentemente, qualquer abordagem seletiva da Bíblia é uma forma de marcionismo (nome derivado do teólogo Marcião, do século II d.C., cuja rejeição da Bíblia Hebraica examinamos no capítulo 2) e, como mostra o exemplo seguinte, muitas vezes falha em resolver o conflito interpretativo.

Néstor Míguez descreve como algumas comunidades cristãs radicais da América Latina recorreram inicialmente a uma seleção de textos bíblicos: êxodo, partes da história deuteronomística, profetas como Amós, os evangelhos sinóticos, o início dos Atos, Tiago e o Apocalipse. Acreditava-se que esses textos falam mais diretamente à situação da América Latina. Mas logo os teólogos da libertação se deram conta de que não podiam confiar em algumas poucas passagens úteis que falavam claramente de justiça e igualdade, mas precisavam de uma abordagem nova da leitura da Bíblia em sua totalidade. Houve uma mudança de foco: de um "cânon liberacionista" à "libertação canônica" (Míguez 2004, p. 9). Só utilizando todo o cânon puderam os teólogos da libertação responder aos seus críticos.

Vemos aqui, portanto, os limites de uma abordagem "cânon dentro do cânon". Embora todos nós possamos ter livros ou passagens bíblicas que são particularmente significativos para nós, o cânon é projetado para funcionar como um todo e, se são lidas apenas certas partes, temas-chave são negligenciados e perdem-se ideias importantes. Evidentemente, nas sinagogas as congregações ouvirão mais frequentemente a Torá e nas Igrejas os evangelhos são uma constante, mas é preciso também interagir com outros livros. As comunidades judaicas de fé tendem a ser melhores nesse ponto; mas, como mostra Alan Cooper, livros bíblicos como o Levítico, que muitas vezes são ignorados pelos cristãos como sendo "legalistas", têm importantes compreensões a oferecer aos leitores cristãos, especialmente a necessidade de viver uma vida santa, em harmonia com toda a criação (Cooper & Scholz 2004).

Temas e movimentos dentro do cânon

Manter a Bíblia em sua totalidade, em vez de ater-se a uma seleção tacanha, possibilita-nos ler um conjunto de textos e usá-los para que se interpretem mutuamente. No entanto, precisamos ainda fazer um juízo entre textos diferentes, muitas vezes com base numa compreensão da mensagem central da Bíblia. Uma abordagem comum consiste em identificar um movimento unificador ou um tema dominante na narrativa da Escritura. Até certo ponto, todos os leitores da Bíblia o fazem, numa tentativa de impor algum tipo de ordem no material abrangente que têm diante de si, embora cada leitor possa ressaltar uma mensagem ou movimento central diferente presente no texto. Devemos notar, no entanto, que alguns leitores questionam a existência de um padrão ou narrativa geral que une o material canônico, acreditando que a diversidade da Bíblia tem um valor inerente, já que mantém aberta a arena do debate.

Como ilustração desta abordagem, recorremos à tentativa, feita por uma estudiosa, de identificar um determinado movimento presente em toda a Bíblia, que possa funcionar como chave interpretativa. A feminista americana Rosemary Radford Ruether sugere que a própria Bíblia contém "recursos para a crítica do patriarcado e da santificação religiosa do patriarcado" (Ruether 1983, p. 23). Ela os descreve como "princípios proféticos críticos" e reivindica *status* normativo para eles. Ruether esboça quatro temas da tradição profético-libertadora da Bíblia:

> (1) Defesa e justificação dos oprimidos da parte de Deus; (2) a crítica dos sistemas dominantes de poder e de seus detentores; (3) a visão de um nova era futura na qual o atual sistema

de injustiça é superado e o prometido reino de paz e justiça é instalado na história; e (4) finalmente a crítica da ideologia ou da religião, já que a ideologia neste contexto é principalmente religiosa (Ruether 1983, p. 24).

Ruether prossegue ilustrando a centralidade destes temas nos profetas e nos evangelhos sinóticos: por exemplo, a crítica de Amós ao culto. Ela mostra também como este filão profético atua como uma crítica interna, "mediante a qual a tradição bíblica reavalia constantemente, em novos contextos, o que é realmente a Palavra libertadora de Deus, contra as deformações pecaminosas da sociedade contemporânea e também contra os limites das tradições pós-bíblicas" (Ruether 1985, p. 117).

Ruether vê esta constante reavaliação e busca de libertação continuando para além da Bíblia e penetrando os movimentos sociais ao longo da história, sugerindo que o princípio bíblico da libertação profética colabora com a crítica feminista para levar a cabo a mudança social. Por isso, a Bíblia precisa ser lida com um olho na futura vinda do reino de Deus – ou escatologicamente, para que possa oferecer libertação a grupos que estão fora do alcance dos grupos liberados pelos autores bíblicos (como as mulheres). Em resumo, Ruether identifica e promove uma vertente da tradição que pode ser utilizada para julgar a Bíblia em sua totalidade. Para Ruether estes ensinamentos libertadores sempre têm prioridade sobre textos contrários ou leituras dissidentes.

Agora apresentamos um exemplo prático deste tipo de abordagem, lendo Números 35 à luz de um movimento mais amplo presente na Torá, que critica as interpretações violentas desta passagem quando lida isoladamente.

> **Teste**
>
> Leia Números 35 e observe como a violência é apresentada no capítulo. Quais formas de violência são registradas e como são vistas? Quem é responsável pelos diferentes atos de violência? Diz-se que Deus recomenda ou denuncia a violência?

A violência impregna toda a passagem de Números 35 e, enquanto leitores num mundo ainda violento, podemos questionar se o capítulo nos oferece alguma estratégia utilizável para responder à violência. À primeira vista, Números 35 parece defender um método de olho por olho para enfrentar os assassinos, método que está ligado a noções de pureza moral:

> Não contamineis a terra em que viveis. O sangue contamina a terra e não há para a terra outra expiação pelo sangue derramado a não ser pelo sangue daquele que o derramou. Não maculeis a terra onde viveis, na qual eu também habito. Pois eu, o SENHOR, habito entre os israelitas (Nm 35,33-34).

Se acreditarmos que a justiça retributiva é o principal tema da Bíblia, nos contentaríamos em concluir nossa interpretação neste ponto, observando a necessidade de assumir a responsabilidade por nossas ações e de ser punidos de acordo. No entanto, se pensarmos que a tônica geral da Bíblia focaliza a graça e o perdão, precisaremos situar esta passagem num contexto mais amplo e examinar outras maneiras de compreender estas exigências. Em que outras passagens da Torá a terra responde ao sangue derramado?

> **Teste**
>
> Agora leia Gênesis 4,8-16.25-26. Como Deus responde ao grito da terra nesta passagem? Como a morte de Abel é redimida? Considere tanto o tratamento de Caim quanto a resposta de Eva.

Lendo Números 35 ao lado de Gênesis 4, descobrimos outros métodos de responder ao derramamento de sangue. Embora o sangue de Abel contamine a terra, não se requer mais sangue para restaurar a ordem, diferentemente da lei esboçada em Números 35. Deus não exige a morte de Caim e, embora banido, Caim vai embora com uma marca de proteção em seu corpo. Além disso, a morte de Abel é redimida pelo nascimento de um terceiro filho para Eva e não por outra morte. Brigitte Kahl observa: "O nome Set dado por Eva assume o grito do sangue de Abel, vindo da boca da terra. Ele restaura a justiça [...], purifica e descontamina o que foi a fonte da maldição e interrompeu a fertilidade" (Kahl 2001, p. 66-67). Nesta leitura o grito que brota da terra é o amor e não a vingança.

Assim, ler Números como parte da Torá e utilizar uma chave hermenêutica que identifica o ensinamento dominante da Bíblia como uma proclamação da graça de Deus abre a possibilidade de outras leituras.

Lendo a partir das sombras e dos silêncios presentes no texto

Finalmente, como vimos ao refletir sobre as abordagens literárias da Bíblia, embora olhando ainda para o interior da Bíblia, é possível prestar minuciosa atenção às margens ou às lacunas presentes nas narrativas. No final do capítulo 2 vimos como alguns leitores da Bíblia preferem começar a partir das margens de uma história, ou com textos que tenderam a ser ignorados. Eles o fazem porque suspeitam da história tal como foi contada tradicionalmente e retornam ao texto para descobrir outros lados da história, talvez por uma convicção de que a Bíblia atesta verdades desestabilizadoras que não são captadas facilmente.

Estas abordagens mostram a utilidade de buscar o que está escondido nas sombras, procurando chaves significativas deixadas nos silêncios. Elas podem levar-nos a olhar para além do texto, em busca de outros relatos dos acontecimentos descritos, que podem questionar o autor bíblico ou a interpretação do editor. Um exemplo disto seria o uso que Rachel faz do quadro de Diego Velázquez, *A empregada doméstica com a ceia em Emaús* (1618), ao pregar sobre Lucas 24, a fim de considerar como a história de Jesus toca brevemente a vida da criada doméstica que permite ocorrer a refeição em Emaús, mas que capta apenas fragmentos da conversação. Rachel reflete sobre o cronograma alternativo da moça: "Quando primeiro um e em seguida os outros dois saem de repente, ela retorna à mesa, recolhe cuidadosamente as taças e as migalhas, alisa a toalha de mesa, apaga a vela e – por fim – descansa". Quais novas compreensões obteríamos quando o relato de Lucas é visto através dos olhos desta moça? Como somos ajudados a prestar atenção ao quadro todo?

Abordagens hermenêuticas baseadas em crenças teológicas

A alternativa às abordagens hermenêuticas que olham para o interior da Bíblia é procurar, para além do texto, princípios para orientar nossa interpretação. Em outro lugar, consideramos diversos exemplos da maneira como outros textos, tradições culturais ou compromissos ideológicos são postos em diálogo com a Bíblia. Nesta seção, consideraremos exemplos que mostram quando convicções teológicas recebem prioridade no método interpretativo.

Selecionar um princípio interpretativo externo exige que estejamos atentos à maneira como podemos tentar harmonizar o texto e os recursos externos, negando a crítica que eles podem apresentar um ao outro. Por exemplo, no capítulo 4 observamos como as doutrinas da Igreja foram utilizadas como uma lente para ler a Bíblia e como ocasionalmente isso levou a teologia cristã a ser imposta ao texto em vez de brotar dele.

Embora haja um amplo leque de leituras teológicas da Bíblia, provenientes comunidades de fé tanto judaicas quanto cristãs, nesta seção focalizaremos as leituras da Bíblia centradas em Cristo. Teólogos cristãos como Karl Barth argumentam que Cristo deveria ocupar sempre o centro de qualquer tentativa de interpretar a Bíblia. Para muitos cristãos, especialmente os que pertencem às Igrejas ortodoxas, a encarnação é o acontecimento central na história e, por isso, é a chave teológica para compreender qualquer outra coisa. Outras leituras cristológicas podem focalizar a morte e a ressurreição salvadoras de Jesus, enquanto outras ainda podem focalizar seu ministério de ensino e cura. Ler a Bíblia através dessas lentes possibilita aos leitores cristãos manter-se focados no evangelho.

As leituras cristológicas utilizam uma chave interpretativa interna (o testemunho de Cristo dado pelo Novo Testamento), mas mesmo assim dependem da interpretação da história bíblica de Jesus feita pela Igreja e, portanto, confiam nesta como um princípio externo. Os parágrafos seguintes apresentam uma variedade de abordagens cristológicas da Bíblia, que evoluíram ao longo da história da Igreja, algumas das quais estão claramente em desacordo com as outras.

Alguns cristãos ignoram efetivamente a Bíblia Hebraica, acreditando que a vinda de Cristo aboliu a necessidade desses textos. Embora poucos cristãos defendam hoje formalmente um cânon truncado, que consiste apenas no Novo Testamento, a falta de atenção e cuidado para com a Bíblia Hebraica (por exemplo, a tendência verificada em muitas Igrejas locais de pregar sobretudo sobre textos do Novo Testamento) mostra como essas atitudes estão difundidas na prática. Observamos no capítulo 2 como o fato de sabotar a Bíblia Hebraica em favor do Novo Testamento prejudicou o relacionamento judaico-cristão ao longo dos séculos e impediu os cristãos de envolver-se com a profundidade e alcance do testemunho bíblico.

A existência dos cânones é um constante lembrete de que a Igreja primitiva optou por manter as escrituras judaicas, reivindicando-as como Antigo Testamento e pondo-as assim em relação com o testemunho do Novo Testamento. Os primeiros leitores cristãos desenvolveram uma abordagem tipológica dos textos judaicos, que os levou a acreditar que havia nestes textos sentidos ocultos que apontavam para a vinda de Cristo e a instituição da Igreja. Acreditava-se que as escrituras hebraicas tinham um duplo sentido: o primeiro sentido ligado ao contexto da passagem e um segundo sentido, cristão, que era considerado mais importante. Esta abordagem está presente no próprio Novo Testamento: por exemplo, Romanos 5,14: "Todavia, a morte imperou desde Adão até Moisés, mesmo sobre aqueles cujos pecados não eram semelhantes à **transgressão de Adão,** que é um tipo daquele que haveria de vir".

A tipologia era popular na Igreja primitiva e no período medieval, quando muitos cristãos a utilizaram para ver Cristo anunciado na Bíblia Hebraica. Por exemplo, os primeiros cristãos interpretavam certos motivos presentes na narrativa de José para expressar Cristo e a Igreja: o trigo e uma taça de vinho; a árvore onde uma pessoa é suspensa; períodos de três dias; descida a um poço ou às profundezas do cárcere. Uma das vantagens das abordagens tipológicas era seu impacto sobre as artes visuais, à medida que os pintores traziam para o diálogo diferentes cenas e personagens de ambos os Testamentos: por exemplo, o evangelho medieval de Trier na Alemanha inclui uma imagem do batismo de Cristo ao lado de uma imagem de Noé na arca.

As abordagens tipológicas ajudaram a manter a Bíblia Hebraica na vida da Igreja e impediram que os cristãos a descartassem em favor do Novo Testamento. Hans-Ruedi Weber argumenta que a *Biblia Pauperum*, elaborada pelos monges beneditinos na Idade Média tardia, proporcionava uma interpretação visual da relação entre o Antigo e o Novo Testamento que ainda hoje é útil. Utilizando uma ilustração de século XV, que representava a descida do Espírito em Pentecostes, ele mostra que o acontecimento é prefigurado pelo dom da Torá no Monte Sinai e pelo fogo que consumia o sacrifício de Elias no Monte Carmelo. Nos lados do painel central estão pinturas que lembram profecias dos Salmos, da Sabedoria de Salomão, de Ezequiel e de Joel (Weber 2002, p. 51-59).

Embora ajudasse a mostrar como uma passagem podia ser relacionada com outras presentes no cânon, essa abordagem corria o risco de negligenciar sentidos "óbvios" anteriores de um texto. De fato, estudiosos patrísticos e medievais nunca consideraram as leituras tipológicas suficientes por si mesmas, defendendo ao invés um método quádruplo de interpretação (literal, moral, alegórico e anagógico), que reconhece as camadas de sentido e o significado do texto (Soulen & Soulen 2011, p. 72). Hoje existe até maior cautela sobre o valor das leituras alegóricas ou tipológicas. O documento do Vaticano *A interpretação da Bíblia na Igreja* (1993), por exemplo, estimula os católicos a buscarem o sentido literal do texto, com cuidadosa referência aos diferentes tipos de gêneros literários presentes na Bíblia e às diferentes maneiras como eles expressam as verdades, como também o contexto histórico do texto. Este sentido deveria ser sempre mantido ao lado das compreensões que surgem através de uma leitura mais ampla relacionada com a fé. Por exemplo, quando os cristãos consideram como a vinda de Cristo pode ser entendida como cumprimento das profecias da Bíblia Hebraica (como os autores dos evangelhos propõem nas narrativas da infância e da paixão), devem fazer essas interpretações em continuidade com o sentido literal original do texto.

Alguns estudiosos cristãos defendem um método de interpretar a Bíblia mais amplo do que uma interpretação tipológica. Brevard Childs argumenta que, enquanto os judeus leem a "Bíblia Hebraica", os cristãos leem o "Antigo Testamento", deixado claro que os cristãos sempre leram as duas coleções canônicas juntas. A abordagem de Childs não exige que o leitor rejeite as compreensões judaicas, mas antes estimula os cristãos a manter as duas leituras unidas de maneira coerente (Brueggemann 1997b, p. 91).

Teste

Leia Isaías 61,1-3 e Lucas 4,16-21. Com a ajuda de recursos como a *Jewish Study Bible* (2014), veja como

> o texto de Isaías é lido sem referência ao uso que Jesus fez dele. Pondere o paradoxo de que em Lucas Jesus é descrito lendo Isaías num contexto judaico padrão do século V. Se você é um leitor cristão, reflita sobre a maneira como suas crenças cristãs e o uso desta passagem na vida da Igreja afetam sua compreensão desta passagem. Se você é um leitor secular, ou tem um diferente compromisso de fé, reflita sobre sua compreensão desta passagem. Qual é a identidade do servo sofredor? Se possível, fale com outro leitor que tem uma perspectiva diferente.

A maioria dos estudiosos bíblicos é, com razão, cautelosa em relação às leituras cristológicas da Bíblia Hebraica, particularmente à luz da tradição antissemita de interpretação presente na Igreja. Quando leem a Bíblia Hebraica apenas pela lente da crença cristã, os cristãos correm o risco de insinuar que os leitores judeus não possuem a história completa. A fim de não negligenciar compreensões judaicas profundas, os leitores cristãos da Bíblia Hebraica devem resistir automaticamente à tendência de procurar respostas a questões interpretativas presentes no Novo Testamento. Os livros da Bíblia Hebraica deveriam ser avaliados por seus próprios méritos e também como parte do cânon de fé mais amplo. A série *Pregação sem preconceitos (Preaching without Prejudice)* estimula os pregadores cristãos a estarem atentos à interpretação antissemita dos evangelhos, das cartas e do Antigo Testamento (Allen & Williamson 2004, 2006 e 2007). O raciocínio bíblico oferece também um método para os cristãos descobrirem de maneira nova as tradições interpretativas judaicas.

Além disso, a interpretação cristã do Novo Testamento deveria procurar empenhar-se com os estudos eruditos judaicos sobre o judaísmo do século I. Ao lado de *Jewish Study Bible* (2014), *The Jewish Annotated New Testament* (2011), editado por Amy-Jill Levine e Marc Zvi Brettler, fornece valiosos corretivos aos mal-entendidos cristãos sobre o contexto e os ensinamentos de Jesus. A obra *Short Stories by Jesus: The Enigmatic Parables of a Controversial Rabbi* (2014), de Amy-Jill, situa Jesus nos movimentos e debates judaicos mais amplos.

Para concluir esta seção, examinamos uma abordagem alternativa do texto, centrada em Cristo, que, embora focalize a figura de Jesus, não nega outras leituras crentes. A leitura liberacionista política da Bíblia, de Tim Gorringe, se baseia no constante apelo à justiça ao longo de toda a Bíblia, particularmente em favor dos pobres e oprimidos, mas utiliza as ações de Jesus em vez do evento Cristo como ponto de partida para sua interpretação.

> Esta afirmação se apoia no significado hermenêutico da história de Jesus para toda a narrativa bíblica, no compromisso de Jesus com os marginalizados, em seu ensino sobre serviço e grandeza, no fato de sua crucifixão pela potência romana e na maneira como o tema do serviço e da morte é interpretado por Paulo em passagens como 1Coríntios 1–3 e Filipenses 2,5ss. Ler a Bíblia desta maneira não é apoiar apenas um programa político, mas, por outro lado, exclui muitos (Gorringe 1998, p. 78).

A abordagem de Gorringe é semelhante às que já consideramos, que identificam na Bíblia um filão central de ensino ou movimento crítico, com o qual se pode interpretar todo o texto. Gorringe a utiliza para definir os limites da interpretação política da Bíblia, questionando a legitimidade das leituras políticas que não representam um compromisso com a justiça social e a transformação.

Muitos cristãos empregam uma espécie de abordagem cristológica da Bíblia por causa de sua compreensão do significado da vida, morte e ressurreição de Jesus. Utilizar uma lente cristológica pode ajudar os leitores cristãos a situar um texto no campo mais amplo de sua fé. No entanto, ela deveria ser utilizada com cuidado e respeito aos sentidos anteriores e permanentes do texto.

Abordagens hermenêuticas baseadas nos contextos, culturas e compromissos do intérprete

Quando os grupos marginalizados descobrem que os relatos dominantes da realidade não representam sua experiência, desenvolvem muitas vezes suas próprias fontes de verdade. Por exemplo, na década de 1980 Chuck D., do grupo hip hop Public Enemy, chamou repetidamente a música rap de "CNN das pessoas negras" (Toop 2000, p. 46), porque as fontes dominantes da informação eram incapazes (ou relutantes) de transmitir pelo rádio o que estava realmente acontecendo entre as comunidades negras. Em resposta a isso, os artistas hip hop se tornaram "profetas contemporâneos autoproclamados", oferecendo "parábolas e retratos reveladores da verdade" (Perry 2004, p. 2). De maneira semelhante, intérpretes bíblicos vindos de comunidades que sentiam que suas experiências de vida não estão representadas fielmente na Bíblia encontraram outras fontes de conhecimento para ajudá-los a dialogar com ela. Oral Thomas (2008) nos lembra de que boa parte da narrativa bíblica é contada a partir da perspectiva da elite. Além disso, ao longo da história a Bíblia tem sido interpretada pelos poderosos. Por si próprio, portanto, o potencial de libertação da Bíblia pode ser limitado ou ocultado. Para Thomas a cultura, as tradições e as histórias caribenhas são outros "textos" importantes ao lado dos quais a Bíblia é interpretada, criando uma leitura resistente a partir das margens.

Observamos anteriormente como a Bíblia contém um diálogo crítico entre várias tradições. Este debate no interior do cânon estimula os leitores contemporâneos a empenhar-se num processo semelhante de diálogo entre a Bíblia e suas próprias experiências de vida. Como vimos no capítulo 5, muitas abordagens interpretativas comprometidas priorizam a experiência humana contemporânea, mesmo acima do testemunho da Bíblia. Elas defendem as possibilidades portadoras de verdade da experiência humana contemporânea, como também as das experiências de fé registradas na Bíblia.

Enquanto a maioria das interpretações contextuais estimula os leitores a reconhecer e confiar nas compreensões provenientes de sua experiência vivida, as leituras da libertação buscam priorizar as compreensões das comunidades pobres e marginalizadas. A *Bíblia NVPR*, da Ajuda Cristã (Christian Aid), ilustra este método interpretativo colocando na primeira capa um retrato de Asebech Amha, uma jovem etíope. Isto lembra aos leitores que eles devem abordar a Bíblia tendo em mente as necessidades e esperanças das pessoas pobres e marginalizadas, como Asebech. De maneira semelhante, a teóloga argentina Nancy Bedford expressa o desejo de que seu comentário sobre a carta aos Gálatas seja doador de vida para suas três filhas; a sugestão não escrita é que a interpretação bíblica nem sempre atendeu bem as mulheres (Bedford 2016, p. xvi).

As interpretações feministas muitas vezes abordam o texto com perguntas sobre a maneira como o texto foi entendido tradicionalmente e, como observou o capítulo 4, consideram a interpretação bíblica um ato político. Elisabeth Schüssler Fiorenza esboça uma hermenêutica quádrupla, que assume a suspeita como seu ponto de partida necessário (Fiorenza 1984b). Ela sugere que a suspeita de um texto bíblico, que foi escrito e interpretado predominantemente por homens e utilizado ao longo da história para marginalizar as mulheres, é um ponto de partida vital para as leitoras feministas. O segundo passo é um passo de lembrança, à medida que o leitor procura as histórias perdidas e escondidas de mulheres na Bíblia. Este leva o leitor ao terceiro passo: proclamar um testemunho novo e mais pleno. Finalmente, este processo possibilita a "atualização criativa", à medida que os leitores percebem o potencial libertador de sua imaginação quando começam a ler nas entrelinhas.

Teste

Como você compreende os termos-chave utilizados por Schüssler Fiorenza: suspeita, lembrança, proclamação e atualização ou imaginação criativa? Quais dessas palavras parecem maneiras familiares de descrever o processo de interpretação bíblica? Você pode refletir sobre a ênfase protestante na proclamação da palavra de Deus mediante a pregação; ou se, a partir de uma forte tradição sacramental, é possível sacar a ideia de lembrança, mediante a celebração ritual e o discipulado. Talvez você tenha a experiência de ler a Bíblia com crianças e, por isso, se sente à vontade com a importância de envolver-se com o texto de

> maneira divertida e imaginativa. Mais surpreendente, talvez, seja a ideia de que a suspeita pode ser uma parte útil do processo de chegar a compreender a Bíblia; embora, se você está estudando a Bíblia a partir de uma perspectiva secular, isto possa ser seu ponto de partida.

No capítulo 2 examinamos como alguns intérpretes bíblicos questionam a noção de um cânon fixo. Elisabeth Schüssler Fiorenza defende uma imagem da Bíblia como um jardim cercado por um muro e estimula os leitores a utilizar recursos existentes dentro e de fora do muro. Ela acredita que a autoridade canônica não deveria ser opressora e restritiva, mas estimular "a criatividade, a força e a liberdade" (Schüssler Fiorenza 1994, p. 11). Assim, a autoridade da Bíblia é redefinida como um ponto de partida para a ação libertadora, estimulando o leitor a explorar novas ideias e abordagens, em vez da noção tradicional do cânon funcionando como um marco divisório. Isto é especialmente importante em contextos em que a Bíblia entrou em cena tardiamente e continua sendo até certo ponto um "corpo estranho" que luta para descrever a realidade local.

Kwok Pui-Lan (1995) acredita que os cristãos conseguiram deixar a história cristã e suas próprias tradições culturais se informarem mutuamente. Isto implica imaginação à medida que novas imagens são criadas e antigas histórias são reinterpretadas para ajudar as duas tradições a se conectarem. Ela apresenta o exemplo de C.S. Song, que entrelaça a história chinesa da Senhora Meng com a narrativa da paixão (Song 1981). Um exemplo mais recente seria a reprodução da *Biblia Pauperum* de Fan Pu (2013), na qual as histórias bíblicas são contadas mediante uma série de trípticos que costuram versículos bíblicos com temas dos ensinamentos de Confúcio (Hoekema 2014). Essas interpretações vernáculas possibilitam aos cristãos ler a Bíblia ao lado de histórias populares, textos sagrados e tradições culturais locais, afirmando-os todos como válidos para a exploração da fé. Com efeito, R.S. Sugirtharajah argumenta: "Lida na Ásia, a Bíblia cristã precisa ser iluminada por outras tradições textuais, a fim de conquistar credibilidade e relevância" (2013, p. 258). Kwok sugere que os leitores deveriam utilizar sua "imaginação dialógica", envolvendo escuta ativa e abertura à diferença, para fazer um uso real dos recursos oferecidos por seu contexto cultural e social ao procurar descobrir a mensagem da Bíblia. Este processo valoriza diferentes culturas e comunidades e sugere que, assim como a Bíblia pode transformar a cultura, também a cultura pode transformar as compreensões da Bíblia.

No entanto, R.S. Sugirtharajah observa dois problemas relacionados ao uso de histórias e símbolos autóctones no diálogo com a Bíblia. Em primeiro lugar, o perigo de idealizar a cultura tradicional e ignorar práticas problemáticas como as hierarquias de castas. Em segundo lugar, ele adverte que os símbolos e histórias utilizados podem já não ser relevantes ou centrais para as comunidades populares que lutam para sobreviver (Sugirtharajah 1995, p. 464).

Quando a Bíblia é lida ao lado de outros "textos", quer feitos de palavras, movimento, sons, imagens ou experiências vividas, podem surgir novas compreensões a partir da interação. Como vimos no capítulo 5, o raciocínio bíblico é um processo de interpretação que encontra novas compreensões através da leitura simultânea de textos sagrados sobre o mesmo tópico, mas a partir de diferentes tradições de fé.

Para concluir esta seção, devemos notar que a maioria de nós criamos nossa lente interpretativa singular que representa uma mistura dos métodos esboçados acima. Por exemplo, podemos optar por priorizar os evangelhos ao lado da leitura com um compromisso com determinada ideologia política, enquanto somos ao mesmo tempo influenciados por métodos interpretativos criativos desenvolvidos através da arte e da cultura local. Por fim, devemos observar que qualquer lente interpretativa precisa ser revista com cuidado para assegurar que ela não nos deixe vulneráveis à distorção ideológica, visto que nossas alianças culturais e sociais muitas vezes nos impedem de reconhecer interpretações mais questionadoras.

Interpretando a Bíblia mediante a contação de histórias

O tema comum de todas estas abordagens interpretativas é que elas promovem o diálogo com e/ou para além da Bíblia. Musa Dube, de Botswana, analisa como as mulheres africanas utilizam métodos tradicionais de contação de histórias para ler a Bíblia e aplicá-la a seu próprio contexto. Este método utiliza maneiras africanas de retratar a vida e transmitir valores e sabedoria. Reconhece que a história depende do contador e dos ouvintes, como também da história real: "Assim o contador ou autor não é dono da história nem tem a última palavra; mas, mais exatamente, a história nunca termina: ela é uma página da nova e contínua reflexão da comunidade" (Dube 2001, p. 3).

Dube reconta Marcos 5,24-43, onde uma mulher é curada no momento em que toca Jesus, que estava indo curar uma menina doente, como uma alegoria da cura de "Mama África", que também sofre devido a anos de sangramento. Ela conclui:

> Mama África está de pé. Ela não fala. Não pergunta. Não oferece mais dinheiro – porque não sobrou nenhum. A África está se aproximando por trás de Jesus. Ela está abrindo caminho por entre uma forte barricada humana. *Fraca e ainda sagrando, mas determinada, ela estende a mão. Oxalá chegue a tocar as vestes de Jesus Cristo* (Dube 2001, p. 59-60. Grifo da autora).

De maneira semelhante, o estudioso evangélico britânico Richard Bauckham sugere que, em vez de considerar a autoridade da Bíblia como um conjunto de normas, sua autoridade deve ser compreendida como semelhante à autoridade que é transmitida por uma história. Enquanto leitores, penetramos nas histórias e somos transformados por elas. Embora afirme que a Bíblia é a história mais importante para os cristãos, Bauckham observa que a história bíblica "mantém o espaço aberto" para outras histórias (Bauckham 1999, p. 13). Com efeito, Bauckham descreve a história bíblica como incompleta e sugere que, enquanto leitores, desempenhamos um papel em seu desenvolvimento. No entanto, Bauckham observa que os cristãos acreditam que lhes foi mostrada a conclusão desta "grande história" mediante a ressurreição de Cristo, que aponta para a inauguração definitiva do reino de Deus no céu e na terra.

Para Bauckham (como ocorre com o método de contação de histórias de Musa Dube) a Bíblia revela seu ensino autoritativo como outras histórias: gradual, dinamicamente e de uma maneira que mantém os leitores envolvidos (Bauckham 1999, p. 18). Todos os mandamentos e ensinamentos contidos na Bíblia precisam ser entendidos no contexto mais amplo de sua estrutura narrativa geral.

Em comum com a abordagem adotada neste livro, Bauckham argumenta que o sentido da Bíblia não está nem no texto nem no leitor, mas em sua interação, como observamos repetidas vezes. A outridade do texto significa que os leitores precisam prestar-lhe muita atenção:

> Em resumo, esta é uma hermenêutica que exige que o intérprete ouça seriamente o texto e o faça como alguém que ouve, não se alheando de seu próprio contexto, mas com consciência ponderada de seu próprio contexto. É a escuta que permite ao texto falar com autoridade e é o contexto que permite ao texto falar com relevância (Bauckham 1999, p. 22).

Teste

Experimente recontar a você mesmo, ou a algum outro, uma das seguintes passagens como se fosse uma história: João 2,1-11; Ester 4,1-17. Você pode optar por contá-las em primeira pessoa, como se você fosse um dos personagens bíblicos envolvidos. Que diferença isso faz para sua compreensão da passagem? Como este método permite a você penetrar na história e explorá-la mediante sua própria experiência?

Que tipo de história você descobre no texto? Para alguns estudiosos, como Ericka Shawndricka Dunbar (2018), o livro de Ester é um testemunho de tráfico humano, violência sexual e resistência. Que tipos de histórias nós permitimos que a Bíblia conte?

Podemos ler a Bíblia contra nós mesmos?

Visto que existem diferentes visões da relação entre o texto e o leitor, como podemos assegurar que nosso princípio interpretativo não reforça simplesmente nossas crenças existentes e permanece aberto ao desafio da Bíblia? Aqui vão algumas sugestões. Em primeiro lugar, devemos suspeitar sempre de leituras que parecem justificar totalmente nossas ações.

Em segundo lugar, devemos questionar leituras que domesticam a Bíblia tornando-a segura. As interpretações vitorianas das narrativas da infância transformaram a natividade numa cena de beatitude e êxtase da família de classe média. O hino "Once in Royal David's City" (Certa vez na cidade real de Davi) estimula as crianças cristãs a serem meigas, obedientes e boas como ele. Esta domesticação obscurece a pobreza e insegurança em que Jesus nasceu, como sugerem os evangelistas, e importa um quadro não bíblico de sua vida familiar. O único relato bíblico da adolescência de Jesus descreve Jesus causando grande preocupação a seus pais (Lucas 2,41-51). E, em vez de ser meigo, Jesus é descrito como forte e sábio (Lucas 2,40.52).

Em terceiro lugar, enquanto leitores e intérpretes devemos estar dispostos a ser questionados pela Bíblia e também a questioná-la. Dietrich Bonhoeffer criticou os cristãos da Alemanha que "só leem a Bíblia em seu favor, descartando o que não querem. [...] O apelo é também a ler a Escritura *contra* nós mesmos, permitindo que a Escritura questione nossa vida" (Fowl & Jones 1991, p. 145). Numa palestra intitulada "A Igreja está morta", proferida numa conferência na Suíça em 1932, Bonhoeffer perguntou:

> Não ficou terrivelmente claro, repetidas vezes, em tudo o que aqui dissemos uns aos outros, que já não somos obedientes à Bíblia? Somos mais apaixonados por nossos próprios pensamentos do que pelos pensamentos da Bíblia. Já não lemos a Bíblia seriamente, já não a lemos contra nós mesmos, mas em favor de nós mesmos. Se toda a nossa conferência aqui tem algum grande significado, talvez seja o de nos mostrar que precisamos ler a Bíblia de uma maneira totalmente diferente, até encontrar-nos novamente a nós mesmos (Bonhoeffer 1965, p. 185-186).

Temos aqui um exemplo de como podemos ler a Bíblia contra nós mesmos, para aqueles de nós que estão situados nos centros do poder global, utilizando compreensões vindas da crítica pós-colonial, que, como vimos no capítulo 5, interpreta a Bíblia através da lente do colonialismo.

Teste

Leia Marcos 5,1-20. Em sua opinião, qual é o tema desta história? Anote por escrito algumas ideias antes de ler a seção abaixo.

Por muito tempo os leitores ocidentais estiveram cegos diante do ensinamento anti-imperial do evangelho de Marcos, porque foram condicionados a aceitar o Império Romano como modelo positivo de governo e cultura. Richard Horsley observa:

Nas escolas teológicas como também nas escolas dominicais apendemos que, de muitas maneiras, instaurando a ordem e uma sofisticada rede de estradas, o Império Romano possibilitou a difusão do evangelho pelos apóstolos, como Pedro e Paulo. Mas, de modo geral, temos poucas ideias sobre até que ponto o imperialismo romano criou as condições a partir das quais surgiram a missão de Jesus e os movimentos de Jesus (Horsley 2003, p. 17).

A breve, mas dramática, visita de Jesus através do mar da Galileia, durante a qual ele cura um possesso, é muitas vezes considerada a inauguração de uma missão aos gentios. Passagens como esta proporcionaram aos missionários uma ordem de levar o evangelho aos cantos mais remotos do mundo. Mas, se prestarmos atenção ao contexto de Jesus e ao contexto posterior de Marcos, descobrimos que esta história não ordena a expansão cristã e a construção de um império. Com efeito, as conexões históricas entre a atividade missionária cristã e o colonialismo ocidental deveriam levar os leitores a uma séria suspeita a respeito de qualquer interpretação. O contexto social para a missão de Jesus foi a ocupação romana da Palestina e a repressão que a acompanhou. Intérpretes como Horsley e Ched Myers (1990) sugerem que Marcos 5,1-20 é uma contestação codificada à legião romana estacionada nas proximidades. Se, portanto, o relato de Marcos é lido como um comentário altamente político sobre o Império romano, o que ele teria a dizer aos leitores que vivem no "novo império" de hoje?

A advertência de Bonhoeffer contra a relação cômoda com a Bíblia ainda é relevante. Se nossas interpretações não nos questionam, devemos investigar mais a fundo nossos pressupostos, para assegurar que não estamos nos esquivando do livro.

Podemos ler contra a Bíblia?

Em contraposição à seção anterior, alguns intérpretes bíblicos acreditam que existem partes da Bíblia que são difíceis de interpretar positivamente e, por isso, defendem uma resistência ao texto, advertindo-nos a estar preparados para lutar contra o texto quando tudo o que podemos ver nele são perspectivas ou crenças que nos violentam. Renita Weems argumenta que a interpretação bíblica deveria ser um processo de:

> empoderar os leitores para que julguem os textos bíblicos, não hesitem em ler contra o filão de um texto, se for necessário, e estejam preparados para tomar uma decisão contra aqueles textos cuja cosmovisão vai contra nossa visão da atividade libertadora de Deus no mundo (Weems 2003, p. 31).

Existem alguns textos onde a violência e a injustiça estão claramente visíveis e nós devemos explorar possíveis estratégias de resistência imediata a eles. Mas, para começar, tomemos um exemplo menos óbvio de um texto ao qual deveríamos ter a sabedoria de resistir: os Dez Mandamentos.

Teste

Leia Êxodo 20,1-17. Imagine que você é uma mulher casada, um pobre camponês, ou um estrangeiro que foi vendido como escravo. Como estas leis impactam sua vida diária? Existe algum dos mandamentos que parece difícil ou irrelevante?

Questionando as pretensões do próprio texto, David Clines (1995) argumenta que os Dez Mandamentos não são leis universais neutras, mas antes surgem de um contexto social e de um trabalho específico e trabalham em proveito de certos grupos deste contexto, ou seja, homens mais velhos que possuem propriedades. Assim, a proibição de roubar protege os que têm uma propriedade e não os que não a têm; e a proibição do adultério reflete preocupações com herança. Até a lei do Sábado, que muitas vezes é vista como algo que assegura um dia de descanso para todos os membros da sociedade, não leva em consideração a situação de muitos camponeses pobres que precisam continuar a alimentar os animais e trabalhar na terra; e outros que viviam entregues à própria sorte.

Em tempos mais recentes, adquirimos mais consciência da vulnerabilidade das crianças em casa, na Igreja e na sociedade. Daí a necessidade de questionar ensinamentos que supõem que é sempre necessário que a criança honre seus pais, sem referência à importância do bem-estar da criança. Assim nossa própria experiência individual ou coletiva de sofrimento e de luta e nossas compreensões mutantes de justiça e relações justas podem provocar nova interrogações à Bíblia.

Em busca de leituras libertadoras da Bíblia, precisamos distinguir entre as partes da Bíblia que oferecem vida e aquelas que descrevem a morte. Existem algumas histórias bíblicas que só servem como terrível registro do mal que os humanos podem fazer.

Um exemplo claro de resistência a esses textos é a abordagem de Phyllis Trible, esboçada em *Texts of Terror* (1984), que responde a textos problemáticos das Escrituras Hebraicas denunciando sua autoridade moral. Ela estudou histórias de estupro, abuso e assassinato e examinou como estas histórias de mulheres abusadas atestam a violência patriarcal permanente. Lendo contra estes textos, Trible sugere aos leitores que respondam às mulheres violentadas da história mediante um renovado compromisso com a justiça e a igualdade.

Em Juízes 11 Jefté fez um voto a Javé dizendo que, se saísse vitorioso sobre os amonitas, sacrificaria "o primeiro que sair da porta da minha casa para vir ao meu encontro" (Jz 11,31). Mas, numa horripilante reviravolta, quem saiu dançando para saudá-lo em seu retorno foi sua filha única. Trible sugere que nossa resposta deveria ser a seguinte:

> Assim como as filhas de Israel, lembramos e lamentamos a filha de Jefté, o galaadita. Em sua morte somos todas diminuídas; através de nossa memória ela é bendita para sempre. Embora não seja uma "sobrevivente", ela se torna um símbolo inequívoco para todas as filhas de pais pérfidos. [...] Certamente palavras de lamentação são uma oferenda conveniente, pois não lamentavam as filhas de Israel cada ano a filha de Jefté? (Trible 1984, p. 108)

Assim, Trible argumenta que devemos contar essas histórias tristes, mas sempre contra qualquer interpretação que justifique a violência. Ela nos adverte contra a tentativa de atenuar nosso desconforto, sugerindo que existe algum elemento redentor nesse sofrimento inocente. Devemos, de preferência, empregar uma leitura crítica que "interpreta as histórias de afronta em favor de suas vítimas femininas para recuperar uma história negligenciada, a fim de lembrar um passado que o presente encarna e rezar para que estes terrores não ocorram novamente" (Trible 1984, p. 3).

Enquanto intérpretes da Bíblia em sua totalidade, não podemos simplesmente optar por ignorar estas passagens difíceis. Elas fazem parte do cânon e, por isso, é vital que continuemos envolvendo-nos com elas de maneira questionadora. Ignorar esses textos deixa-os expostos a uma interpretação equivocada permanente. Só mediante uma reflexão intencional e contínua sobre eles, em diálogo com os outros, é que podemos questionar a violência desses textos e de sua problemática história interpretativa.

Prestar atenção aos personagens de menor importância ou às vítimas anônimas que assombram a Bíblia é uma maneira importante de não repetir a violência gerada por muitas interpretações tradicionais. Desviar o olhar da violência cometida contra figuras menores e aparentemente insignificantes numa história bíblica nos estimula a desviar o olhar de atos semelhantes de violência e de vítimas desconhecidas em nosso mundo.

Gina Hens-Piazza apresenta a seguinte estratégia para ler textos violentos. Em primeiro lugar, utilizar a pesquisa sociocientífica para assegurar-nos de que compreendamos o mais exatamente possível a realidade do contexto do qual o texto surgiu e que ele reflete. Isto deveria impedir-nos de emitir juízos inexatos sobre a atuação dos personagens presentes no texto. Em segundo lugar, ler as histórias de violência em memória das vítimas presentes no texto e para além dele. Em seguida, resistir às sugestões do narrador ou aos nossos próprios instintos, quando nos levam a justificar a violência do texto ou a identificar-nos com os personagens que são retratados de maneira mais favorável. E, finalmente, procurar contratextos que oferecem maneiras alternativas de responder à violência (Hens-Piazza 2003, p. 119-122).

Hens-Piazza utiliza esta abordagem em seu comentário *Lamentations* (2017) sobre o livro das Lamentações, que é importante por ser um dos poucos comentários sobre esse texto escrito por mulheres estudiosas (Hens-Piazza menciona obras anteriores de Kathleen O'Connor e Adele Berlin como importantes, p. xi). Ela reconhece que algumas estudiosas feministas defendem que a violência contra as mulheres e seu silenciamento em Lamentações são tão problemáticos que deveriam ser removidos da tradição bíblica (p. xlii). Para ela, no entanto, o valor do texto consiste em sua capacidade de tornar visível essa violência e, através da interpretação comprometida, extrair resistência e vozes corajosas. Como parte da série *Wisdom Commentary*, o debate incorpora diversas vozes ao lado da voz do autor central. Estas reflexões sobre a experiência de violência sexual, de pobreza e de guerra servem como relatos alternativos, que Hens-Piazza utiliza em seus esforços para resistir à violência do texto e à sua teologia. Em suas conclusões, Hens-Piazza observa como o personagem da Sião Mulher resiste ao seu sofrimento e questiona a teologia que sugere que esse sofrimento é um castigo apropriado. Ao fazer isso:

> Ela dá voz não só à sua própria emancipação das garras da autoculpabilização e vitimização; ela proporciona também um espaço de oração para outras mulheres expressarem sua angústia e sua dor. E, no processo, as mulheres podem avançar, abraçando o pleno valor de sua vida enquanto mulheres, e começar a reconhecer a Santa Presença real em seu meio (Hens-Piazza 2017, p. 99).

Teste

Leia Lucas 23,39-43, uma parte familiar da narrativa da Paixão. Utilizando o processo em quatro passos

> delineado acima, analise como a violência se manifesta nesta passagem e como ela pode ser lida de maneira a neutralizar a violência.

Apesar da importância de dedicar-nos a estes textos difíceis, não deveríamos restringir nossa atenção a eles. Frequentemente, para nosso bem-estar, precisamos ouvir palavras de conforto e não de opressão. O autor afro-americano Howard Thurman conta a seguinte história sobre sua avó:

> Minha tarefa regular era fazer a leitura inteira para minha avó – ela não sabia ler nem escrever. [...] Certo dia, com um sentimento de grande temeridade, lhe perguntei por que ela não me deixava ler nenhuma das cartas paulinas. Nunca esquecerei o que ela me disse: "Durante os tempos da escravidão, o ministro do patrão realizava de vez em quando serviços de culto para os escravos..." O ministro branco utilizava sempre como texto algo tirado de Paulo. Pelo menos três ou quatro vezes por ano ele usava como texto: "Escravos, sede obedientes aos que são vossos senhores, [...] como a Cristo". Então ele prosseguia mostrando que, se fôssemos escravos bons e felizes, Deus nos abençoaria. Prometi ao meu Criador que, se algum dia aprendesse a ler e se porventura adquirisse a liberdade, eu não leria essa parte da Bíblia (Thurman 1949, p. 30-31).

Precisamos procurar libertar-nos do texto: libertando-nos da violência potencial do texto como também encontrando libertação no texto. Esta busca de libertação é nosso passo final no processo.

7
NOSSA META: INTERPRETAÇÕES DEFENSORAS DA VIDA

Revisitando nosso ponto de partida

No final de qualquer processo de interpretação, precisamos avaliar até que ponto nos aproximamos da meta inicial. Qual tarefa, pergunta ou situação nos levou a utilizar a Bíblia e será que chegamos a uma interpretação satisfatória deste objetivo? Assim como começamos o capítulo 1 observando a importância de definir o objetivo de cada ato de interpretação bíblica, assim consideramos agora como avaliar se nossa meta ou nossas metas foram alcançadas.

> **Teste**
>
> Até que ponto você está prestes a compreender uma das perguntas que você trouxe ao texto no início? De que maneiras sua pergunta foi aprimorada pelo processo interpretativo?

O capítulo 1 observou que existem diferentes razões para ler a Bíblia. Estas podem ser agrupadas em objetivos públicos e objetivos baseados na fé. No entanto, muitos intérpretes públicos (inclusive intérpretes acadêmicos) trabalham a partir de uma perspectiva implícita ou explícita de fé (ou outros compromissos que afetam sua leitura). De maneira semelhante, muitos leitores judeus e cristãos, e particularmente os que ocupam posições de liderança, utilizam a erudição acadêmica para inspirar e enriquecer suas interpretações. Dito isto, é importante verificar, em qualquer ocasião, se a Bíblia está sendo interpretada no contexto de fé religiosa, ou num contexto acadêmico ou em outro contexto público, porque as razões para o trabalho interpretativo e os resultados esperados são diferentes.

Randy Litchfield sugere que o estudo da Bíblia nos grupos da Igreja local tem diversos objetivos, todos visando ajudar os cristãos a progredir de diversas maneiras. Entre estes objetivos, estão: crescer no discipulado, experienciar Deus mediante as Escrituras, desenvolver sua compreensão das Escrituras, buscar orientação para sua vida, formar-se e transformar-se a si mesmos e suas comunidades, ser administradores responsáveis da tradição cristã e desenvolver sua responsabilidade ética (Litchfield 2004, p. 228).

O estudo acadêmico e público da Bíblia é desempenhado também por uma variedade de objetivos. No capítulo 3 consideramos algumas das questões literárias, históricas e da história dos efeitos que precisam ser investigadas. No capítulo 5 consideramos as maneiras como os intérpretes de todo o mundo visam pôr a Bíblia em diálogo com urgentes questões sociais políticas, culturais, teológicas e éticas contemporâneas. Vimos também que estas duas amplas áreas de investigação já não são mantidas separadas e que as leituras comprometidas são agora estabelecidas como uma área válida e estimulante de pesquisa acadêmica. Os intérpretes estão muito conscientes de que as intepretações bíblicas causam um impacto na vida pública e, por isso, a pesquisa no campo da história dos efeitos da Bíblia tornou-se uma das mais importantes áreas de desenvolvimento no campo dos estudos bíblicos hoje. O início do século XXI viu também um aumento de conflitos globais, que algumas pessoas consideram agressão estrangeira ou terrorismo e outras consideram intervenções adequadas em vista da paz e da segurança. Estes conflitos estão arraigados, pelo menos em parte, em choques de perspectivas religiosas e culturais. Contra todas as previsões de meados do século XX, a religião e a Bíblia voltaram com força na agenda de hoje. Por esta razão, aprender a interpretar a Bíblia é uma habilidade importante para todos os que desejam participar da vida pública. É também uma habilidade negociável que pode ajudar-nos a ler com maior sensibilidade os textos sagrados de outras crenças religiosas.

> **Teste**
>
> Se você se aproxima da Bíblia principalmente a partir de uma perspectiva de fé, pense sobre quais metas do estudo acadêmico você quer também seguir, e vice-versa. Como você pode estimular o diálogo superando as fronteiras das comunidades acadêmicas e das comunidades de fé? Quais oportunidades você tem de ler a Bíblia com pessoas que têm intenções ou expectativas diferentes das suas?

Procurando cura, transformação e libertação

Se a Bíblia é estudada a partir de uma perspectiva acadêmica ou pública, ou a partir de um compromisso de fé, ou a partir de uma combinação dos dois, o processo esboçado neste livro sugere que todos os leitores podem compartilhar uma meta comum: descobrir a boa-nova (boa notícia) mediante o diálogo com o texto que pode ser vivenciado. A noção de boa-nova pode parecer restrita a leitores cristãos (afinal, a palavra "evangelho" significa "boa-nova"), mas a notícia genuinamente boa pode assumir um sem-número de formas. Pode aplicar-se a uma série de metas, privadas ou comunitárias, acadêmicas ou devocionais, e pode alertar os leitores sobre verdades difíceis como também sobre compreensões positivas. Pode proporcionar validação da experiência do leitor, com conforto, reafirmação e cura concomitantes, ou desafio a nós mesmos ou a outros, ou até condenação direta da opressão, quer registrada na Bíblia ou perpetuada hoje.

O processo que apresentamos neste livro argumenta que a boa-nova para o leitor, e para outros afetados por sua leitura, é a meta adequada da interpretação bíblica, quer essa boa-nova esteja focada em promover nossa compreensão histórica de determinado período da formação da Bíblia, ou em favorecer a reafirmação da paz de Deus aos que desejam crescer na fé.

No entanto, a boa notícia para alguns pode significar uma má notícia para outros. Como arbitrar entre estas metas conflitantes? Acreditamos que um critério importante é o seguinte: Será que nossa interpretação ajuda os pobres, impotentes ou marginalizados? Este apreço deriva da própria Bíblia, que realça repetidas vezes a preocupação de Deus com os oprimidos, os forasteiros, as viúvas e os órfãos. Dando prioridade aos problemas e necessidades dos mais vulneráveis, os intérpretes podem estar mais seguros de que suas leituras são defensoras da vida para todos. Assim a meta de nossa interpretação bíblica deveria consistir em entabular um diálogo entre o texto e o contexto, a fim da encontrar – e levar a cabo – a boa-nova que nutre a vida para todos e especialmente para os que mais precisam de ajuda.

Boa parte da Bíblia trata de encontros das pessoas com um Deus que é apresentado como bom e que cuida de toda a ordem natural e, por isso, existem muitas passagens que podem oferecer boas-novas a todos os leitores. A maioria das leituras teológicas da Bíblia parte do princípio de que Deus é bom, de que o mundo de Deus é bom e de que os objetivos de Deus para tudo são bons. Mas essas leituras deveriam reconhecer também que isto nem sempre é evidente na experiência humana. Com efeito, às vezes as pessoas experimentam Deus e o mundo como fontes de sofrimento e mal. Além disso, como vimos, a libertação humana pode às vezes ser difícil de encontrar em algumas das passagens mais difíceis da Bíblia e à luz das más consequências de interpretações bíblicas irresponsáveis. A figura de Jacó lutando com uma figura misteriosa (um anjo ou demônio, ou mesmo Deus?) até o raiar do dia em Gênesis 32 pode servir de modelo para nós quando às vezes lutamos para extrair da Bíblia uma bênção.

A teóloga filipina Muriel Orevillo-Montenegro lembra como, após rejeitar um deus que inflige sofrimento, ela "procurou diligentemente" o verdadeiro Deus do amor (ensaio inédito 1998). Sua experiência de luta comunitária estimulou-a a procurar na narrativa bíblica uma palavra libertadora para os oprimidos. De maneira semelhante, a noção que William Abraham tem do cânon como um espaço para a formação leva-o a ver como "a Escritura funciona para levar alguém à fé, para tornar alguém sábio para a salvação, para forçar alguém a lutar com questões incômodas sobre a violência e os pobres, para confortar os tristes e para alimentar a esperança na redenção do mundo" (Abraham 1998, p. 6-7).

Alguns intérpretes argumentam que a própria Bíblia defende métodos de leitura que promovem a paz, a justiça e o amor. Ulrich Luz recomenda utilizar o amor radical de Jesus como "um critério de verdade" para a interpretação e aplicação da Bíblia (Luz 1994, p. 96). Isto deveria levar-nos a rejeitar interpretações que não promovem maneiras mais afetuosas de viver no mundo. Néstor Míguez une o critério do amor e o critério da justiça, reconhecendo que a interpretação bíblica causa impacto para além do leitor. Ele afirma: "A interpretação não é apenas um exercício intelectual; é também uma experiência libertadora de superar a injustiça, uma experiência viva de amar os outros" (Míguez 2004, p. 10).

Embora às vezes tenha deixado de fazê-lo, a Igreja institucional está comprometida em ler e seguir a Bíblia de maneiras que possibilitem o florescimento da vida. Isto levou líderes individuais de Igrejas e assembleias públicas de líderes a questionar intepretações da Bíblia que provocam dano social. O Vaticano adverte contra "toda atualização orientada no sentido contrário à justiça e à caridade evangélicas, as mesmas que, por exemplo, queriam basear a segregação racial, o antissemitismo ou o sexismo sobre textos bíblicos" (A Interpretação Bíblica na Igreja 1993, IV.A.3). Estamos conscientes de que as Igrejas nem sempre viveram de acordo com esta meta, mas isto ainda é algo que as Igrejas esperam de si mesmas e que a sociedade em geral espera delas.

Teste

Examine um jornal da Igreja ou ouça um programa religioso como *Thought for the Day* na BBC

> Radio 4, para identificar como as pessoas procuram oferecer interpretações socialmente construtivas da Bíblia no tocante a uma questão atual. Você apoia suas opiniões?

No capítulo 1 propusemos que deveríamos visar interpretações "provisórias e mesmo assim responsáveis" da Bíblia. As leituras provisórias reconhecem que, embora nosso contexto enquanto leitores esteja sempre mudando, podemos mesmo assim oferecer interpretações responsáveis da Bíblia sempre que nos envolvemos com ela. Como vimos, ser intérpretes responsáveis requer que trabalhemos com integridade, prestando cuidadosa atenção a nós mesmos e ao texto que temos diante dos olhos. Isso exige que sejamos ao mesmo tempo coerentes e dinâmicos em nossa interação com a Bíblia.

Ser coerentes

Para ser coerentes em nosso manuseio do texto, devemos sempre nos aproximar do texto conscientes do lugar onde estamos e conscientes da situação mais ampla a partir da qual lemos. No capítulo 2, observamos que precisamos ter consciência da maneira como vemos a Bíblia e por que vemos o texto dessa maneira. Devemos também estar atentos ao texto real que temos diante de nós e ser diligentes em nossas tentativas de compreender o que ele realmente diz e não o que nós pensamos que ele diz. Como observamos no capítulo 3, existe uma série de instrumentos exegéticos à nossa disposição para ajudar-nos a fazê-lo. Enquanto intérpretes responsáveis, devemos sempre procurar utilizar os instrumentos mais adequados para a tarefa e para a passagem na qual estamos trabalhando e estar dispostos a testar novos métodos quando necessário. Se temos um compromisso de leitura como membros de uma determinada comunidade (a Igreja, um grupo social ou étnico, como um estudioso do Novo Testamento etc.), devemos ser francos sobre isso e sobre como esse compromisso inspira nossa leitura. Além disso, devemos levar em consideração o trabalho feito por outros leitores, tanto nos ambientes acadêmicos quanto num nível popular e devocional.

Ser coerentes deveria impedir-nos de eximir de responsabilidade o texto ou nós mesmos, aplicando uma estratégia interpretativa diferente para textos difíceis ou questionadores. Isto exige que permaneçamos abertos ao texto e também a quem nós somos e que reconheçamos quando este diálogo convida a novas definições de nós mesmos, do mundo ou de nossas crenças. Ou seja, devemos esperar que nosso encontro coerente com o texto nos mude para melhor.

Ser dinâmicos

A procura de interpretações defensoras da vida deveria estimular-nos a ser dinâmicos em nossa relação com a Bíblia. A natureza aberta e dialógica do texto nos estimula a ir além das leituras superficiais, observando divergência e movimento, e a estar alertas para o leque de sentidos que o texto contém.

Além disso, como observamos no capítulo precedente, a partir de uma perspectiva cristã a Bíblia é entendida como algo que conta uma história inacabada, que só será completada com a vinda do reino de Deus. Esta abertura sugere que o leitor tem um papel a desempenhar na construção da contínua história de interação da Bíblia com o mundo. Richard Bauckham observa:

> A natureza *inacabada* da história bíblica – ou, mais positivamente, a esperança escatológica como sendo o futuro definitivo que Deus dará a este mundo – é o que cria o espaço para encontrar-nos a nós mesmos e o nosso mundo contemporâneo na história bíblica. É o que possibilita e requer a hermenêutica da escuta no contexto, que sugerimos de forma sucinta. É o que resiste à conclusão prematura que sufoca a liberdade do cristão obediente que vive no mundo contemporâneo (Bauckham 1999, p. 23).

Essa compreensão do processo de leitura nos impõe a responsabilidade de desenvolver a história. O Conselho Mundial de Igrejas registra a responsabilidade da Igreja de antecipar a vinda do reino de justiça e paz em sua resposta à Bíblia:

> Assim como a Escritura olha constantemente para a frente na esperança do futuro de Deus, assim a atividade interpretativa da Igreja é também uma projeção antecipatória da realidade do reino de Deus, que ao mesmo tempo está já presente e ainda está por vir. A leitura dos "sinais dos tempos", tanto na história do passado quanto nos acontecimentos do presente, deve ser feita no contexto do anúncio das "novas coisas que estão por vir"; esta orientação para o futuro faz parte da realidade da Igreja como comunidade hermenêutica. Por isso, a luta pela paz, pela justiça e pela integridade da criação, o renovado senso de missão como serviço e testemunho, a liturgia na qual a Igreja proclama e celebra a promessa do reino de Deus e sua vinda na práxis da fé

são partes integrantes da constante tarefa interpretativa da Igreja (Conselho Mundial de Igrejas 1998, p. 19-20).

No capítulo 4 examinamos a natureza de nossa identidade como leitores. Os leitores são ao mesmo tempo específicos de qualquer momento e contexto e, no entanto, mutáveis à medida que avançamos na vida: tendo novas experiências, deslocando-nos para novos lugares e assumindo novos papéis. A consciência de nossa situação de vida e de nossa atitude em relação à Bíblia, que estão em contínua mutação, deveria levar-nos a abandonar a excessiva confiança de que possuímos a interpretação definitiva de qualquer texto. Precisamos de uma interpretação prática que nos prepare para a ação. Podemos mais tarde reavaliar nossas leituras anteriores e modificá-las com base na experiência de testá-las na prática.

Este processo de ação e reflexão é conhecido como círculo hermenêutico. Este não é um conceito novo. A ideia de um círculo dinâmico que mantém aberto o diálogo entre nosso contexto e o texto foi desenvolvida pelo filósofo Martin Heidegger, embora o teólogo Friedrich Schleiermacher já tivesse observado que palavras, textos e contextos interagem de maneira mutuamente revisora (Soulen & Soulen 2011, p. 82-83). Rudolf Bultmann, por sua vez, mostrou que a qualidade das perguntas vitais feitas ao texto no início do processo determina a qualidade das respostas que o círculo hermenêutico produz, porque é necessária uma compreensão prévia para ouvir bem o texto (Bultmann 1950, p. 90).

Em tempos mais recentes o círculo hermenêutico foi adotado pelos teólogos da libertação, particularmente pelos que trabalham na América Latina. Estes teólogos começam toda intepretação a partir de sua experiência vivida. A ação prática é o primeiro estágio e precede a reflexão sobre a Bíblia e a situação do intérprete. Tendo a ação como força propulsora, esta abordagem nos obriga a manter aberto o diálogo entre o texto e o contexto. A reflexão pode levar à ação; mas, começando com a ação, somos provocados a uma reflexão mais específica e rigorosa sobre o que estamos fazendo, porque sabemos que estaremos utilizando o resultado de nossa reflexão para orientar o próximo estágio de nossa ação. Assim, a ação ajuda a fundamentar e focar nossa reflexão sobre a Bíblia e a interpretação da Bíblia. Juan Luis Segundo argumenta que "cada nova realidade nos obriga a reinterpretar a palavra de Deus de maneira nova, a mudar a realidade de acordo e, em seguida, a recuar e reinterpretar a palavra de Deus novamente e assim por diante" (Segundo 1976, p. 8).

Observe-se que o círculo hermenêutico é realmente uma espiral, já que cada rotação do círculo leva os intérpretes a compreensões superiores e mais profundas do texto e de seu contexto. Isso explica por que nunca podemos completar nosso estudo de qualquer passagem bíblica. Aproximamo-nos do texto cada vez num estágio diferente de nossa vida, trazendo determinadas preocupações, e assim sempre abordamos o texto de maneira nova.

Os textos bíblicos compensam a releitura não só por causa das circunstâncias mutantes de nossa vida, mas também por causa do longo processo envolvido em sua formação e em sua recepção. Cada passagem ecoa as vozes e perspectivas que afetaram seu desenvolvimento e ressoa com outras histórias presentes no cânon bíblico e para além dele.

Reler o mesmo texto repetidas vezes nos ajuda a distinguir entre o que permanece igual e o que muda. As palavras do texto permanecem as mesmas, embora até estas tenham estado sujeitas a algumas mudanças durante seu desenvolvimento, transmissão e tradução. Visto que nossas próprias perspectivas e juízos, e a cultura em que vivemos, estão todos sujeitos à mudança, reconhecemos que nossas interpretações do texto provavelmente mudarão no futuro.

> **Teste**
>
> Certa vez Rachel passou um semestre acadêmico estudando a história de Caim e Abel (Gênesis 4,1-16) e, a cada nova leitura, descobriu algo novo. À medida que o semestre progredia, os acontecimentos do mundo, o calendário da Igreja e suas próprias circunstâncias mutantes suscitaram novas perguntas com as quais abordar o texto. Tente isso por própria conta. Escolha uma passagem da Bíblia para conviver com ela por alguns meses, a fim de ver como sua vida mutante afeta sua interação com ela.

Brian Blount mostra que a mudança é uma consequência de estar vivo e atento:

> Já que estamos sempre mudando, e nossos contextos estão sempre mudando, as palavras que interpretam o sussurro do Espírito de Deus em nosso tempo devem também necessariamente estar mudando. Lembremos que Jesus disse que Deus é um Deus dos vivos e não dos mortos. Mas uma última palavra é necessariamente uma palavra morta. Ela deixa de ouvir. Ela deixa de aprender. Ela deixa de viver! [...] *Nada do que é vivo é eterno*. Uma palavra viva é sempre uma palavra de começo (Blount 2002, p. 56-57. Grifo de Blount).

Tomemos outra imagem: rastreamos nossas leituras provisórias da Bíblia na dança rodopiante entre texto e contexto. Mediante uma atividade disciplinada, mas vivaz, examinamos o que nós – e os que ainda nos são estranhos – precisamos conhecer aqui e agora. Isso reflete uma compreensão judaica e cristã da atividade de Deus como uma afetuosa dança de criação, restauração e constante renovação.

> **Teste**
>
> Hélder Câmara estimulava os leitores da Bíblia a "honrar a palavra eterna / e falar para tornar possível um mundo novo" (Câmara citado em Morley 1992, p. 158). Leia 1Tessalonicenses 5,12-28. Como a interpretação que você faz desta passagem poderia abrir novas possibilidades e maneiras de agir corretamente no mundo, honrado a "palavra eterna"?

Em seu livro *Flor sem defesa*, Carlos Mesters observa a respeito das comunidades pobres na América Latina:

> O principal interesse das pessoas não é interpretar a Bíblia, mas interpretar a vida com a ajuda da Bíblia. Elas procuram ser fiéis não primeiramente ao sentido que o texto contém (o sentido histórico e literal), mas ao sentido que elas descobrem no texto para sua própria vida. [...] A Bíblia da vida era sua própria vida, na qual procuravam pôr em prática e encarnar a palavra de Deus. E ela era ainda mais: a própria vida é para elas o lugar onde Deus fala (Mesters 1989, p. 9).

O objetivo último da interpretação bíblica não é a compreensão, mas a cura, a transformação e a libertação. É capacitar as pessoas a viver e florescer. Por isso, concluímos como começamos, comprometidos com uma busca permanente de interpretações da Bíblia que sejam defensoras da vida, abertas às perspectivas de fé destes textos antigos, mesmo que nós próprios não as compartilhemos. A Bíblia trata de seres humanos que buscam encontrar-se com Deus. Quando interpretamos a Bíblia, nós participamos do contínuo exame das diferentes maneiras como o amor libertador e transformador de Deus pode ser revelado à humanidade.

SUMÁRIO DO PROCESSO INTERPRETATIVO

Capítulo 1: Para aonde queremos ir?

Este passo no processo interpretativo pede que você:
• identifique sua razão geral para estudar a Bíblia;
• identifique seu foco interpretativo ao estudar determinada passagem e compreenda como esse foco afeta sua leitura da passagem;
• tenha clareza a respeito das perguntas com que você começa, mesmo se estas forem diferentes das perguntas com que você termina;
• procure encontrar uma interpretação provisória e responsável de uma passagem.

Capítulo 2: Experiência passada e expectativas presentes

Este passo no processo interpretativo pede que você:
• leve em consideração a influência social, cultural e política da Bíblia em seu próprio contexto e em outros contextos;
• leve em consideração a natureza pouco familiar da Bíblia, quer como um texto do antigo Oriente Médio quer como um texto que por alguns é considerado divino;
• identifique sua própria compreensão da autoridade e do testemunho da Bíblia;

- leia a Bíblia como um todo e utilize métodos intertextuais de interpretação;
- identifique seu próprio cânone extenso e faça uso apropriado dele;
- observe como o uso de um lecionário molda a interação de uma comunidade de fé com a Bíblia;
- reconheça o valor de textos centrais e marginais;
- examine como você resolve tensões e diferenças presentes na Bíblia.

Capítulo 3: Instrumentos para a exegese

Este passo no processo interpretativo pede que você:
- adquira familiaridade com um texto mediante uma série de métodos que incluem copiar e memorizar;
- utilize a análise do discurso para identificar detalhadamente a estrutura e a composição de um texto;
- utilize a crítica narrativa para identificar e explorar traços narrativos, como acontecimentos, personagens e estratégias narrativas;
- leia um texto na língua original ou utilize uma série de traduções;
- utilize as compreensões da crítica textual;
- reconheça como as palavras evoluem ao longo do tempo e a necessidade de explorar o sentido histórico de uma palavra ou uma expressão presentes num texto;
- utilize a crítica da forma para identificar o uso oral anterior de um texto e seu gênero;
- utilize a crítica das fontes para identificar fontes escritas anteriores de um texto-fonte múltiplo;
- utilize a crítica da tradição para situar o texto nos ciclos mais amplos da narrativa e das tradições;

- utilize a crítica da redação para considerar as crenças teológicas do autor ou editor final de um texto;
- utilize métodos que exploram o pano de fundo social, político e religioso mais amplo de um texto;
- utilize os métodos da história dos efeitos para explorar como um texto foi recebido e sua influência ao longo do tempo.

Capítulo 4: Nossa realidade

Este passo no processo interpretativo pede que você:
- reconheça o papel do leitor ao criar o sentido de um texto;
- descreva sua própria identidade e comece a considerar como diferentes aspectos afetam sua intepretação, entre os quais: gênero e sexualidade; etnicidade e identidade de cor; idade, capacidade e bem-estar; *status* socioeconômico e filiação política; tradições denominacionais, espirituais e teológicas;
- empreenda a análise social de seu contexto, mediante uma cuidadosa observação e o uso de métodos apropriados de análise;
- considere as comunidades a que você pertence e como você lê a Bíblia como membro delas.

Capítulo 5: Leituras comprometidas

Este passo no processo interpretativo pede que você:
- reconheça como seus compromissos afetam sua leitura;
- leve em consideração as leituras globais, inclusive a crítica pós-colonial e as leituras vernáculas;
- identifique seus próprios compromissos ideológicos, os do texto e os de outros métodos;

• reconheça a maneira como o fato de ler a partir de uma perspectiva de fé influencia a interpretação, inclusive observar o efeito dos métodos de leitura espiritual, ouvir a Bíblia num contexto de culto e leituras que nutrem o discipulado;
• explore a leitura da Bíblia ao lado de outros textos sagrados;
• faça bom uso dos comentários.

Capítulo 6: Possibilitando o diálogo com o texto

Este passo no processo interpretativo pede que você:
• veja a intepretação como uma forma de diálogo;
• considere como o contexto de um texto e o contexto da interpretação se relacionam mutuamente;
• identifique sua(s) chave(s) hermenêutica(s) a partir da Bíblia, de uma perspectiva de fé e de seu contexto e compromissos;
• pratique a leitura da Bíblia como história e observe como isto abre espaço para o diálogo entre o texto e o contexto de você;
• abra espaço para que a Bíblia critique a interpretação que você faz;
• oponha-se a interpretações violentas ou danosas da Bíblia.

Capítulo 7: Nossa meta: Interpretações defensoras da vida

Este passo no processo interpretativo pede que você:
• revise seu ponto de partida no processo interpretativo;

- considere as diferentes razões acadêmicas e baseadas na fé para estudar a Bíblia e como pode haver um diálogo entre elas;
- seja coerente e, no entanto, dinâmico em sua interpretação;
- comprometa-se com interpretações da Bíblia defensoras da vida.

REFERÊNCIAS E LEITURAS ULTERIORES

ABRAHAM, W.J. (1998). *Canon and Criterion in Christian Theology*. Oxford: Oxford University Press.

ADAMO, D.T. (2006). *Biblical Interpretation in African Perspective*. Lanham/MD: University Press of America.

AGOSTINHO. *A Doutrina cristã*.

AHARONI, Y & HAV-YONAH, M. (1968). *The Macmillan Bible Atlas*. Nova York/Londres: Macmillan.

ALLEN, R.J. (1987). *Contemporary Biblical Interpretation for Preaching*. Valley Forge/PA: Judson Press.

ALLEN, R.J & WILLIAMSON, C.M. (2006). *Preaching the Letters Without Dismissing the Law: A Lectionary Commentary. Preaching Without Prejudice*, vol. 2. Louisville/KY: Westminster John Knox.

ALLEN, R.J & WILLIAMSON, C.M. (2007). *Preaching the Old Testament: A Lectionary Commentary. Preaching Without Prejudice*, vol. 3. Louisville/KY: Westminster John Knox.

ANGLICAN CONSULTATIVE COUNCIL (2012). *Deep Engagement, Fresh Discovery: Report of The Anglican Communion "Bible in The Life of The Church" Project*.

ARCHER, K.J. (2009). *A Pentecostal Hermeneutic: Spirit, Scripture and Community*. Cleveland/OH: CPT Press.

AUNE, D. (1997-1998). *Revelation*. 3 vols. World Biblical Commentary. Dallas/TX: Word.

AVALOS, H., MELCHER, S.J. & SCHIPPER, J. (eds.). (2007). *This Abled Body: Rethinking Disabilities in Biblical Studies. Semeia Studies* 55. Atlanta/GA: Society of Biblical Literature.

AYMER, M. (2016). "Outrageous, Audacious, Courageous, Willful: Reading The Enslaved Girl of Acts 12". In: BYRON, G.L. & LOVELACE, V. (eds.). *Womanist Interpretations of the Bible: Expanding the Discourse*. Semeia Studies 85. Atlanta/GA: Society of Biblical Literature Press, p. 265-290.

BAILEY, R.C. (1990). *David in Love and War: The Pursuit of Power in 2 Samuel 19-12*. JSOT Supplement Series 75. Sheffield: JSOT.

BAILEY, R.C. (1998). "The Danger of Ignoring One's Own Cultural Bias in Interpreting the Text". In: SUGIRTHARAJAH, R.S. (ed.). *The postcolonial Bible*. Sheffield: Sheffield Academic Press, p. 66-90.

BAILEY, R.C.; LIEW, T.B. & SEGOVIA, F.F. (2009). *They Were All Together in One Place: Toward Minority Biblical Criticism*. Leiden: Brill.

BARTON, J. (2002). *The Biblical World*. 2 vols. Londres: Routledge.

BARTON, J. (ed.) (1998). *The Cambridge Companion to Biblical Interpretation*. Cambridge: Cambridge University Press.

BARTON, M. (2004). "I Am Black and Beautiful". *Black Theology* 2/2 (julho), p. 167-187.

BARTON, S.C. (1995). "Historical Criticism and Social Scientific Perspectives in New Testament Study". In: GREEN, J.B. (ed.). *Hearing the New Testament: Strategies for Interpretation*. Grand Rapids/MI e Carlisle: Eerdmans and Paternoster, p. 61-87.

BAUCKHAM, R. (1983). *Jude, 2 Peter*. Word Biblical Commentary 50. Waco/TX: Word Books.

BAUCKHAM, R. (1999). *Scripture and Authority Today*. Cambridge: Grove.

BAUER, D.R. (2003). *An Annotated Guide to Biblical Resources for Ministry*. Peabody/MA: Hendrickson.

BAUER, D.R. (2011). *An Annotated Guide to Biblical Resources for Ministry*. Eugene/OR: Wipf and Stock.

BECHDEL, A. (1985). "The Rule". *Dykes to Watch Out For*.

BECKFORD, R. (2001). *God of the Rahtid: Redeeming Rage*. Londres: Darton Longman and Todd.

BECKFORD, R. & BEAN, T. (2017). *Jamaican Bible Remix (audio)*.

BEDFORD, N.E. (2016). *Galatians: A Theological Commentary on The Bible*. Louisville/KY: Westminster John Knox Press.

BEHAR, R. (1997). "Sarah & Hagar: The Heelprints Upon Their Faces". In: REIMER, G.T. & KATES, J.A. (eds.). *Beginning Anew: A Woman's Companion to The High Holy Days*. Nova York: Simon and Schuster, p. 35-43.

BERGER, K. (1999). "Form Criticism, New Testament". In: HAYES, J.H. (ed.). *Dictionary of Biblical Interpretation*, vol. 1. Nashville/TN: Abingdon, p. 413-417.

BERLIN, A. & BRETTLER, M.Z. (eds.) (2014). *The Jewish Study Bible*, 2 ed. Oxford: Oxford University Pess.

BERRY, L. (2014). *Black Country*. Londres: Chatto & Windus.

BETCHER, S.V. (2007). *Spirit and The Politics of Disablement*. Minneapolis/MN: Fortress Press.

BETSWORTH, S. (2016). *Children in Early Christian Narratives. Library of New Testament Studies*. Londres: Bloomsbury.

BIRCH, B.C. & RASMUSSEN, L.L. (1989). *Bible and Ethics in the Christian Life*. Minneapolis/MN: Augsburg.

BLOCK, J.W. (2002). *Copious Hosting: A Theology of Access for People with Disabilities*. Nova York: Continuum.

BLOUNT, B.K. (ed.) (2007). *True to Our Native Land: An African American New Testament Commentary*. Minneapolis/MN: Fortress Press.

BOASE, E. & FRECHETTE, C.G. (2016). *Bible Through the Lens of Trauma. Semeia Studies* 86. Atlanta/GA: Society of Biblical Literature.

BOCKMUEHL, M. (1998). "To Be or Not To Be: The Possible Futures of New Testament Scholarship". *Scottish Journal of Theology* 51/3, p. 271-306.

BOER, R. & SEGOVIA. F.F. (eds.) (2012). *The Future of The Past: Envisioning Biblical Studies on a Global Key. Semeia Studies* 66. Atlanta/GA: Society of Biblical Literature.

BOFF, C. (1987). *Theology and Praxis: Epistemological Foundations*. 3 ed. Maryknoll/NY: Orbis [original: *Teologia e prática: Teologia do político e suas mediações*. Petrópolis: Vozes, 1993.]

BONHOEFFER, D. (1965). *No Rusty Swords: Letters, Lectures and Notes 1928-1936 from the Collected Works of Dietrich Bonhoeffer*, vol.1. (trad. Edwin H. Robertson & John Bowden, ed. Edwin H. Robertson). Londres: Collins.

BOWE, B.; HUGHES, K.; KARAM, S. & OSIEK, C. (1992). *Silent Voices, Sacred Lives: Women's Readings for The Liturgical Year*. Nova York: Paulist Press.

BRADSHAW, R. (2013). "Pentecostal Hermeneutics". In: P. THOMPSON (ed.). *Challenges of Black Pentecostal Leadership in The Twenty-First Century*. Londres: SPCK, p. 52-67.

BRETTLER, M.Z. (2007). "Biblical Authority: A Jewish Pluralistic View". In: W.P. BROWN (ed.). *Engaging Biblical Authority: Perspectives on The Bible as Scripture*. Louisville/KY: Westminster John Knox Press, p. 1-9.

BROTZMAN, E.R. (1994). *Old Testament Textual Criticism: A Practical Introduction*. Grand Rapids/MI: Baker.

BROWN, W.P. (2007). "Introduction". In: W.P. Brown (ed.). *Engaging Biblical Authority: Perspectives on The Bible as Scripture*. Louisville/KY: Westminster John Knox Press, p. ix-xvi.

BRUEGGEMANN, W. (1997a). *Cadences of Home: Preaching among Exiles*. Louisville/KY: Westminster John Knox Press.

BRUEGGEMANN, W. (1997b). *Theology of the Old Testament: Testimony, Advocacy*. Minneapolis/MN: Fortress Press.

BRUEGGEMANN, W., PLACHER, W.C. & BLOUNT, B.K. (2002). *Struggling with Mythology*. Louisville/KY: Westminster John Knox Press.

BULTMANN, R. (1950). "The Problem of Hermeneutics". In: *New Testament and Mythology and Other Basic Writings*, ed. e trad. S.M. Ogden (1984). Filadélfia/PA: Fortress Press, p. 69-93

BUNGE, M.J., FRETHEIM, T.E. & GAVENTA, B.R. (eds.) (2008). *The Child in the Bible*. Grand Rapids/MI: W.B. Eerdmans.

BYRON, G.L. & LOVELACE, V. (2016). "Introduction". In: BYRON, G.L. & LOVELACE, V. (eds.). *Womanist Interpretations of The Bible: Expanding the Discourse. Semeia Studies* 85. Atlanta/GA: Society for Biblical Literature Press, p. 1-18.

CALLAWAY, M.C. (1999). "Canonical Criticism". In: McKENZIE, S.L. & HAYNES, S.R. (eds.). *To Each its Own Meaning: An Introduction to Biblical Criticisms and Their Applications. Revised and Expanded Edition.* Louisville/KY: Westminster John Knox Press, p. 141-155.

CAMERON, H.; RICHTER, P.; DAVIES, D. & WARD, F. (eds.) (2005). *Studying Local Churches: A Handbook*. Londres: SCM Press.

CANNON, K. (1995). *Katie's Canon*. Nova York: Continuum.

CARDENAL, E. (1982). *The Gospel in Solentiname*, vol. IV. trad. D.D. Walsh. Maryknoll/NY: Orbis.

CARSON, D.A. (1993). *New Testament Commentary Survey*. 4. ed. Leicester: IVP.

CAVE, N. (1998). *Introduction to Mark*. Edimburgo: Canongate Books.

CHILDS, B. (1979). *Introduction to the Old Testament as Scripture*. Filadélfia/PA: Fortress.

CHILDS, B. (1985a). *Old Testament Theology in a Canonical Context*. Filadélfia/PA: Fortress.

CHILDS, B. (1985b). *The New Testament as Canon: An Introduction*. Filadélfia/PA: Fortress.

CHRISTIAN AID (2004). *Trade Justice*. Londres: Church House Publishing.

CIMPERMAN, M. (2015). *Social Analysis for the 21st Century: How Faith Becomes Action*. Maryknoll/NY: Orbis Books.

CLINES, D.J.A. (1995). "David the Man: The Construction of Masculinity in The Hebrew Bible". In: CLINES, D.J.A. *Interested Parties. The Ideology of Writers and Readers of The Hebrew Bible*. Sheffield: Sheffield Phoenix Press, p. 212-241.

CLINES, D.J.A. (1995). "The Ten Commandments, Reading From Left to Right". In: CLINES, D.J.A. *Interested Parties. The Ideology of Writers and Readers of The Hebrew Bible*. Sheffield: Sheffield Phoenix Press, p. 26-45.

CMS/USPG/THE METHODIST CHURCH (2004). *The Christ We Share*. CMS/USPG/The Methodist Church.

COGGINS, R.J & HOULDEN, J.L. (eds.) (1990). *A Dictionary of Biblical Interpretation*. Londres: SCM Press.

COLLINS, M.A. (2019). "On The Trail of A Biblical Serial Killer: Sherlock Holmes and the Book of Tobit". In: BLYTH, C. & JACK, A. (eds.). *The Bible in Crime Fiction and Drama: Murderous Texts*. Londres: T & T Clark, p. 9-28.

COMISSÃO DE FÉ E ORDEM do CMI (1998). *Um tesouro em vasos de argila. Instrução para uma reflexão ecumênica sobre a hermenêutica*.

COOPER, A. & SCHOLZ, S. (2004) "Leviticus". In: PATTE, D. *The Bible Commentary*. Nashville/TN: Abingdon Press, p. 30-42.

CREANGA, O. (ed.) (2010). *Men and Masculinity in The Hebrew Bible and Beyond. Bible in The Modern World* 33. Sheffield Phoenix Press.

CRENSHAW, K. (1989). "Demarginalizing the Intersection of Race and Sex: A Black Feminist Critique of Antidiscrimination Doctrine, Feminist Theory and Antiracist Politics". *University of Chicago Legal Forum, Special Issue: Feminism in The Law: Theory, Practice and Criticism*. Chicago/IL: University of Chicago Law School, 139-168.

DALTON, R.W. (2007). "Perfect Prophets, Helpful Hippos, and Happy Endings: Noah and Jonah in Children's Bible Storybooks in The United States". *Religious Education* 102/3 (verão), p. 298-313.

Davies, A. (2009). "What Does It Mean to Read The Bible as A Pentecostal?" *Journal of Pentecostal Theology* 18/ 2, p. 216-229.

DAVIS, C.W. (1999). *Oral Biblical Criticism: The Influence of the Principles of Orality on the Literary Structure of Paul's Epistle to the Philippians. Library of New Testament Studies* 172. Sheffield Academic Press/Continuum.

DAWES, S. (2004). "Revelation in Methodism". In: MARSH, C.; BECK, B.; SHIER-JONES, A. & WAREING, H. (eds.) (2010). *Unmasking Methodist Theology*. Londres: Continuum.

DAWES, S.B. (2010). *SCM Studyguide to the Psalms*. Londres: SCM Press.

DE SILVA, D.A. (2004). *Introduction to the New Testament: Contexts, Methods and Ministry*. Downers Grove/IL: IVP Academic.

DEFRANZA, M.K. (2014). "Virtuous Eunuchs: Troubling Conservative and Queer Readings of Intersex and the Bible". In: CORNWALL, S. (ed.). *Intersex, Theology, and the Bible: Troubling Bodies in Church, Text and Society*. Basingstoke: Macmillan, p. 55-77.

Di Jamaikan Nyuu Testament (2012). Bible Society of the West Indies.

DIETRICH, W. & LUZ, U. (2002). *The Bible in a World Context: An Experiment in Cultural Hermeneutics*. Grand Rapids/MI e Cambridge: Eerdmans.

DIVARKAR S.J., P. (ed.) & MALATESTA S.J., E.J. (1991). *Ignatius of Loyola: Spiritual Exercises and Selected Works ("The Classics of Western Spirituality" series)*. Mahwah/NJ: Paulist Press.

DUBE, M.W. (2003). "Jumping the Fire with Judith: Postcolonial Feminist Hermeneutics of Liberation". In: SCHROER, S. & BIETENHARD, S. (eds.). *Feminist Interpretation of the Bible and the Hermeneutics of Liberation*. Londres: Sheffield Academic Press, p. 60-76.

DUBE, M.W. (2010). "Go Tla Siama. O Tla Fola: Doing Biblical Studies in an HIV and Aids Context". *Black Theology* 8/2, p. 212-241.

DUBE, M.W. (ed.) (2001). *Other Ways of Reading: African Women and the Bible*. Atlanta/GA: SBL/Genebra: WCC Publications.

DUBE, M.W. (ed.) (2003). *HIV/Aids and the Curriculum: Methods of Integrating HIV/Aids in Theological Programmes*. Genebra: WCC Publications.

DUNBAR, E.S. (2018). "For Such A Time As This? #Ustoo: Representations of Sexual Trafficking, Collective Trauma and Horror in the Book of Esther". Ensaio apresentado no Shiloh Project's Religion and Rape Culture Conference, em Sheffield.

DYER, R. (1997). *White*. Londres: Routledge.

ELLIGER, K. & RUDOLPH, W. (eds.) (1977). *Biblia Hebraica Stuttgartensia*, 2. ed., ed. W. Rudolph & H.P. Rüger. Stuttgart: Deutsche Bibelgesellschaft.

ELLIOT, J.K. (2000). "Christian Apocrypha". In: HASTINGS, A.; MASON, A. & PYPER, H. (eds.). *The Oxford Companion to Christian Thought*. Oxford: Oxford University Press, p. 30-31.

ELVEY, A. (2010). "Review of *Exploring Ecological Hermeneutics*, ed. Norman C. Habel & Peter Trudinger". *Biblical Interpretation* 18, p. 418-527.

ERBELE-KUSTER, D. (2004). "Rereading the Bible: A Dialogue with Women Theologians from Latin America, Africa and Asia". In: *Voices from the Third World*, volume XXVII/1, junho de 2004, p. 53-67.

EVANGELICAL ALLIANCE (2017). *What Kind of Society? Vision and Voice for the UK Church*. Londres: Evangelical Alliance.

FABELLA, V. & SUGIRTHARAJAH, R.S. (eds.) (2000). *Dictionary of Third World Theologies*. Maryknoll/NY: Orbis.

FARMER, K. (1998). "Psalms 42-89". In: FARMER, W.R.; LEVORATTTI, A.; DUGGAN, D.L. & LaCOQUE, A. (eds.). *The International Bible Commentary: A Catholic and Ecumenical Commentary for the Twenty-first Century*. Collegeville/PA: The Liturgical Press, p. 82-840.

FARMER, W.R.; McEVENUE, S.; LEVORATTI, A.J. & DUGGAN, D.L. (eds.) (1998). *The International Bible Commentary: A Catholic and Ecumenical Commentary for the Twenty-first Century*. Collegeville/PA: The Liturgical Press.

FISHBANE, M. (1985). *Biblical Interpretation in Ancient Israel*. Oxford: Clarendon.

FOSTER, R.J. (1999). *Streams of Living Water: Celebrating the Great Traditions of Christian Faith*. Londres: Fount.

FOWL, S.E & JONES, L.G. (1991). *Reading in Communion: Scripture and Ethics in Christian Life*. Londres: SPCK.

FOWLER, R.M., BLUMHOFER, E. & SEGOVIA, F.F (eds.) (2004). *New Paradigms for Bible Study: The Bible in the Third Millennium*. Nova York: T & T Clark.

FREIRE, P. [1973] (1993). *Pedagogy of the Oppressed*. Londres: Penguin. [original: *Pedagogia do oprimido*, Rio de Janeiro: Paz e Terra, 1987.]

GAFNEY, W.C. (2017). *Womanist Midrash: A Reintroduction to the Women of the Torah and the Throne*. Louisville/KY: Westminster John Knox Press.

GILLINGHAM, S.E. (1998). *One Bible Many Voices: Different Approaches to Biblical Studies*. Londres: SPCK.

GNUSE, R. (1985). *The Authority of the Bible: Theories of Inspiration, Revelation and the Canon of Scripture*. Mahwah/NJ: Paulist Press.

GNUSE, R. (1999). "Tradition History". In: HAYES, J.H. (ed.). *Dictionary of Biblical Interpretation*, vol. 2. Nashville/TN: Abingdon, p. 127-132.

GOLDINGAY, J. & CARSON, D. (2013). *New Testament Commentary Survey*, 7ª ed. Grand Rapids/MI: Baker Academic.

GORMAN, M. (2001). *Elements of Biblical Exegesis: A Basic Guide for Students and Ministers*. Peabody/MA: Hendrickson.

GORMAN, M. (ed.) (2017). *Scripture and its Interpretation: A Global, Ecumenical Introduction to the Bible*. Grand Rapids/MI: Baker Academic.

GORRINGE, T. (1998). "Political readings of Scripture". In: BARTON, J. (ed.). *The Cambridge Companion to Biblical Interpretation*. Cambridge: Cambridge University Press, p. 67-80.

GOSS, R.E. & WEST, M. (eds.) (2000). *Take Back the Word: A Queer Reading of the Bible*. Cleveland/OH: The Pilgrim Press.

GRABBE, L.L. (2017). *Ancient Israel: What Do We Know and How Do We Know It?* Londres: T & T Clark.

GREEN, D. & MELAMED, C. (2000). *A Human Development Approach to Globalisation*. Londres: Christian Aid/CAFOD.

GREGGS, T. (2016). "Sola Scriptura, The Community of the Church and a Pluralist Age: A Methodist Theologian Seeking to Read Scripture in and for The World". In: PADDISON, A. (ed.). *Theologians on Scripture*. Londres: Bloomsbury T & T Clark, p. 79-92.

GRIEB, A.K. (2002). "Deutero-Pauline Letters". In: HOWARD--BROOK, W. & RINGE, S. (eds.). *The New Testament: Introducing the Way of Discipleship*. Maryknoll/NY: Orbis, p. 148-167.

GUEST, D. (2006). "Deuteronomy". In: GUEST, D. (ed.). *The Queer Bible Commentary*. Londres: SCM Press, p. 121-143.

GUEST, D. (ed.) (2006). *The Queer Bible Commentary*. Londres: SCM Press.

GUNN, D.M. "Narrative Criticism". In: McKENZIE, S.L. & HAYNES, S.R. (eds.). *To Each Its Own Meaning: An Introduction to Biblical Criticisms and their Application*, 3ª ed. revista e ampliada. Louisville/KY: Westminster John Knox Press, p. 201-229.

HABEL, N.C. (2008). "Introducing Ecological Hermeneutics". In: HABEL, N.C. & TRUDINGER, P. *Exploring Ecological Hermeneutics. Society of Biblical Literature Symposion Series* 46. Atlanta/GA: SBL Press.

HAMMER, R. (Trad., Intr., e Com.) & GOLDIN, J. (Prefácio) (1995). *The Classic Midrash, Tannaitic Commentaries on the Bible ("The Classics of Western Spirituality" series)*. Mahwah/NJ: Paulist Press.

HANEY, E.H. (1998). *The Great Commandment*. Cleveland/OH: The Pilgrim Press.

HAYES, J.H. (ed.) (1999). *Dictionary of Biblical Interpretation*, 2 vols. Nashville/TN: Abingdon.

HENS-PIAZZA, G. (2003). *Nameless, Blameless and Without Shame: To Cannibal Mothers Before a King*. Collegeville/PA: Liturgical Press.

HENS-PIAZZA, G. (2017). *Lamentations. Wisdom Commentary Series*, v. 30. Collegeville/PA: Liturgical Press.

HOEKEMA, A.G. (2014). "Fan Pu (China): The Bible interpreted Through The Art of Paper Cutting". *Exchange* 43, 379-389.

HOLGATE, D.A. (1999). *Prodigality, Liberality and Meanness: The Prodigal Son in Greco-Roman Perspective*. JSNTS Sup 187. Sheffield: Sheffield Academic Press.

HOLLAND, J. & HENRIOT, S.J.P. (1983). *Social Analysis Linking Faith and Justice*. Maryknoll/NY: Orbis.

HOLLOWAY, R. (2002). *Doubts and Love: What is Left of Christianity*. Edimburgo: Canongate.

HORRELL, D.G. (2017). "Paul, Inclusion and Whiteness: Particularizing Interpretation". *Journal For the Study of the New Testament* 40/2, p. 123-147.

HORSLEY, R.A. (2002). *Jesus and Empire: The Kingdom of God and the New World Disorder*. Minneapolis/MN: Augsburg.

HOULDEN, J.L. (ed.) (1995). *The Interpretation of the Bible in the Church*. Londres: SCM Press.

HOWARD-BROOK, W. & RINGE, S. (eds.) (2000). *The New Testament: Introducing the Way of Discipleship*. Maryknoll/NY: Orbis.

HULL, J.M. (2001a). *In the Beginning There Was Darkness: A Blind Person's Conversations with The Bible*. Londres: SCM Press.

HULL, J.M. (2001b). "Open Letter from a Blind Disciple to a Sighted Saviour: Text and Discussion". In: O'KANE, M. (ed.). *Borders, Boundaries and The Bible*. Sheffield: Sheffield Academic Press, p. 154-177.

IGREJA METODISTA (2004). *What is a Deacon?* Londres: The Methodist Church.

JAMES, R. (2012). "Doing It Differently: The Bible in Fundamentalism and in African Christianity". *Horizons in Biblical Theology* 34/1, p. 35-58.

JANSSON, T. (2003). *The Summer Book*. Londres: Sort of Books.

JENNINGS, W.J. (2017). *Acts. Belief: Theological Commentary on The Bible*. Louisville/KY: Westminster John Knox Press.

JOHNS, C.B. (1998). *Pentecostal Formation: A Pedagogy Among the Oppressed. Journal of Pentecostal Theology Supplement Series* 2. Sheffield: Sheffield Academic Press.

JOINT PUBLIC ISSUES TEAM (2016). *A Place to Call Home?*

JOY, C.I.D. (2001). *Revelation: A Post Colonial Viewpoint*. Dehli: Indian Society for Promoting Christian Knowledge.

KAHL, B. (2001). "Fratricide and Ecocide: Re-reading Gen. 2-4". In: HESSEL, D. & RASMUSSEN, L. (eds.). *Earth Habitat: Eco-Justice and the Church's Response*. Minneapolis/MN: Fortress Press, p. 53-68.

KATSUNO-ISHII, L. & ORTEZA, E.J. (eds.) (2000). *Of Rolling Waters and Roaring Wind*. Genebra: CMI.

KEENER, C.S. & CARROLL R., M.D. (eds.) (2013). *Global Voices: Reading the Bible in The Majority World*. Peabody/MA: Hendrickson.

KILLE, D.A. & ROLLINS, W.G. (2007). *Psychological Insight into the Bible: Texts and Readings*. Grand Rapids/MI: Eerdmans.

KOVACS, J., ROWLAND, C. & CALLOW, R. (2004). *Revelation*. Blackwell Bible Commentaries. Oxford: Blackwell.

KWOK Pui-lan (1995). "Discovering the Bible in the Non-Biblical World". In: R.S. SUGIRTHARAJAH. *Voices from the Margins: Interpreting the Bible in the Third World*. Londres: SPCK, 289-306.

KWOK Pui-lan (2005). *Postcolonial Imagination and Feminist Theology*. Londres: SCM-Canterbury Press.

LAMB, W. (2013). *Scripture. A Guide for The Perplexed*. Londres: Bloomsbury.

LAMBETH COMMISSION ON COMMUNION (2004). *The Windsor Report*. Londres: Anglican Communion Office.

LAWRENCE, L.J. (2018). *Bible and Bedlam: Madness, Sanism and New Testament Interpretation. The Library of New Testament Studies Book*, 594. Edimburgo: T & T Clark.

LEVINE, A. (2014). *Short Stories by Jesus: The Enigmatic Parables of A Controversial Bible Commentary*. San Francisco/CA: Harperone.

LEVINE, A. & WITHERINGTON, B. (2018). *The Gospel of Luke: New Cambridge Bible Commentary*. Cambridge: Cambridge University Press.

LEVINE, A. & BRETTLER, M.Z. (eds.) (2011). *The Jewish Annotated New Testament: New Revised Standard Version Bible Translation*. Oxford: Oxford University Press.

LEVISON, J.R. & POPE-LEVISON, P. (eds.) (1999). *Return to Babel: Global Perspectives on the Bible*. Louisville/KY: Westminster John Knox.

LIEW, T.B. (2017). "Black Scholarship Matters". *Journal of Biblical Literature* 136/1, p. 237-244.

LITCHFIELD, R.G. (2004). "Rethinking Local Bible Study in a Postmodern Era". In: FOWLER, R.M.; BLUMHOFER, E. & SEGOVIA, F.F. (eds.). *New Paradigms for Bible Study: The Bible in the Third Millennium*. Nova York: T & T Clark, p. 227-250.

LONGMAN III, T. (2013). *Old Testament Commentary Survey*. 5. ed. Grand Rapids/MI: Baker Academic.

LUZ, U. (1989). *Matthew 1-7: A Commentary*, trad. W.C. Linss. Edimburgo: T & T Clark.

LUZ, U. (1994). *Matthew In History: Interpretation Influence, and Effects*. Minneapolis/MN: Fortress Press.

LUZ, U. (2007, 2001, 2005). *Matthew 1-7*, *Matthew 8-20* e *Matthew 21-28*. Minneapolis/MN: Fortress Press.

MacDONALD, M.Y. (1988). *The Pauline Churches*, SNTSMS 60. Cambridge: Cambridge University Press.

MADURO, O. (2000). "Social analysis". In: FABELLA, V. & SUGIRTHARAJAH, R.S. (eds.). *Dictionary of Third World Theologies*. Maryknoll/NY: Orbis, 185-187.

MAIER, P.L. (2000). "Oberammergau Overhaul: Changes Make the Passion Play More Sensitive to Jews and More Faithful to Scripture". *Christianity Today* 44/9 (agosto 7), p. 74-75.

MAINWARING, S. (2014). *Mark, Mutuality and Mental Health: Encounters with Jesus. Semeia Studies* 77, SBL Press.

MALHERBE, A.J. (1987). *Paul to the Thessalonians*. Filadélfia/PA: Fortress Press.

MALHERBE, A.J. (2000). *The Letters to the Thessalonians*. Anchor Bible, vol. 32B. Nova Yok: Doubleday.

MARX, S. (2000). *Shakespeare and the Bible*. Oxford: Oxford University Press.

McDONALD, L.M. (2012). *Formation of The Bible. The Story of The Church's Canon*. Peabody/MA: Hendrickson.

McGOWAN, A.T.B. (2007). *The Divine Spiration of Scripture: Challenging Evangelical Perspectives*. Nottingham: Apollos.

McKENZIE, S.L. & HAYNES, S.R. (eds.) (1999). *To Each Its Own Meaning: An Introduction to Biblical Criticisms and Their Application*, 3. ed. revisada e ampliada. Louisville/KY: Londres e Leiden: Westminster John Knox Press.

MEAD, J. (2002). *A Telling Place*. Glasgow: Wild Goose Publications.

MELCHER, S.J. (2017). "Introduction". In: MELCHER, S.J.; PARSONS, M.C. & YONG, A. (eds.). *The Bible and Disability: A Commentary (Studies in Religion, Theology and Disability)*. Waco/TX: Baylor University Press, p. 1-27.

MESTERS, C. (1989). *Defenseless Flower: A New Reading of the Bible*. 4. ed. Maryknoll/NY: Orbis. [original: *Flor sem defesa*. Petrópolis: Vozes 1991.].

METZGER, B. (1994). *A Textual Commentary on the Greek New Testament*, 2. ed. Stuttgart: United Bible Societies.

MÍGUEZ, N.O. (2004). "Latin American reading of the Bible: Experiences, Challenges and its Practice". *Journal of Latin American Hermeneutics*, Ano 2004/1 Instituto Universitário ISEDET versão online.

MILLER-McLEMORE, B.J. (ed.) (2012). *The Wiley-Blackwell Companion to Practical Theology. The Wiley-Blackwell Companion to Religion*. Oxford: Wiley-Blackwell.

MOORE, S.D. (1996). *God's Gym: Divine Male Bodies of the Bible*. Londres: Routledge.

MOORE, S.D. (2001). *God's Beauty Parlor and Other Queer Spaces in and Around The Bible*. Stanford: Stanford University Press.

MOORE, S.D. (2014). "Masculinity Studies and the Bible". In: O'BRIAN, J. et al. (eds.). *The Oxford Encyclopedia of The Bible and Gender Studies*, vol. 1. Oxford: Oxford University Press.

MOORE, S.D. & ANDERSON, J.C. (2003). *New Testament Masculinities. Semeia Studies* 45. Atlanta/CA: Society of Biblical Literature.

MOORE, S.D. & SHERWOOD, Y. (eds.) (2011). *The Invention of the Biblical Scholar: A Critical Manifesto*. Minneapolis/MN: Fortress Press.

MOORMAN, J.R.H. (1950). *Saint Francis of Assisi*. Londres: SCM Press.

MORK, G.R. (2005). "Oberammergau: The Troubling Story of The World's Most Famous Passion Play". *Shofar: An Interdisciplinary Journal of Jewish Studies* 23/2 (inverno), p. 140-142.

MORLEY, J. (1992). *Bread of Tomorrow*. Londres: SPCK.

MOSALA, I. (1989). *Biblical Hermeneutics and Black Theology in South Africa*. Grand Rapids/MI: Eerdmans.

MOSCHELLA, M.C. (2008). *Ethnography As a Pastoral Practice: An Introduction*. Cleveland/OH: Pilgrim.

MUDDIMAN, J. (1990). "Form Criticism". In: R.J. COGGINS & J.L. HOULDEN (eds.). (1990). *A Dictionary of Biblical Interpretation*. Londres: SCM Press, p. 240-243.

MURRELL, N.S. (2000). "Turning Hebrew Psalms to Reggae Rhythms: Rasta's Revolutionary Lamentation For Social Change". *Cross Currents* 50/4 (inverno), p. 525-540.

MYERS, C. (1990). *Binding the Strong Man: Political Reading of Mark's Story of Jesus*. Maryknoll/NY: Orbis.

NAEGELI, V.; PRAETORIUS, L. & RABARIJANOA, B. (eds.) (2015). *There Is Something We Long For – Nous Avons un Désir*. Kinshasa: Edição Tsena Malalaka.

NAJMAN, H. (2012). "The Vitality of Scripture Within and Beyond The Canon". *Journal For the Study of Judaism in the Persian, Hellenistic and Roman Period* 43/4-5, p. 497-518.

NESTLE, E.; ALAND, K. & ALAND, B. et al. (eds.) (1998). *The Greek New Testament*, 4ª ed. Nova York: United Bible Societies.

NESTLE, E.; ALAND, K.; ALAND, B.; KARAVIDOPOULOS, J.; MARTINI, C.M. & METZGER, B.M. (eds.) (1993). *Novum Testamentum Graece*, 27. ed. Stuttgart: Deutsche Bibelgesellschft.

NEWHEART, M.W. (2004). *"My Name Is Legion": The Story and Soul of the Gerasene Demoniac*. Collegeville/PA: Liturgical Press.

NEWSOM, C.A., RINGE, S.H. & LAPSLEY, J.E. (eds.) (2014). *Women's Bible Commentary. Revised and Expanded Edition*. Londres: SPCK.

NEWSOM, C.A. & RINGE, S.H. (eds.) (1988). *Women's Bible Commentary*, edição ampliada. Louisville/KY: Westminster John Knox.

NEYREY, J. (1988). "Bewitched in Galatia: Paul in Social Science Perspective". *Catholic Biblical Quarterly* 50, p. 72-100.

NORRIS, K. (2000). *Amazing Grace: A Vocabulary of Faith*. Oxford: Lion.

NORRIS, K. (2000). *Cloister Walk*. Oxford: Lion.

NORRIS, K. (2000). *Dakota: A Spiritual Geography*. Boston/MA: Houghton Mifflin (Trade).

NOUWEN, H.J.M. (1994). *The Return of the Prodigal Son: A Story of Homecoming*. Londres: Darton Longman and Todd. [trad. *A volta do filho pródigo: História de um retorno para casa*, Paulinas 2000.]

O'DONNELL O.P., G. (1990). "Reading for Holiness: *Lectio Divina*. In: MAAS, R. & O'DONNELL, G. O.P. (1990). *Spiritual Traditions for the Contemporary Church*. Nashville/TN: Abingdon Press, p. 45-54.

OAKLEY, M. (2016). *The Splash of Words: Believing in Poetry*. Norwich: Canterbury Press.

ODUYOYE, M.A. (1990). "The Empowering Spirit". In: S.B. THISTLETHWAITE & M.P. ENGEL (eds.). *Lift Every Voice: Constructing Christian Theologies from the Underside*. San Francisco/CA: Harper and Row, p. 245-258.

OKLAND, J. (2002). "Os Evangelhos excluídos e seus leitores, ou: Como saber quando um beijo é somente um beijo". *Concilium* 2002/1, p. 71-81.

OREVILLO-MONTENEGRO. M. (1999), ensaio não publicado.

PAGE, H.R. (ed.) (2009). *The Africana Bible: Reading the Israel's Scripture from Africa and The African Diaspora*. Minneapolis/MN: Fortress Press.

PATERSON, G. (2001). *AIDS and the African Churches: Exploring the Challenges*. Londres: Christian Aid.

PATTE, D. et al. (eds.) (2004). *Global Bible Commentary*. Nashville/TN: Abingdon Press.

PERDUE, L.G. & CARTER, W. (2015). *Israel and Empire: A Postcolonial History of Israel and Early Judaism*. Londres: Bloomsbury.

PEREIRA, N.C. (2003). "Changing Season: About the Bible and Other Sacred Texts in Latin America". In: SCHROER, S. & BIETENHARD, S. (eds.). *Feminist Interpretation of the Bible and the Hermeneutic of Liberation*. Londres: Sheffield Academic Press, p. 48-58

PERRY, I. (2004). *Prophets of the Hood: Politics and Poetics in Hip Hop*. Durham/NC e Londres: Duke University Press.

PERVO, R.I. (1987). *Profit with Delight: The Literary Genre of the Acts of the Apostles*. Filadélfia/PA: Fortress Press.

PLACHER, W.C. (2002). "Struggling With Scripture". In: BRUEGGEMANN, W.C.; PLACHER, W.C. & BLOUNT, B.K. *Struggling with Scripture*. Louisville/KY: Westminster John Knox Press, p. 32-50.

PONTIFÍCIA COMISSÃO BÍBLICA (1993). *A interpretação bíblica na Igreja*. Cidade do Vaticano: Libreria Editrice Vaticana.

PONTIFÍCIA COMISSÃO BÍBLICA (2014). *Inspiração e verdade da Sagrada Escritura: A palavra que vem de Deus para a salvação do mundo*. Cidade do Vaticano: Libreria Editrice Vaticana.

PORTER, J.R. (2001). *The Lost Bible*. Londres: Duncan Baird Publishers.

POWELL, M.A. (1999). "Narrative Criticism". In: GREEN, J.B. (ed.). *Hearing the New Testament: Strategies for Interpretation*. Grand Rapids/MI e Carlisle: Eerdmans e Paternoster, p. 239-255.

PRESSLER, C.J. (1996). "Biblical Criticism". In: RUSSELL, L.M. & SHANNON CLARKSON, J. (eds.). *Dictionary of Feminist Theologies*. Londres: Mowbray, p. 25-27.

PRESSLER, C.J. (1998). "To Heal and Transform". In: FARMER, W.R. et al. (eds.). *The International Bible Commentary: A Catholic and Ecumenical Commentary for the Twenty-First Century*. Collegeville/PA: The Liturgical Press.

PRIOR, M. (1997). *The Bible and Colonialism: A Moral Critique*. Sheffield: Sheffield Academic Press.

PYPER, H. (2000). "Jewish Apocrypha". In: HASTINGS, A.; MASON, A. & PYPER, H. (eds.). *The Oxford Companion to Christian Thought*. Oxford: Oxford University Press, p. 31.

RAHEB, M. (2014). *Faith in the Face of Empire: The Bible Through Palestinian Eyes*. Maryknoll/NY: Orbis.

RAPHAEL, R. (2014). "The Power of Bodies: Contextual Readings by Women with Disabilities". In: SCHOLZ, S. (ed.). *Feminist Interpretation of the Hebrew Bible in Retrospect*, vol. II: *Social Locations*. Sheffield: Sheffield Phoenix Press, p. 205-219.

RAYMER, V. (2018). *The Bible in Worship: Proclamation, Encounter and Response*. Londres: SCM Press.

REARDON, J.R. (1989). *Collected Ancient Greek Novels*. Berkeley/CA: University of California Press.

REAVES, J.R. (2018). "Sarah As Victim & Perpetrator: Whiteness, Power & Memory in The Matriarchal Narrative". *Review & Expositor* 115/4, p. 483-499.

REDDIE, A.G. (2015). "Telling the Truth and Shaming the Devil: Using Caribbean People in Postcolonial Britain". *Black Theology: An International Journal* 13/1 (abril), p. 41-58.

REDDIE, A.G. (2016). "Explorations in Front of the Text: A Black Liberationist Reader-Response Approach to Reading the Bible". In: PADDISON, A. (ed.). *Theologians on Scripture*. Londres: Bloomsbury T & T Clark, p. 147-159.

RHOADS, D. (ed.) (2005). *From Every People and Nation: The Book of Revelation in Intercultural Perspective*. Minneapolis/MN: Fortress Press.

RHOADS, D., DEWEY, J. & MICHIE, D. (1999). *Mark as Story: An Introduction to the Narrative of a Gospel*. Minneapolis/MN: Fortress Press.

RICHARD, P. (1990). "A violência de Deus e o futuro do cristianismo". *Concilium* 1990/6, p. 786-794.

RICHES, J. (2004). "Ephesians". In: PATTE, D. et al. (eds.). *Global Bible Commentary*. Nashville/TN: Abingdon Press.

RINGE, S. (1998). "When Women Interpret the Bible". In: NEWSOM, V. & RINGE, S.H. (eds.). *Women's Bible Commentary*, ed. ampliada. Louisville/KY: Westminster John Knox Press, p. 1-9.

ROGERSON, J.W & DAVIES, P. (2005). *The Old Testament World*. 2. ed. revisada e ampliada. Londres e Nova York: Continuum.

ROHR, R. (2012). *Falling Upward: A Spirituality for The Two Halves of Life*. Londres: SPCK.

ROLLINS, W.G. & KILLIE, D.A. (eds.) (2007). *Psychological Insight into The Bible: Texts and Readings*. Gand Rapids/MI e Cambridge: Eerdmans.

ROWLAND, C. (1998). "The Book of Revelation". In: *New Interpreter's Bible* xii. Nashville/TN: Abingdon, p. 501-743.

ROWLAND, C. (2005). "Imaging the Apocalypse". *New Testament Studies* 51/3, 303-327.

ROWLAND, C. & CORNER, M. (1990). *Liberating Exegesis: The Challenge of Liberation Theology to Biblical Studies*. Londres: SPCK.

RUETHER, R.R. (1983). *Sexism and God-talk*. Londres: SCM Press.

RUETHER, R.R. (1985). "Feminist Interpretation: A Method of Correlation". In: RUSSELL, L.M. (ed.). *Feminist Interpretations of the Bible*. Nova York: Blackwell, p. 111-124.

RUETHER, R.R. (1985b). *Womanguides Readings Towards a Feminist Theology*. Boston/MA: Beacon Press.

SAUNDERS, J.A. (1972). *Torah and Canon*. Filadélfia/PA: Fortress Press.

SAUNDERS, J.A. & GOODER, P. (2008). "Canonical Criticism". In: GOODER, P. (ed.). *Searching for Meaning: An Introduction to Interpreting the New Testament*. Londres: SPCK, p. 63-70.

SAWYER, D.F. (2005). "Biblical Gender Strategies: The Case of Abraham's Masculinity". In: KING, U. & BEATTIE, T. (eds.). *Gender, Religion and Diversity: Cross-cultural Perspectives*. Londres: Continuum, p. 162-171.

SCHELL, E.L. (1998). *Quilting Anthology: Scraps*. Nova York: inédito.

SCHIPPER, J. (2006). *Disability Studies and the Hebrew Bible: Figuring Mephiboseth in the David Story*. Nova York: T & T Clark.

SCHIPPER, J. (2011). *Disability in Isaiah's Suffering Servant: Biblical Refigurations*. Oxford: Oxford University Press.

SCHNEIDERS, S. (1997). *Interpreting the Bible: The Right and the Responsibility*. Scripture from Scratch, online.

SCHROTTROFF, L.; WACKER, M.T. & RUMSCHEIDT, M. (eds.) (2012). *Feminist Biblical Interpretation: A Compendium of Critical Commentary on The Books of the Bible and Related Literature*. Grand Rapids/MI: Eerdmans.

SCHROER, S. (2003). "We Will Know Each Other by Our Fruits". In: SCHROER, S. & BIETENHARD, S. (eds.). *Feminist Interpretation of the Bible and the Hermeneutic of Liberation*. Londres: Sheffield Academic Press, p. 1-16.

SCHÜSSLER FIORENZA, E. (1983). *In Memory of Her. A Feminist Theological Reconstruction of Christian Origins*. Nova York: Crossroads. [trad. port.: *Em memória dela: As origens cristãs a partir da mulher*. São Paulo: Paulus 1992.]

SCHÜSSLER FIORENZA, E. (1984a). "Emerging Issues in Feminist Biblical Interpretation". In: WEIDMAN, J.L. (ed.). *Christian Feminism: Visions of a New Humanity*. San Francisco/CA: Harper and Row, p. 33-54.

SCHÜSSLER FIORENZA, E. (1984b). "Women-Church: The Hermeneutical Center of Feminist Biblical Interpretation". Capítulo em *Bread Not Stone: The Challenge of Feminist Biblical Interpretation*. Ed. por E. Schüssler Fiorenza. Boston/MA: Beacon Press, p. 1-22.

SCHÜSSLER FIORENZA, E. (1994). "Introduction: Transgressing Canonical Boundaries". In: SCHÜSSLER FIORENZA, E. (ed.). *Searching the Scriptures*, vol. ii: *A Feminist Commentary*. Nova York: Crossroads, p. 1-14.

SCHÜSSLER FIORENZA, E. (ed.) (1993). *Searching the Scriptures*. Nova York: Crossroads.

SEGOVIA, F.F. (2000). "Deconstruction". In: FABELLA, V. & SUGIR-THARAJAH, R.S. (eds.). *Dictionary of Third World Theologies*. Maryknoll/NY: Orbis, p. 66-67.

SEGUNDO, J.L. (1976). *The Liberation of Theology*. Trad. J. Drury. Maryknoll/NY: Orbis Books.

SÍNODO GERAL DA IGREJA DA INGLATERRA (2009). *GS 1748b: The View of Scripture Taken by The Church of England and The Anglican Communion*.

SLEMMONS, T.M. (2012). *Year D: A Quadrennial Supplement to The Revised Common Lectionary*. Eugene/OR: Cascade.

SMIT, P.B. (2017). *Masculinity and the Bible – Survey, Models and Perspectives*. Leiden: Brill.

SMITH, M.J. (2017). *Insights From African American Interpretation. Insights*. Reading the Bible in the 21st Century. Minneapolis/MN: Fortress Press.

SONG, C.S. (1981). *The Tears of Lady Meng: A Parable of People's Political Theology*. Genebra: CMI.

SOULEN, R.N. (2009). *Sacred Scripture. A Short History of Interpretation*. Louisville/KY: Westminster John Knox Press.

SOULEN, R.N. & SOULEN, R.K. (2011). *Handbook of Biblical Criticism*, 4ª ed. Louisville/KY: Westminster John Knox Press.

SPENCER, F.S. (2003). *What Did Jesus Do? Gospel Profiles of Jesus' Personal Conduct*. Harrisburg/PA: Trinity Press International.

STACKHOUSE Jr., J.G. (2004). "Evangelicals and the Bible Yesterday and Tomorrow". In: FOWLER, R.M.; BLUMHOFER, E. & SEGOVIA, F.F. (eds.). *New Paradigms for Bible Study: The Bible in the Third Millennium*. Nova York: T & T Clark, p. 185-206.

STARR, R. (2018). *Reimagining Theologies of Marriage in Contexts of Domestic Violence: When Salvation is Survival. Explorations in Practical, Pastoral and Empirical Theology*. Londres: Routledge.

STEWART, D.T. (2017a). "Leviticus-Deuteronomy". In: MELCHER, S.J.; PARSONS, M.C. & YONG, A. (eds.). *The Bible and Disability: A*

Commentary. Studies in Religion, Theology and Disability. Waco/TX: Baylor University Press, p. 57-91.

STEWART, D.T. (2017b). "LGBT/Queer Hermeneutics and The Hebrew Bible". *Currents in Biblical Research* 15/3 (junho), p. 289-314.

STONE, K. (2002). "O que acontece quando 'gays leem a Bíblia'?" *Concilium* 2022/1, p. 81-91.

STONE, K. (2006). "Job". In: D. GUEST (ed.). *The Queer Bible Commentary*. Londres: SCM Press, p. 287-303.

STONE, T.J. (2013). "Following The Church Fathers: An Intertextual Path from Psalm 107 to Isaiah, Jonah and Matthew 8:23-27". *Journal of Theological Interpretation* 7/1, p. 37-55.

SUGIRTHARAJAH, R.S. (1995). "Afterword. Culture Texts and Margins: A Hermeneutical Odyssey". In: SUGIRTHARAJAH, R.S. (ed.). *Voices from the Margins: Interpreting the Bible in the Third World*. Londres: SPCK, p. 457-475.

SUGIRTHARAJAH, R.S. (2002). *Postcolonial Criticism and Biblical Interpretation*. Oxford: Oxford University Press.

SUGIRTHARAJAH, R.S. (2003). *Postcolonial Reconfiguration*. Londres: SCM Press.

SUGIRTHARAJAH, R.S. (2013). *The Bible and Asia: From the Pre-Christian Era to Postcolonial Age*. Cambridge/MA: Harvard University Press.

SUGIRTHARAJAH, R.S. (ed.) (1999). *Vernacular Hermeneutics*. Sheffield: Sheffield Academic Press.

TAMEZ, E. (2002). "Reading the Bible under a Sky without Stars". In: DIETRICH, W. & LUZ, U. (eds.). *The Bible in a World Context: An Experiment in Cultural Hermeneutics*. Grand Rapids/MI e Cambridge: Eerdmans, p. 3-15.

TAUSSIG, H. (2013). *A New New Testament: A Bible for the 21st Century Combining Traditional and Newly Discovered Texts*. Wilmington/MA: Mariner Books.

THEISSEN, G. (1987). *Psychological Aspects of Pauline Theology*. Edimburgo: T & T Clark.

THOMAS, O. (2008). "A Resistant Biblical Hermeneutic Whitin The Caribbean". *Black Theology* 6/3, 330-342.

THOMAS, O.A.W. (2010). *Resistant Biblical Hermeneutic Whitin a Caribbean Context*. Londres: Equinox.

THOMPSON, J.M. (2012). "From Judah to Jamaica: The Psalms in Rastafari Reggae". *Religion and The Arts* 16/4, p. 328-356.

THURMAN, H. (1949). *Jesus and the Disinherited*. Nashville/TN: Abingdon Press.

TIFFANY, F.C. & RINGE, S.H. (1996). *Biblical Interpretation: A Road Map*. Nashville/TN: Abingdon Press.

TISDALE, L.T. (1997). *Preaching as Local Theology and Folk Art. Fortress Resources for Preaching*. Minneapolis/MN: Fortress Press.

TOLBERT, M.A. (1999). "Reading the Bible with Authority: Feminist Interrogation of the Canon". In: WASHINGTON, H.C.; GRAHAM, S.L. & THIMMES, P. (eds.). *Escaping Eden: New Feminist Perspectives on The Bible*. Nova York: New York University Press, p. 141-162.

TOMBS, D. (1999). "Crucifixion, State Terror and Sexual Abuse". *Union Seminary Quarterly Review* 53 (outono), p. 89-109.

TOOP, D. (1984, 1991, 2000). *Rap Attack African Rap to Global Hip Hop*. Londres: Serpent's Tail.

TRIBLE, P. (1984). *Texts of Terror: Literary-Feminist Readings of Biblical Narratives*. Filadélfia/PA: Fortress Press.

TRUSTEES FOR METHODIST CHURCH PURPOSES (1998). *A Lamp to My Feet and a Light to My Path. The Nature of Authority and the Place of the Bible in The Methodist Church*. Peterborough: Methodist Publishing House.

TRUSTEES FOR METHODIST CHURCH PURPOSES (1999). *The Methodist Prayer Book*. Peterborough: Methodist Publishing House.

TURNER, M. (2017). *Ecclesiastes: An Earth Bible Commentary: Qoheleth's Eternal Earth. The Earth Bible Commentary*. Londres: Bloomsbury T & T Clark.

TUTU, D. (1994). *The Rainbow People of God*. Londres: Doubleday.

VANDER STICHELE, C. & PYPER, H.S. (2012). *Text, Image and Otherness in Children's Bibles: What is in the Picture?* Atlanta/GA: Society of Biblical Literature.

VINCENT, J.J. (2012). *Acts in Practice*. Blandford Forum: Deo Publishing.

WAINWRIGHT, E.M. (2012). "Images, Words and Stories: Exploring their Transformative Power in Reading Biblical Texts Ecologically". *Biblical Interpretation* 20, p. 280-304.

WALDEN, W. (2007). "Luther: The One Who Shaped The Canon". *Restoration Quarterly* 49/1, p. 1-10.

WALKER, A. (1983, 2001). *The Color People*. Londres: The Women's Press.

WARRIOR, R.A. (1989). "Canaanites, Cowboys and Indians: Deliverance, Conquest and Liberation Theology Today". *Christianity and Crisis* 49/12 (11 setembro), p. 261-265.

WARRIOR, R.A. (1995). "A Native American Perspective: Canaanites, Cowboys and Indians". In: SUGIRTHARAJAH, R.S. (ed.). *Voices from the Margins*, 2ª ed. Maryknoll/NT: Orbis, p. 287-295.

WEBER, H.R. (1995). *The Book that Reads Me*. Genebra: CMI.

WEBER, H.R. (2002). *Walking on the Way: Biblical Signposts*. Genebra: CMI.

WEEMS, R.J. (1995). *Battered Love: Marriage, Sex and Violence in The Hebrew Prophets. Overtures to Biblical Theology*. Minneapolis/MN: Fortress.

WEEMS, R.J. (2003). "Re-reading for Liberation: African-American Women and the Bible". In: SCHROER, S. & BIETENHARD, S. (eds.). *Feminist Interpretation of the Bible and the Hermeneutic of Liberation*. Londres: Sheffield Academic Press.

WEST, G. & DUBE, M. (eds.) (2001). *The Bible in Africa. Transactions, Trajectories and Trends*. Boston/MA: Brill Academic Publishers.

WEST, G.O. (1999). "Local is Lekker, but Ubuntu is Best: Indigenous Reading Resources from a South African Perspective". In: SUGIR-

THARAJAH, R.S. (ed.). *Vernacular Hermeneutics*. Sheffield: Sheffield Academic Press, p. 37-51.

WEST, G.O. (2003). "Reading the Bible in the Light of HIV/AIDS South Africa". *The Ecumenical Review* 55/4, p. 335-344.

WESTERMANN, C. & GAISER, F.J. (1993). "The Bible and the Life of Faith: A Personal Reflection". *Word & World* 13/4 (1 setembro) p. 337-344.

WESTERMANN, C. (1990). "Experience in the Church and the Work of Theology: A Perspective on 'Theology for Christian Ministry'". *Word & World* 10/1 (dezembro 1), p. 7-13.

WHEELER, S.E. (1995). *Wealth as Peril and Obligation: New Testament on Possessions*. Grand Rapids/MI: William B. Eerdmans Publishing Company.

WILLIAMS, D.S. (1993). *Sisters in the Wilderness: The Challenge of Womanist God-Talk*. Maryknoll/NY: Orbis Books.

WILLIAMS, R. (2017). *Holy Living. The Christian Tradition for Today*. Londres: Bloomsbury.

WIMBUSH, V.L. (ed.) (2000). *African Americans and The Bible: Sacred Texts and Social Textures*. Nova York: Continuum.

WINK, W. (1992). *Engaging the Powers: Discernment and Resistance in a World of Domination*. Minneapolis/MN: Fortress Press.

WINN, A. (ed.) (2016). *An Introduction to Empire in New Testament*. Resources For Biblical Studies n. 84, Atlanta/GA: SBL Press.

WINTER, M.T. (1990). *Womanword: A Feminist Lectionary and Psalter: Women of the New Testament*. Nova York: Crossroads.

WINTER, M.T. (1991). *Womanwisdom: A Feminist Lectionary and Psalter, Women of the Hebrew Scripture*, parte 1. Nova York: Crossroads.

WINTER, M.T. (1997). *Womanwitness: A Feminist Lectionary and Psalter, Women of the Hebrew Scripture*, parte 2. Nova York: Crossroads.

WONNEBERGER, R. (1990). *Understanding BHS: A Manual for Users of Biblia Hebraica Stuttgartensia*, 2. ed. Subsidia Bíblica 8. Roma: Biblical Institute Press.

WRIGHT, A.M. (2011). "The Oberammergau Passion Play 2010". *Ecumenica* 4/1 (primavera), p. 107-108.

WÜRTHWEIN, E. (1994). *The Text of the Old Testament: An Introduction to the Biblia Hebraica*, ed. revista. Grand Rapids/MI: Eerdmans.

YAMAUCHI, E.M. (2004) *Africa and the Bible*. Grand Rapids/MI: Baker Academic.

YANCY, G. (ed.) (2012). *Christology and Whiteness: What Would Jesus Do?* Londres e Nova York: Routledge.

YEE, G.A. (2006). "An Autobiographical Approach to Feminist Biblical Scholarship". *Encounter* 67/4 (outono), p. 375-390.

YORKE, G. (2004). "Bible Translation in Anglophone Africa and her Diaspora: A Postcolonial Agenda". *Black Theology: An International Journal* 2/2, p. 153-166.

ÍNDICE DE REFERÊNCIAS BÍBLICAS

Gênesis	.... [66-68, 95, 247]
1	.... [186, 219]
1–2	.... [43, 113, 256]
1–3	.... [219]
2,10-14	.... [37]
4	.... [33, 113]
4,1-16	.... [298]
6,20	.... [113]
7,3	.... [113]
9,20-27	.... [153]
11,1-9	.... [85-91, 94, 107-109]
16; 21,1-21	.... [57]
19–21	.... [144]
27	.... [161]
29–30	.... [57]
32	.... [291]
35,8	.... [188]
37–50	.... [211]
38	.... [34]
41,39-45	.... [56]
46,28-30	.... [161]
Êxodo	.... [57, 66, 152-153, 250-251, 258]
1	.... [148]

3	.... [115]
20	.... [203]
20,13	.... [193]
20,1-17	.... [281]

Levítico	.... [27, 163-164, 258]
19,14	.... [162]

Números	.... [66, 163]
6,24-26	.... [195]
26,46	.... [148]
35	.... [260-262]

Deuteronômio	.... [163, 215]
26	.... [112]

Josué	.... [53]
2	.... [207]

Juízes	.... [91]
3,15-25	.... [72]
4	.... [189]
4,1-7	.... [72]
4,17-22	.... [72]
6,11-24	.... [72]
11	.... [283]

Rute	... [51, 66, 140, 144, 151-152, 207]
4,7-12	.... [207]

1Samuel	.... [91]
1– 3	.... [116]

1–15	.... [116]
3–4	.... [115-116]
7–15	.... [29]
9	.... [115]
16	.... [15-17, 162]
17	.... [15-17, 160]

2Samuel .... [91]
4,4 .... [163]

1Reis .... [91]
3,16-28 .... [57]

2Reis .... [91, 95]
5 .... [160]
6, 24-33 .... [57]

Neemias
1,11 .... [144]

Ester .... [51, 53, 73]
4,1-17 .... [277]

Jó .... [32-33, 71, 160, 216]

Salmos .... [68, 222-223, 226, 266]
1 .... [103]
23 .... [36, 83, 203, 243]
24,1 .... [152]
58 .... [226]
59 .... [226]

69	.... [226]
83	.... [226]
107	.... [256]
139	.... [47]

Provérbios .... [71, 167]
8,22-31	.... [256]
8,30-31	.... [160]
9,9-10	.... [26]
31,10-31	.... [33]

Eclesiastes ... [218]
ou Coélet
3,1-13	.... [71]

Cântico dos Cânticos [53]
1,5	.... [153]

Isaías .... [52]
7,10-16	.... [71]
51,9-11	.... [256]
61,1-3	.... [267-268]
65,21	.... [167]
66,6-14	.... [148]

Jeremias .... [159]
32,1-15	.... [252]

Lamentações .... [284]

Ezequiel .... [266]
34	... [244]

Daniel .... [51, 94]
3,24-26 .... [249]
6,6-28 .... [56-57]

Oseias .... [184, 219]

Joel .... [266]

Amós .... [219, 258, 260]
8,1-2 .... [101]

Abdias .... [75]

Jonas .... [32, 161, 256]

Habacuc .... [66]

Zacarias
8,5 .... [160]

Malaquias .... [52]

Mateus .... [33, 54, 66, 71, 107, 113-114, 118, 128, 131]
1 .... [151]
1,18-25 .... [71]
5 .... [203]
5,31-32 .... [113]
5,38-42 .... [248]
6,9-13 .... [20, 106]
6,25-27 .... [167]
8 .... [256]

15,21-28	.... **[206-207]**
16,17-19	.... **[172]**
18,15-17	.... **[25]**
18,21-35	.... **[166]**
19,12	.... **[144]**
19,19	.... **[113]**
21,12-17	.... **[214]**
22,1-14	.... **[167-168]**
Marcos	... **[34, 71, 93, 113, 116, 120]**
3,1-6	.... **[163]**
5	.... **[142]**
5,1-20	.... **[279-280]**
5,24-43	.... **[276]**
6	.... **[118-119]**
7	.... **[151]**
7,24-30	.... **[151, 206-207]**
10,11-12	.... **[113]**
10,17-22	.... **[168]**
14,22-25	.... **[116-117]**
Lucas	.... **[68, 71, 91, 107, 113-114, 118, 230, 238]**
2	.... **[161, 203]**
2,25-40	.... **[247]**
2,40-52	.... **[160, 278]**
4,16-21	.... **[267]**
9	.... **[118-119]**
11,2-4	.... **[106]**
13,10-17	.... **[164]**
15,1-7	.... **[244]**
16,18	.... **[113-114]**

19,1-10	.... [83]
22,63-65	.... [164]
23,39-43	.... [285]
24	.... [263]
24,44	.... [53]

João	.... [37, 54, 70, 71, 152]
1	.... [203]
2,1-11	.... [45, 277]
8,1-11	.... [187]
10,1-9	.... [245]
10,14-15	.... [243, 244]
14,1-7	.... [159]
14,6	.... [103]

Atos	.... [91, 105, 258]
1,26	.... [25]
2	.... [172]
2,5-11	.... [151]
2,42-47	.... [173]
8	.... [151]
10	.... [151]
12	.... [155]
27	.... [96-97, 121]

Romanos	.... [66, 70, 171, 257]
1,14	.... [108]
5,14	.... [265]
6,3-12	.... [126]
7 e 8	.... [123]
8,18-27	.... [219]

1Coríntios .... [91, 117, 269]
1–3 .... [269]
6,9-11 .... [126]
11,23-26 .... [116-117]
12.14-31 .... [136]
15,26 .... [34]

2Coríntios .... [91]

Gálatas .... [142, 157, 271]
3,1 .... [123]
3,26-29 .... [126, 152]
6,1 .... [25]

Efésios .... [72]
5,21-23 .... [202]
5,22–6,9 .... [72, 143]

Filipenses .... [84]
2,5 .... [247]
2,5ss .... [269]
2,6-11 .... [111]

Colossenses
3,18–4,1 .... [143]

1Tessalonicenses [122]
5,12-28 .... [299]

2Tessalonicenses ... [122]

1Timóteo
2,11-15   .... [225]

Tito   .... [66]

Hebreus   .... [50, 52, 91]
11,8-12   .... [247]

Tiago   .... [67, 258]

1Pedro
2,13–3,7   .... [143]

2Pedro   .... [95]
3,15-16   .... [54]

Judas   .... [67, 75]

Apocalipse   .... [51, 67, 82, 91, 122, 204, 258]

ÍNDICE DE NOMES

Abraham, W.J. .... [65-66, 292]
Adamo, D.T. .... [155]
Aharoni, Y. .... [97]
Allen, R.J. .... [36, 268]
Anderson, J.C. .... [145]
Archer, K.J. .... [171]
Atanásio de Alexandria .... [55]
Agostinho .... [220]
Aune, D. .... [122]
Aymer, M. .... [155]

Bailey, R.C. .... [141, 145, 150, 154]
Barrett, A. .... [157]
Barth, K. .... [38]
Barton, J. .... [121, 198]
Barton, M. .... [153]
Barton, S.C. .... [123, 125]
Bauckham, R. .... [95, 192, 277-278, 295]
Bauer, D.R. .... [121, 238]
Bechdel, A. .... [143]
Beckford, R. .... [35, 139]
Bedford, N.E. .... [271]
Behar, R. .... [156]
Berger, K. .... [111]

Berlin, A.	.... [66, 285]
Berry, L.	.... [63]
Betcher, S.V.	.... [163]
Betsworth, S.	.... [160]
Birch, B.C.	.... [49]
Block, J.W.	.... [164-165]
Blount, B.K.	.... [298]
Boase, E.	.... [159]
Bockmuehl, M.	.... [128]
Boer, R.	.... [205]
Boff, C.	.... [251-252]
Bonhoeffer, D.	.... [279-280]
Bowe, B.	.... [73]
Bradshaw, E.	.... [171]
Brenner, A.	.... [146]
Brettler, M.Z.	.... [66, 269]
Brotzman, E.R.	.... [106]
Brown, W.P.	.... [44-45]
Brucggemann, W.	.... [29, 38, 76, 172, 243, 267]
Bultmann, R.	.... [296]
Bunge, M.J.	.... [160]
Byron, G.L.	.... [156]
Callaway, M.C.	.... [52, 256]
Câmara, H.	.... [299]
Cameron, H.	.... [179]
Cannon, K.	.... [63-64]
Carroll, R.M.D.	.... [205]
Carson, D.A.	.... [239]
Cave, N.	.... [34]
Chan, M.J.	.... [26]

Childs, B.	.... [75, 256, 267]
Cimperman, M.	.... [183]
Clines, D.J.A.	.... [145, 282]
Coggins, R.J.	.... [111, 202]
Collins, M.A.	.... [35]
Cooper, A.	.... [258]
Corner, M.	.... [252]
Creanga, O.	.... [145]
Crenshaw, K.	.... [141]
Dalton, R.W.	.... [161]
Davies, A.	.... [171]
Davies, P.	.... [121]
Davis, C.W.	.... [84]
Dawes, S.B.	.... [65, 256]
Defranza, M.K.	.... [144]
Derrida, J.	.... [212]
Dietrich, W.	.... [203]
Dube, M.W.	.... [62-63, 155, 162, 186-187, 207, 276]
Dunbar, E.S.	.... [277]
Dyer, R.	.... [154]
Elliott, N.	.... [157]
Elvey, A.	.... [218]
Eusébio	.... [55]
Fan Pu	.... [273]
Farmer, K.	.... [226]
Farmer, W.R.	.... [201]
Ferguson, E.	.... [121]

Fishbane, M. .... [255]
Foster, R.J. .... [173]
Fowl, S.E. .... [279]
Francisco de Assis .... [247]
Frechette, C.G. .... [159]

Gafney, W.C. .... [147-148]
Gillingham, S.E. .... [134]
Gnuse, R. .... [65, 115]
Goldingay, J. .... [239]
Gooder, P. .... [256]
Gorman, M. .... [199, 205, 227]
Gorringe, T. .... [269-270]
Goss, R.E. .... [144-145]
Grabbe, L.L. .... [121]
Green, D. .... [185]
Greggs, T. .... [170-171]
Guest, D. .... [215]
Gunn, D.M. .... [91]
Gutierrez, G. .... [175]

Habel, N.C. .... [218]
Haney, E.H. .... [139-140]
von Harnack, A. .... [67-68]
Harvey, J. .... [157]
Hayes, J.H. .... [202-203]
Heidegger, M. .... [296]
Henriot, S.J.P. .... [175, 183]
Hens-Piazza, G. .... [56, 135, 213, 285]
Hoekema, A.G. .... [274]
Holgate, D.A. .... [99]

Holland, J.	.... [175, 183]
Horrell, D.G.	.... [157]
Horsley, R.A.	.... [157, 279]
Houlden, J.L.	.... [111, 202, 293]
Howard-Brook, W.	.... [228]
Hull, J.M.	.... [164]
Inácio de Loyola	.... [221]
Ireneu	.... [54]
James, L.	.... [32]
James, R.	.... [43-44, 46]
Jansson, T.	.... [176]
Jennings, W.J.	.... [155]
João Paulo II	.... [30]
Johns, C.B.	.... [171-172]
Jones, L.G.	.... [279]
Justino Mártir	.... [54]
Kahl, B.	.... [262-263]
Keener, C.S.	.... [205]
Kille, D.A.	.... [124]
Killerman, S.	.... [142]
Kovacs, J.	.... [128]
Kwok Pui-lan	.... [206-207, 273-274]
Lamb, W.	.... [48]
Levine, A,	.... [239, 269]
Levison, J.R.	.... [203]
Lewis, N.D.	.... [41]
Liew, T.B.	.... [141, 158]

Litchfield, R.G.	.... [138, 193-194, 288]
Longman III, T.	.... [239]
Lovelace, V.	.... [156]
Lutero, M.	.... [67, 171]
Luz, U.	.... [128, 131-132, 203, 249, 292]
MacDonald, M.Y.	.... [124]
Malherbe, A.J.	.... [122]
Mann, T.	.... [33]
Marcião	.... [257]
Marley, B.	.... [249]
Marx, S.	.... [33]
Mbata, A.	.... [211]
McDonald, L.M.	.... [53-55, 70]
McGowan, A.T.B.	.... [48]
Mead, J.	.... [148]
Melamed, C.	.... [185]
Mesters, C.	.... [299]
Metzger, B.	.... [105-106]
Míguez, N.O.	.... [258-259, 292]
Moore, S.D.	.... [145, 154, 212]
Moorman, J.R.H.	.... [247]
Morley, J.	.... [299]
Mosala, I.	.... [31-32]
Moschella, M.C.	.... [179]
Muddiman, J.	.... [111]
Murrell, N.S.	.... [249]
Myers, C.	.... [157, 280]
Najman, H.	.... [53-54]
Neyrey, J.	.... [123]

Norris, K. .... [224]
Nouwen, H.J.M. .... [32-33]

O'Connor, K. .... [285]
O'Donnell O.P., G. .... [223-224]
Oakley, M. .... [63]
Oduoye, M.A. .... [149]
Okland, J. .... [60]
Orevillo-Montenegro, M. .... [291]

Patte, D. .... [194, 202]
Perdue, L.G. .... [157, 209]
Pereira, N.C. .... [62]
Perkins, N.R. .... [60]
Perry, I. .... [270]
Pope-Levison, P. .... [203]
Porter, J.L. .... [59]
Powell, M.A. .... [92, 94]
Pyper, H.S. .... [161]

Raheb, M. .... [209]
Raphael, R. .... [163]
Rasmussen, L.L. .... [49]
Raymer, V. .... [73]
Reaves, J.R. .... [157]
Reddie, A.G. .... [156]
Rhoads, D. .... [195]
Richard, P. .... [30]
Riches, J. .... [202]
Ringe, S.H. .... [136, 163-164, 228]
Rogerson, J.W. .... [121]

Rohr, R.	.... [161]
Rollins, W.G.	.... [124]
Rowland, C.	.... [128, 252]
Rowling, J.K.	.... [35]
Ruether, R.R.	.... [259-260]
Sales, F. de	... [224]
Saunders, J.A.	.... [255]
Sawyer, D.F.	.... [145]
Schell, E.L.	.... [165]
Schipper, J.	.... [163]
Schleiermacher, F.	.... [296]
Schneiders, S.	.... [190]
Scholz, S.	.... [258]
Schroer, S.	.... [26]
Schüssler Fiorenza, E.	.... [61, 74, 272-273]
Segovia, F.F.	.... [141, 205, 213]
Segundo, J.L.	.... [297]
Sheldon, C.	.... [248]
Sherwood, Y.	.... [212]
de Silva, D.A.	.... [126]
Slemmons, T.M.	.... [72]
Smit, P.-B.	.... [145]
Smith, M.J.	.... [156]
Smith, S.	.... [32]
Song, C.S.	.... [273]
Soulen, R.K.	.... [13, 41, 91, 96, 119, 125, 135, 139, 212, 238, 267, 296]
Soulen, R.N.	.... [13, 41, 53-54, 91, 96, 119, 125, 135, 139, 212, 238, 267, 296]

Spencer, F.S.	.... [248]
Stackhouse Jr., J.G.	.... [46, 172]
Starr, R.	.... [184-185]
Steinbeck, J.	.... [33]
Stewart, D.T.	.... [163-164, 215-216]
Stone, K.	.... [133, 217]
Stone, T.J.	.... [256]
Sugirtharajah, R.S.	.... [27-28, 37, 206, 209-211, 213, 274]
Tamez, E.	.... [166, 203-204]
Taussig, H.	.... [60]
Telford, W.	.... [198]
Theissen, G.	.... [124]
Thomas, O.H.W.	.... [155, 270-271]
Thompson, J.M.	.... [250]
Thurman, H.	.... [286]
Tiffany, F.C.	.... [136, 163-164]
Tisdale, L.T.	.... [179]
Tolbert, M.A.	.... [61]
Tombs, D.	.... [146]
Toop, D.	.... [270]
Trible, P.	.... [282]
Turner, M.	.... [218]
Tutu, D.	.... [31]
Vander Stichele, C.	.... [161]
Velázquez, D.	.... [263]
Vincent, J.J.	.... [228]
Waal. K. de	.... [27]
Wacker, M.	.... [61]

Walden, W. .... [58, 67]
Walker, A. .... [63]
Wallinger, M. .... [35]
Warrior, R.A. .... [152]
Weber, H.R. .... [83-84, 222, 229, 266]
Weems, R.J. .... [29, 184, 281-282]
West, G.O. .... [155-156, 187-188, 211]
West, M. .... [144-145]
Westermann, C. .... [69-70]
Wheeler, S.E. .... [168-169]
Williams, D.S. .... [144, 155]
Williams, R. .... [47, 49]
Williamson, C.M. .... [268]
Wimbush, V.L. .... [155]
Wink, W. .... [248]
Winn, A. .... [209]
Winter, M.T. .... [73]
Whitherington, B. .... [239]
Wonneberger, R. .... [106]
Wright, A.M. .... [153]

Yamauchi, E.M. .... [155]
Yancy, G. .... [156]
Yee, G.A. .... [140]
Yorke, G. .... [37]

ÍNDICE DE TEMAS

Abordagem canônica ... . [75, 267]
Abordagens espirituais ... . [241-246]
Abordagens: sincrônicas .... [80-99]; - sociocientíficas ... . [121-127]
Alcorão .... [28, 230]
Análise: do discurso ... . [85-91, 127]; - social ... . [165-170, 174-186]
Anglicanismo/Igreja da Inglaterra ... . [47-49, 58, 70, 155, 195, 254]
Antissemitismo ... . [67, 152-154, 208, 266, 268, 292]
Apócrifos ... . [51-52, 58, 71, 94, 266]
Aramaico (língua) ... . [28, 81, 100-106, 231]
Atos de André ... . [59]
Atos de Paulo ... . [60-62]
Atos de Tecla ... . [60-62]
Autoridade bíblica ... . [41-50, 256, 273, 276-278, 284]

Bíblia Hebraica ... . [28, 100-105, 108-109, 237]
Biblia Hebraica Stuttgartensia ... . [105]
Budismo ... . [37]

Cânon/cânones ... . [49-77, 254-262, 273, 291]
Círculo hermenêutico ... . [296-298]
Colonial/colonialismo ... . [29-31, 205-210, 279-281]

Comunidade de Santo Anselmo ... . [26]
Concílio de Trento ... . [47, 58]
Conselho Mundial de Igrejas ... . [191, 193, 295-297]
Contação de histórias ... . [275-278]
Crianças e a Bíblia ... . [15, 160-163, 273, 282]
Crítica: antropológica ... . [123]; - canônica ... . [255-258]; - da forma ... . [109-112]; - da resposta do leitor ... . [134-137]; - da redação ... . [115, 118-121]; - da tradição ... . [114-118]; - das fontes ... . [112-115]; - diacrônica ... . [99-132]; - ideológica ... . [166, 183, 206-210, 211-220]; - literária ... . [81-83, 90, 94, 127, 212-215]; - narrativa ... . [91-99]; - pós-colonial ... . [205-210]; - prática ... . [227-230]; - queer ... . [144-146, 215-217]; - textual ... . [104-108, 112]; - womanista ... . [29, 63-65, 143, 146, 155]
Culto... .... [224-227]

Deficiência e interpretação ... . [159-165]
Desconstrução ... . [212-217]
Di Jumaikan Nyuu Testament ... . [35]
Discipulado cristão ... . [227-230, 288]

Escritos deuterocanônicos ... . [58]
Evangelho de Maria ... . [60]
Evangelho de Tomé ... . [60]
Exegese ... . [29, 79-132]

Fundamentalismo ... . [43-44, 47]

Gênero: biológico... .... [141-149]; - literário ... . [82, 109-112]
Globalização ... . [185-190, 195]

História dos efeitos (*Wirkungsgeschichte*) ...... [34, 127-132]
HIV/AIDS ...... [162, 186-189, 215]

Idade/envelhecimento ...... [24, 139, 145, 158-165]
Identidade branca e interpretação bíblica católica .... [139, 149, 156-158]
Igreja Metodista ...... [45-49, 170-174, 192]
Inspiração bíblica ...... [42-46]
Interpretação africana ...... [31-32, 37, 51, 62, 103, 149-157, 176, 186, 195, 201-204, 208, 211, 271, 276]; - afro-americana ...... [31, 49, 62-65, 141, 147-151, 153-157, 278, 286]; - afro-caribenha ...... [35, 202, 249, 271]; - androcêntrica ...... [217-220]; - asiática/asiático-americana ...... [37, 62, 139, 141, 153-155, 202, 205-208, 274-275, 291]; - católica ...... [44, 47, 50, 58, 73, 170, 176, 267]; - cristã reformada ...... [171-172]; - cristológica ...... [264-271]; - cultural ...... [201-212, 270-275]; - ecológica ...... [186, 217-220]; - evangélica ...... [46-49, 166]; - feminista ...... [61, 73-75, 139-144, 146-149, 206-208, 257-261, 271-274]; - judaica ...... [28, 66, 239, 268-269] *et passim*; - latino-americana ...... [26, 30, 39, 62, 175-177, 179, 221, 251-254, 258-259, 271, 296-299]; - LGBTQI+ ...... [144-146, 215-217]; - morávia ...... [25-27]; - muçulmana ...... [28, 230-232]; - negra ...... [31, 35, 62, 139, 147, 153-158, 171, 202]; - política ...... [165-170, 270-271]; - psicológica ...... [124]; - rastafari ...... [249]; - vernácula ...... [209-212]
Interpretações: cristãs ortodoxas ...... [51, 58, 264]; - denominacionais ...... [169-174]; - pentecostais ...... [49, 254]; - pós-modernas ...... [213-215]
Intersecionalidade ...... [141]
Intertextualidade ...... [95, 256]

Koiné (grego) ... . [**100-109, 237**]

Lecionários ... . [**63-74**]
Lectio Divina ... . [**221-224**]
Leitores implícitos ... ... [**96-99**]
Leituras globais ... . [**185, 193, 201-205**]
Linguística ... . [**74, 85**]

Masculinidades e interpretação bíblica ... . [**145-148, 184**]
Migração ... . [**188-190**]

Novo Novo Testamento ... . [**60-62**]
Novo Testamento Apócrifo ... . [**59**]
Novum Testamentum Graece ... . [**105**]

Oração ... . [**221-224**]
Oração do Senhor ... . [**20, 106**]

Padres Apostólicos ... . [**54**]
Pano de fundo histórico ... . [**120-123**]
Pastor de Hermas ... . [**54**]
Perspectivas histórico-críticas ... . [**100-123**]
Pontifícia Comissão Bíblica ... . [**44, 47, 269, 292**]
Protoevangelho de Tiago ... . [**59**]
Pseudoepígrafos ... . [**59-62, 94**]

Q/fonte *Quelle* ... . [**113**]
Quéreas e Calírroe ... . [**121**]

Raciocínio bíblico... .... [**230-233**]

Septuaginta ... . [51, 58, 210]
Sexualidade ... . [141-149]

Texto-prova ... . [46]
Tipologia ... . [266]
Tradição oral ... . [110-115]
Tradução/traduções ... . [101-105]
Trinta e Nove Artigos da Religião ... . [58]

Violência ... . [17, 20, 35, 57, 145-148, 151, 183-186, 201, 248, 260-263, 278, 281-286]

Windsor Report ... . [47]

Conecte-se conosco:

f facebook.com/editoravozes

◎ @editoravozes

🐦 @editora_vozes

▶ youtube.com/editoravozes

🕾 +55 24 2233-9033

www.vozes.com.br

Conheça nossas lojas:
www.livrariavozes.com.br

Belo Horizonte – Brasília – Campinas – Cuiabá – Curitiba
Fortaleza – Juiz de Fora – Petrópolis – Recife – São Paulo

  Vozes de Bolso

EDITORA VOZES LTDA.
Rua Frei Luís, 100 – Centro – Cep 25689-900 – Petrópolis, RJ
Tel.: (24) 2233-9000 – E-mail: vendas@vozes.com.br